I0038990

Renaissance

SOLUTION DU PROBLÈME SOCIAL

SOLUTION DES INTÉRÊTS GÉNÉRAUX

SOLUTION DES INTÉRÊTS FINANCIERS

ABOLITION DES GUERRES

ETABLISSEMENT DE LA PAIX

AUGMENTATION DE LA PROSPÉRITÉ

Par

LÉON VIALLET

Publiciste

Ouvrage honoré de plusieurs souscripti
Présidentielles, Princières et Royales
et de nombreuses souscriptions Ministérielles
Diplomatiques et Administratives

Reproduction rigoureusement interdite

Imprimerie GIRARD, La Mure (Isère)

1903

LÉON VIALLET

Renaissance

8º R
18783

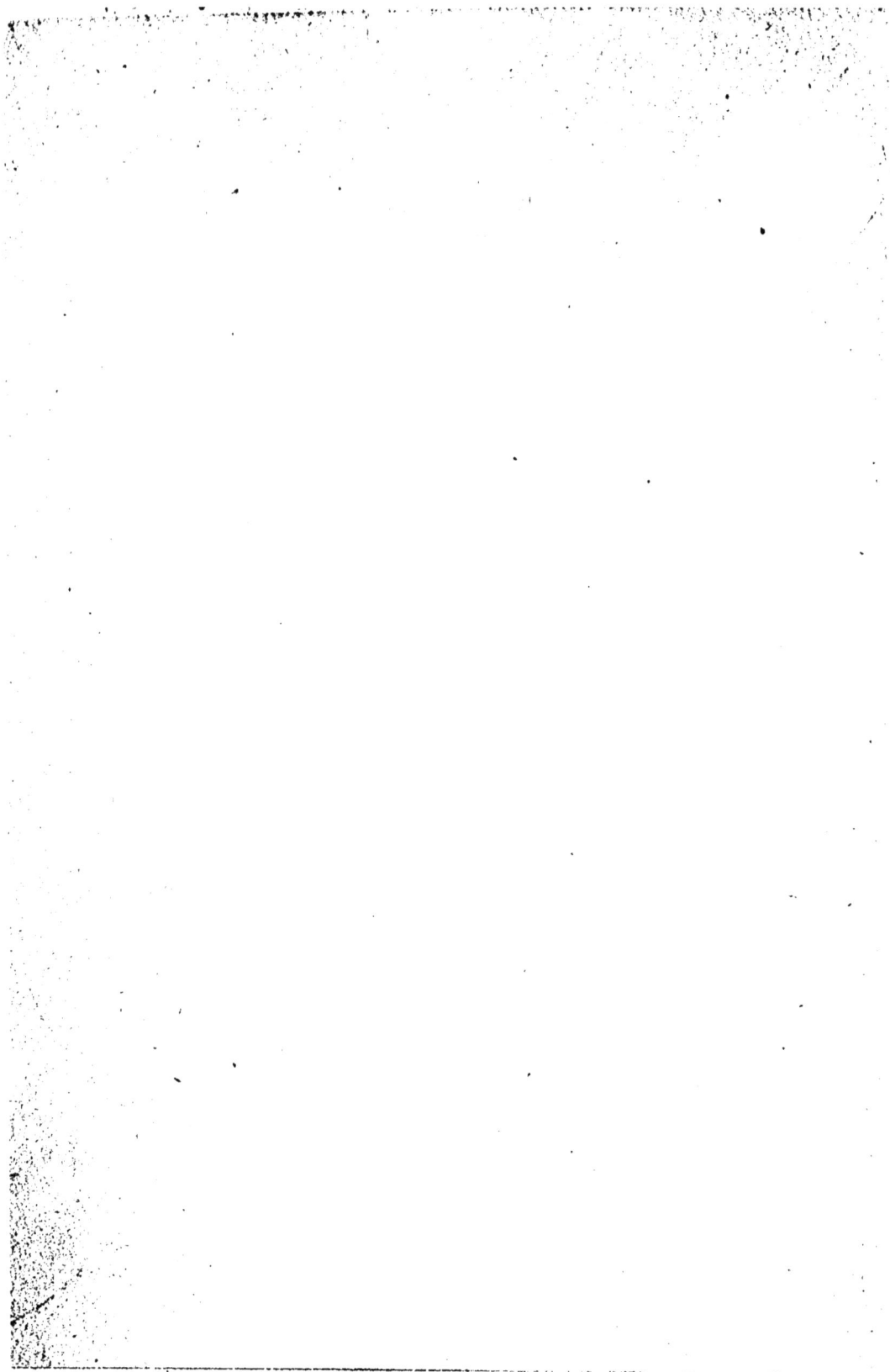

Renaissance

SOLUTION DU PROBLÈME SOCIAL

SOLUTION DES INTÉRÊTS GÉNÉRAUX

SOLUTION DES INTÉRÊTS FINANCIERS

ABOLITION DES GUERRES

ETABLISSEMENT DE LA PAIX

AUGMENTATION DE LA PROSPÉRITÉ

Par

LÉON VIALLET

Publiciste

Ouvrage honoré de plusieurs souscriptions
Présidentielles, Princières et Royales
et de nombreuses souscriptions Ministérielles,
Diplomatiques et Administratives

Reproduction rigoureusement interdite

Imprimerie GIRARD, La Mure (Isère)

1903

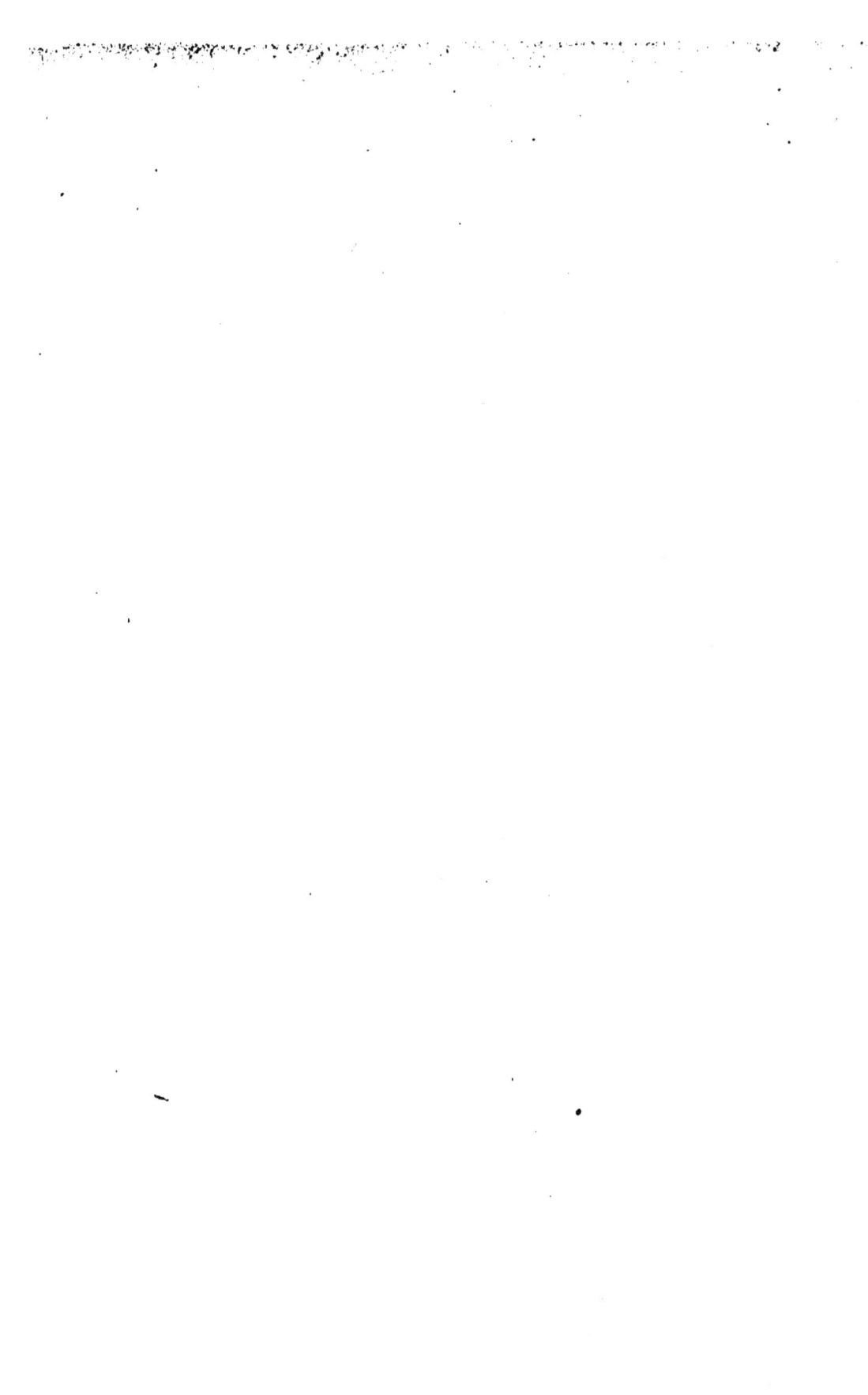

PREFACE

Mieux que de longs détails ces quelques lignes suffisent pour me résumer d'une façon complète :

L'ouvrage que j'ai l'honneur de présenter à M. Emile Loubet, Président de la République et à MM. les Ministres, constitue la Solution exacte du Problème social.

Par Problème social j'entends un ensemble de remarques et rectifications — ensemble qui mis à rétribution augmenterait très sensiblement la Prospérité Universelle et, par là, lui donnerait son maxima permanent.

La Prospérité est susceptible d'être augmentée et cette augmentation, s'il fallait la chiffrer se traduirait par environ quinze pour cent dans les Pays tout à fait civilisés, tels que la France, l'Allemagne et l'Angleterre, pour atteindre et même dépasser trente pour cent dans d'autres Pays.

L. V.

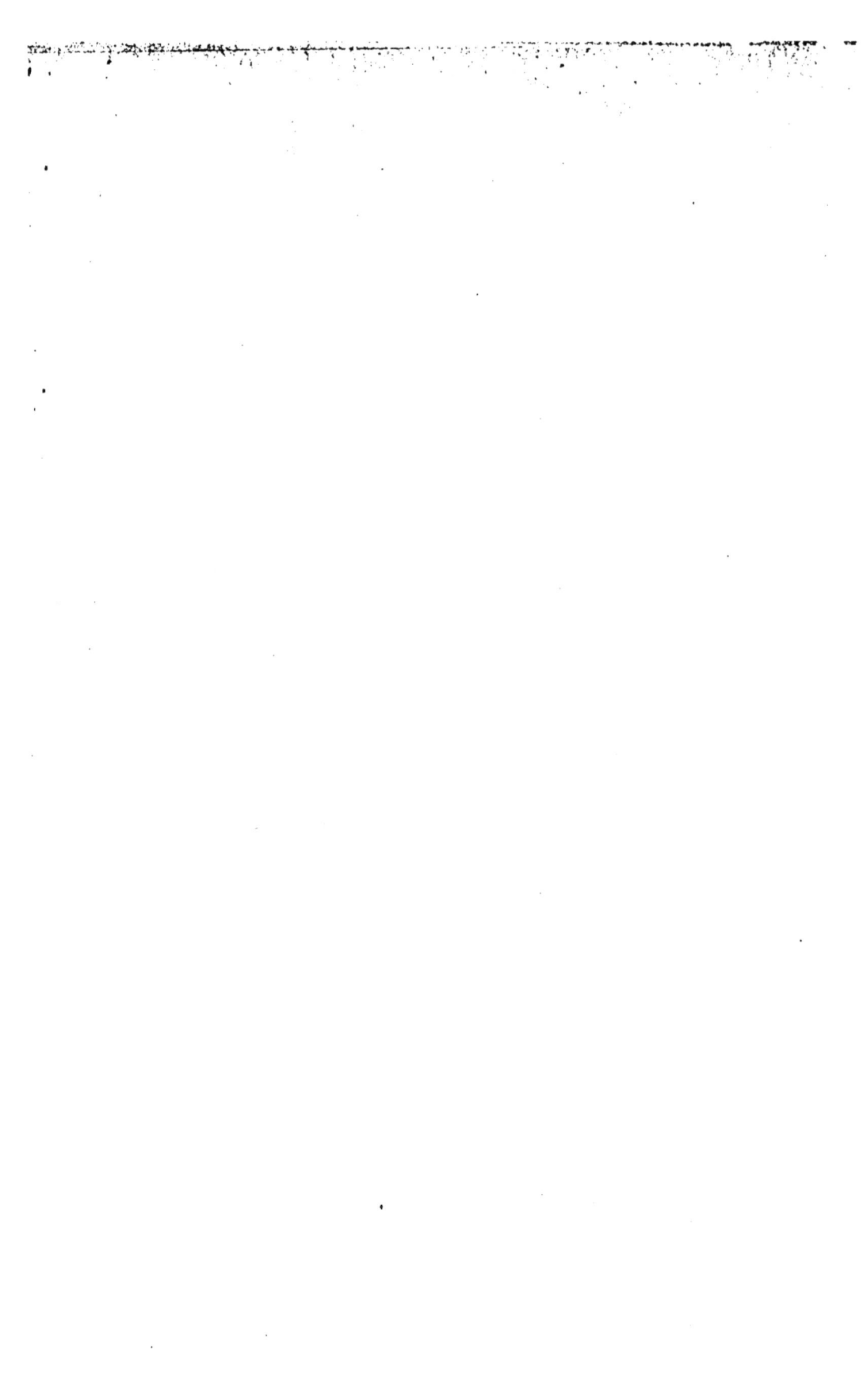

CHAPITRE I

LETTRE A M. EMILE LOUBET

PRÉSIDENT DE LA RÉPUBLIQUE FRANÇAISE

Monsieur le Président,

En prenant connaissance du titre de mon ouvrage, vous vous faites très probablement, je dirai même certainement, cette réflexion : il est très intéressant, pourvu que le texte le soit autant.

Laissez-moi vous dire tout de suite, Monsieur le Président, que je ne suis pas une de ces personnes qui après avoir passé toute leur vie à la recherche du Problème social en sont réduites à avouer qu'elles ne sont parvenues à réunir qu'un ensemble de documents présentant un intérêt nul, secondaire ou tout à fait rétrospectif.

Je me permets, Monsieur le Président, d'appeler votre bienveillante attention, car j'ai la prétention de vous soumettre un travail d'une incontestable valeur — Travail complet, précis, constituant Progrès et présentant un grand intérêt et qui, par la réunion de ces quatre éléments, fait autorité.

D'autre part, ma connaissance bien établie des questions économiques et financières, m'autorise à vous en donner l'entière assurance.

Vous voudrez bien m'excuser, Monsieur le Président, d'être quelquefois un peu rapide, car un excédent de détails ne serait pas chose utile : je trouve préférable de laisser de côté l'excès d'harmonie littéraire et de m'en tenir à une rédaction simple et de laquelle j'exclus également les données trop évasives.

Mon ouvrage constitue en quelque sorte un *Vade-Mecum* qui s'adresse aux Etats et aux Villes; mais, en principe, il n'y a pas le moindre inconvénient à ce qu'il soit consulté par tout le monde, puisque tout le monde est susceptible d'y puiser quelques renseignements. C'est d'ailleurs à cet effet que je l'ai établi d'une façon tout à fait élémentaire, tantôt sous forme de Causerie et tantôt sous forme de Questionnaire.

Je me permets, Monsieur le Président, de solliciter l'insertion au *Journal officiel*.

D'autre part, je serais très heureux, Monsieur le Président, si vous vouliez bien donner ordre à M. le Président du Conseil de réunir MM. les Ministres ainsi que les personnes d'autre part désignées et me convoquer.

Je me ferai un vif plaisir de donner à ces Messieurs les renseignements qui n'ont pu figurer ici et prendrai pour sujet :

« Il y a dans la Question des Intérêts Financiers deux points qui passent inaperçus. Ces deux points sont très importants puisqu'ils sont suffisants pour nous donner l'abolition des guerres, l'établissement de la Paix et l'augmentation de la Prospérité. »

Dans le cas où vous seriez heureux, Monsieur le Président, de m'offrir un Prix, au nom de l'Etat, je l'accepterais avec plaisir comme venant d'un Etat réellement Démocratique et qui désire s'associer à l'augmentation de la Prospérité.

J'ai l'honneur de me dire,

Monsieur le Président,

Votre bien dévoué Serviteur,

Léon VIALLET,

Rédacteur Financier.

CHAPITRE II

AUGMENTATION DE LA PROSPÉRITÉ?

Chers Lecteurs,

La Prospérité Universelle est-elle susceptible d'augmentation? Si oui, de combien?

Effectivement, la Prospérité est susceptible d'augmentation. Rien ne m'est si facile que de le démontrer.

En France, en Allemagne, en Angleterre et aux Etats-Unis, l'on aurait beau établir la statistique des personnes vivant de leur revenu et y ajouter les Agriculteurs, les Commerçants et Industriels, les membres du Clergé, ceux de l'Armée, les Fonctionnaires et Employés d'Administrations, ainsi que les Travailleurs de toutes sortes, que l'on se rendrait vite compte qu'une fraction élevée de la population n'a pas précisément des moyens d'existence.

⁂

A première vue, vous m'objecterez peut-être ceci : Les rémunérations des Travailleurs ont cependant augmenté sérieusement en ces cinquante dernières années. En 1840 le salaire moyen annuel d'un ouvrier mineur n'était que de 525 francs. En 1850, il passe à 540, en 1860, à 700, en 1870, à 800, en 1880, à 1000, en 1890, à 1200, en 1900, à 1334. En 1875 l'ouvrier maçon gagnait 5 francs, aujourd'hui, il en gagne 7, le charpentier passe de 5,50 à 7 ; le menuisier de 4 à 6,50 ; le forgeron de 5 à 6, etc.

Oui, tout ceci est très vrai. Mais cette augmentation du salaire doit être attribuée principalement, je dirai même uniquement, à l'augmentation du coût de la vie. Par conséquent, elle est absolument étrangère au nombre des Travailleurs et, il s'en suit que la production que ceux-ci pourraient faire, se trouverait supérieure à la consommation, autrement dire, le Travail se trouve annihilé par de trop longues mortes-saisons.

Pour que la consommation arrive à atteindre la production, il faudrait un supplément d'augmentation de la Prospérité. Ce supplément peut parfaitement s'obtenir par une égale défense de tous les Intérêts et, principalement, les Intérêts financiers.

⁂

Quant à expliquer la fraction pour cent de cette augmentation de la Prospérité, je crois ne pas trop m'avancer en donnant le nombre quinze pour les Pays tout à fait civilisés. Rien ne m'est si facile que de baser ce chiffre :

Les grandes villes attirent beaucoup de jeunes gens. Je serai instituteur, clerc d'huissier, employé de magasin, garçon de café, facteur, etc.

La cause ?

L'on a prétendu que le Travail agricole n'est pas suffisamment rémunérateur, trop pénible et trop fatiguant. Cette explication ne saurait être admise. Je connais suffisamment les travaux agricoles, pour pouvoir me prononcer et dire : ils sont relativement rémunérateurs et n'ont rien de trop pénible et trop fatiguant.

L'on a prétendu que les machines en diminuant considérablement le Travail « mettaient sur le pavé » un grand nombre de Travailleurs. Cette explication ne saurait également être admise : les machines, en effet, abrègent l'ouvrage, mais ce n'est pas pour cela qu'elles anéantissent les Travailleurs, car, de nos jours, l'on est habitué à des journées plus courtes que dans le passé et, d'autre part, les dépenses de tous se sont sensiblement élevées.

A mon avis, la cause principale, car il y en a plusieurs, c'est que la Province compte un excédent de bras.

Cet excédent de bras se répercute dans les villes. Les uns et les autres se plaignent. Le Commerce y est tout à fait calme et beaucoup de patrons ont peine à conserver leurs anciens employés.

Voulez-vous quelques preuves :

Les Syndicats du Travail estiment actuellement la moyenne des chômeurs à : 13 0/0, pour l'ensemble des industries de l'alimentation ; 17 0/0, pour celles du bois ; 27 0/0, pour les professions se rattachant au bâtiment ; 30 0/0, pour les employés de commerce ; etc.

Ces chiffres n'ont rien d'exagéré, puisque « parmi l'ensemble des Industries, une trentaine seulement donnent à leurs ouvriers une moyenne de trois cents jours de travail par année ».

$$\overset{\textstyle\star}{\star\ \star}$$

Vous me ferez peut-être remarquer qu'en France cinquante-neuf départements ont en ces dernières années organisé des secours contre le chômage.

Je vous réponds à nouveau, c'est vrai mais, je suis obligé d'ajouter, qu'est-ce que un million et demi de francs pour venir en aide à..... un million et demi de Travailleurs.

$$\overset{\textstyle\star}{\star\ \star}$$

Si le chiffre quinze n'est guère supérieur à la réalité dans les Pays tout à fait civilisés, il n'en est pas de même dans les autres Pays.

Il faut alors le doubler et, quelque fois même, le tripler.

L'Italie n'est pas très peuplée si l'on tient compte de son étendue et cependant les affaires n'y vont pas brillamment.

La Russie est immense mais l'Agriculture souffre et le Commerce s'en ressent.

En Suède la misère se fait souvent sentir.

Au Maroc, règne le brigandage dans toute l'acception du mot.

Dans certains Pays africains et asiatiques.,.... les restes de bêtise et de barbarie.

Etc., etc.

Je laisse-là mes chiffres car ils ne sont encore qu'approximatifs. Plus loin, je donnerai les chiffres les plus précis.

*
* *

Que faut-il pour produire ce maxima permanent de Prospérité? Telle est la question.

Pour produire ce maxima permanent de Prospérité un certain nombre d'éléments sont nécessaires. Il en est d'utiles et d'autres d'indispensables.

Ces derniers sont au nombre de douze, savoir :

Le Développement Administratif,
Le Développement de l'Instruction,
L'Augmentation de la Civilisation,
La Défense des Fonctionnaires,
La Défense du Travail,
L'Activité Immobilière,
La Défense de l'Agriculture.
La Défense du Commerce et de l'Industrie,
La Défense de l'Épargne,
La Solution des Questions Monétaires,
La Paix,
La Décentralisation.

Je vais les étudier séparément.

*
* *

Avant de le faire, je dois me permettre de faire une remarque :

De nos jours on entend souvent prononcer les mots « Nationalisme » et « Patriotisme ». Que de gens ignorent la définition exacte de ces mots. Ils prennent pour Nationalisme et Patriotisme, des phrases évasives et ne se rendent pas compte que le Nationalisme et le Patriotisme réels ont leur base dans la Prospérité, pour la raison bien simple que plus grande est la Prospérité d'un Pays, plus minime en est l'émigration.

CHAPITRE III

LE DÉVELOPPEMENT ADMINISTRATIF

Chers Lecteurs,

Le développement administratif est une base de la Prospérité. Un État sans Administrations, serait comparable à un édifice très élevé construit sans fondations.

Au point de vue administratif, la France tient certainement le premier rang. Elle compte les Ministères, deux Chambres, et, par département, une Préfecture et plusieurs sous-Préfectures.

*
**

Les Ministères ont-ils leur véritable raison d'être ? Y en a-t-il en trop ? ou, au contraire, en manque-t-il ?

Les Ministères ont leur véritable raison d'être et, le bon ordre en exige le maintien. En France, il y en a douze, savoir : Intérieur, Colonies, Affaires étrangères, Finances, Instruction publique et Beaux-Arts, Justice, Cultes, Commerce et Industrie, Agriculture, Travaux publics, Guerre et Marine.

Je trouve que c'est exactement ce qu'il faut. Je n'en vois pas à ajouter et je n'en vois guère à supprimer.

Alors vous n'êtes pas partisan d'un Ministère du Travail ?

Un certain nombre de députés, ont en effet, proposé il y a quelques mois, la création d'un Ministère dénommé ainsi. Je ne vois pas du tout quelle serait l'utilité de cette nouvelle institution car, ainsi que je l'explique plus loin, la Défense du Travail a l'avantage de s'effectuer d'elle-même.

Cependant, je dois vous dire, il y a plusieurs améliorations à apporter aux divers Ministères. Je les expliquerai dans le cours de cet ouvrage et, pour le moment, je vais me contenter de dire un mot de celui des Finances.

Le bon ordre exige que dans l'avenir celui-ci s'occupe non seulement des Budgets et de la Dette mais aussi des deux éléments ci-après : les Sociétés et la Presse financière.

*
**

Il doit s'occuper des Sociétés parce qu'elles jouent de nos jours un rôle important et que la nécessité de les règlementer se fait sentir.

Il doit s'occuper de la Presse financière, parceque celle-ci s'approprie souvent un excédent de Liberté — excédent qui porte atteinte à la Prospérité.

Quoi de plus désagréable que de voir des journalistes à court de copie publier des manchettes sensationnelles de ce genre-là, comme ils l'ont fait il y a quelques mois: « La fin du Crédit Lyonnais », « Le krack de la Société générale », « Neuf cent millions de découvert à la Banque de France », etc.

Enfin, les attaques contre les Caisses d'Epargne. Vous m'objecterez peut-être que l'Article 1er de la Loi du 3 février 1893 tend à compléter les Articles 419 et 420 du Code pénal — articles qui punissent ceux qui à dessein, dans le public, auront provoqué ou tenté de provoquer des retraits de fonds des Caisses publiques.

Ceci est très bien seulement, il faut le mettre à rétribution car sans cela la Presse en question continuerait à opérer trop à son aise.

Ce n'est pas d'aujourd'hui qu'elle s'approprie cet excédent de liberté. Des attaques contre les grands établissements financiers avaient déjà eu lieu à diverses reprises et notamment en 1848 et en 1882.

Pour citer encore un autre exemple, je me permettrai de rappeler qu'il y a quelques mois, M. le Ministre des Finances à Saint-Pétersbourg s'est trouvé forcé de publier une note officielle déclarant qu' « en présence des bruits pessimistes répandus avec persistance par certains journaux à l'Etranger, sur la situation financière de la Russie, le Gouvernement russe ne fera cette année aucun emprunt sur aucun marché à l'Etranger ».

*
**

Les Chambres ?

Les Chambres ont également leur véritable raison d'être. Cependant, quelquefois, elles s'approprient de faux droits ; de même que d'autres fois elles apportent de la négligence. A l'Etranger on a vu des Chambres oublier la vérification des Budgets et ce, pendant plusieurs exercices.

Le rôle des Chambres ne doit pas être compliqué. Il est élémentaire et se trouve indiqué dans la Déclaration de l'Assemblée de 1789. Il faut rendre à l'Assemblée cette justice qu'obéissant aux vœux déposés dans les cahiers par ses commettants, elle inscrivit dans la Constitution des principes que l'on citera toujours à son honneur, notamment « le droit pour la représentation de surveiller l'emploi des crédits et de se faire rendre compte par les Ministres des recettes et des dépenses annuelles ».

*
**

Les Préfectures ?

Les Préfectures ont aussi leur véritable raison d'être, le bon ordre les exigent. Il est indispensable que les affaires avant d'être centralisées à la capitale, le soient au chef-lieu du département.

*
**

Les sous-Préfectures ?

Les sous-Préfectures ont fait beaucoup parler d'elles en ces dernières années. En France, tout récemment, la Commission du Budget a voté une assez forte réduction pour marquer son désir d'en voir supprimer quelques-unes. D'autre part, le 3 décembre 1886, par 262 voix contre 249, leur suppression fut votée par la Chambre.

J'estime que les Membres du Parlement en votant pareille suppression, ont fait fausse route. Si, de nos jours, les Postes, Télégraphes et Téléphones, sont venus rapprocher les distances, d'autre part, divers éléments, notamment l'augmentation de la population, exigent le maintien de ces administrations.

★
★ ★

Il faut dit-on réduire le nombre des fonctions et des fonctionnaires; la France, au point de vue administratif, pourrait se contenter de vingt grandes divisions comme elle a vingt grandes divisions militaires. Il n'est pas nécessaire d'avoir 86 départements avec la même organisation que lorsque les Chemins de fer, le Télégraphe, le Téléphone et les grandes voies de communication n'existaient pas.

Ce raisonnement est bien facile à tenir mais, quand il s'agit de passer de la théorie à la pratique, il ne faut pas oublier ce point qui sera, pour ce Chapitre, ma Conclusion :

« Il faut placer au premier rang, parmi les causes déterminantes des Progrès de l'Univers, la régularité chaque jour plus grande qui se manifeste dans la vie administrative ».

CHAPITRE IV

LE DÉVELOPPEMENT
DE L'INSTRUCTION

Chers Lecteurs,

Le développement de l'Instruction est une base de la Prospérité universelle.

L'on médit beaucoup du temps présent, c'est un tort. L'on devrait, au contraire, reconnaître que l'Instruction a fait de sérieux progrès.

***

En France, en 1870, la proportion des illettrés était de 25 0/0 pour les hommes et 38 0/0 pour les femmes; elle tomba, en 1900, à 5 0/0 pour les hommes et à 8 0/0 pour les femmes.

En Allemagne, il en est absolument de même. Par son armée d'hommes de science, c'est de l'or en barre que les industriels extraient de la houille, sous les noms de fuschine, aniline, antipyrine, analgésine, etc.

La France a donné le jour à d'illustres savants : Pasteur, Chevreul, Berthelot, Descartes, Pascal, Cuvier, Marc Seguin, Denis Papin, Claude-Bernard, Joffroy-Saint-Hilaire, Lavoisier, Bichat, Lamarck, Bonjean, Docteurs Jorret, Homolle, Péan, Doyen, Garrigue, etc.

***

Il ne faut pas se faire d'illusions, nos prédécesseurs étaient moins instruits que nous le sommes.

Au point de vue astronomique, ce n'est qu'au xve siècle que l'on remarqua que la terre est ronde et qu'elle tourne; ce n'est qu'en 1590, que Tycho-Brahé publia son catalogue astronomique : il était le premier et n'enregistrait que 300 étoiles; ce n'est qu'au début du xviie siècle que Métius, Lippersbey et Galilée construisirent la première lunette astronomique; ce n'est qu'en 1851, que Foucault fit son expérience démontrant la rotation de notre planète; ce n'est que l'année dernière que l'on remarqua qu'il y avait possibilité de prévoir quelques jours à l'avance le réveil des volcans; enfin, ce n'est que tout récemment que l'illustre Berthelot nous a appris la composition de la terre lors de sa création. (Les premiers groupes qui durent sortir du cahos des éléments furent l'oxyde de carbone, CO, et l'acide carbonique, CO^2, résultat de l'association de l'hydrogène et de l'oxygène. Ces groupes résistèrent à la température excessive des premières époques et, au fur et à mesure que la terre se refroidit, ils se compliquèrent. Il se forma alors un composé ternaire très simple ; l'oxyde de carbone et l'eau, en présence d'alcalis à une température de cent degrés, donnèrent naissance à un corps nouveau : $CO + H^2O = CO^2H^2$).

Au point de vue immobilier, ce n'est qu'au troisième siècle que nos pères remarquèrent le fil aplomb et, seize siècles plus tard, qu'ils s'aperçoivent qu'il serait préférable de bâtir les immeubles en alignement et d'adopter des rues larges.

Au point de vue scientifique, les grandes découvertes sont également toutes modernes. Au XVIIe siècle, Torricelli et Pascal démontrèrent que l'air est un corps doué de pesanteur ; Otto de Guéricke, physicien allemand, inventa la machine pneumatique. Au XIXe siècle, on découvrit la Fée Electricité et ses nombreuses applications ; on découvrit également le Phonographe, la Télégraphie et la Téléphonie sans fil, les machines à écrire, les machines rotatives pour journaux, les machines typographiques à composer, l'électro-typographie, la télé-typographie, etc., etc.

Au point de vue médical, que de découvertes se sont effectuées depuis une cinquantaine d'années : traitement des maladies chroniques par l'Electricité ; examen du corps humain par les rayons Rœtgen et De Finsen ; guérison de la rage, de la diphtérie et d'autres maladies microbiennes, par les sérums ; établissement des Sciences biologiques : Chimie, Anatomie, Paléontologie, Zoologie, Embryogénie, Histologie, Phisiologie et Microbiologie ; enfin, tout récemment, le savant Docteur L. Garrigue nous a démontré que les glucoses et les sels formiques constituent la Loi de Défense des organismes et que cette loi de défense mise à rétribution dans les maladies par ralentissement de nutrition, la tuberculose et le cancer, donnait les meilleurs résultats.

Au point de vue pharmaceutique, que de produits nouveaux sont sortis des laboratoires de nos savants dans le cours du siècle dernier : l'apiol, l'ergotine, les arséniates, le chloroforme, l'antipyrine, la cocaïne, la morphyne, la strychnine, le chlorure d'éthyle, etc., etc. Evidemment le persil, le seigle, l'arsenic, l'alcool à brûler, la houille, la coca, le pavot, la noix vomique, etc., existaient ; mais nos prédécesseurs n'avaient pas su y découvrir et en extraire les principes actifs.

Enfin, au point de vue global, il est certain que nos pères étaient loin de supposer qu'en l'année 1903, l'Internationalisme général et les Intérêts financiers permettraient de régler le Monde, abolir les guerres, établir la Paix et augmenter la Prospérité.

« C'est l'ignorance qui rend l'Humanité méchante et miséreuse. Au fur et à mesure qu'elle disparaîtra, elle fera place à l'amélioration du sort général. »

CHAPITRE V

L'AUGMENTATION DE LA CIVILISATION

Chers Lecteurs,

L'augmentation de la Civilisation est, sans conteste, une chose utile à l'augmentation de la Prospérité, parce que la Civilisation chasse les idées barbares et guerrières et les remplace par les idées administratives, agricoles, industrielles, commerciales et financières.

*
**

L'Europe et l'Amérique sont à peu près entièrement civilisées mais, en Afrique, en Asie et en Océanie, il y a encore du chemin à parcourir.

En Afrique :

Au Maroc, les tribus de l'intérieur sont insoumises et les frontières incertaines. Si l'on joint à cela des habitudes séculaires de brigandage, on se rend bien vite compte que le Commerce ne peut pas éviter d'y être paralysé.

Les dix-neuf vingtièmes de la population habitent sous des tentes. Tout étranger y est traité en espion et exposé aux brutalités de la foule. Les explorations y sont presque impossibles : on se rend difficilement de Tanger la « ville blanche » à Méquinez et à Fez, par le fameux « chemin des Ambassades ».

Dans la province de Sierra-Leone il y a encore de vastes étendues de terres dans leur état primitif. Le Gouverneur de la Province, dans son dernier rapport, signale cet état de choses et ajoute: « les indigènes s'y nourrissent exclusivement d'herbes et de fruits. Ils passent la journée couchés dans des hamacs tressés avec diverses plantes. La nuit ils se réunissent et dansent. »

Au Soudan, sur les bords de l'Oubanghi supérieur, il se trouve encore des nègres pratiquant l'anthropophagie.

Au Somal, les Somalis qui vivent le long du littoral font le métier de pilleurs d'épaves ; au cap Guardafui, au raz Hafoun et sur divers autres points de la côte, on les voit sur les rochers veillant comme des vautours qui attendent leur proie.

En Asie :

Dans l'Arabie, les luttes constantes entre les partis paralysent les affaires.

Aux Indes, le fanatisme est particulièrement développé. Les croyants se soumettent aux plus cruelles privations et aux pires tortures, s'imaginant faire œuvres agréables à leurs divinités.

Au Cambodge, plusieurs peuplades indépendantes, les Moïs, les Penongs, les Stiengs, les Rodes, les Kuois et les Chérécis, y sont établies vers les confins de l'est et y vivent à l'état sauvage.

En Océanie :

Dans la Confédération Australienne et, surtout, dans les nombreuses îles qui gravitent autour, il y a encore des sauvages.

⁂

On le voit, par ces quelques données, la Civilisation n'a pas encore entièrement accompli son œuvre et il est à souhaiter qu'elle gagne du terrain.

Ce Progrès, évidemment, ne s'effectuera qu'en un grand nombre d'années mais, par les Expositions, les Postes, les Télégraphes et surtout les Chemins de fer, il est cependant appelé à se produire.

CHAPITRE VI

LA DÉFENSE DES FONCTIONNAIRES

Chers Lecteurs,

De nos jours le nombre des Fonctionnaires et employés d'Administrations est beaucoup plus élevé qu'il ne l'était autrefois et il n'est pas appelé à diminuer, puisque, d'une part, le bon ordre exige le développement administratif et, d'autre part, la population va tous les jours en augmentant.

Qu'il me suffise de rappeler que les emplois publics occupent à Paris 69.720 personnes et, dans les Départements, environ 350.000. Si, j'ajoute à ces chiffres le Clergé, l'Armée et le personnel des Chemins de fer, j'obtiens un joli nombre, puisque nos six grands réseaux à eux seuls, s'inscrivent pour 249.705 employés.

⁎
⁎⁎

La plupart des Fonctionnaires et Employés d'Administrations ont vu leurs appointements augmenter au fur et à mesure qu'a augmenté le coût de la vie.

	Ils touchaient il y a 30 ans.	Ils touchent actuellement.
Sous-Lieutenants,	fr. 1.850	fr. 2.340
Capitaines,	2.750	3.500 à 5.000
Colonels,	6.000	8.136

Le personnel des Chemins de fer a eu lui aussi une augmentation sensible.

D'autre part, certains changements ont été apportés de façon à améliorer le service et, par là, le rendre moins assujettissant.

Cependant, il y a lieu de continuer dans cette voie et ce, par :

La continuation des améliorations,

Le meilleur choix du personnel,

Le développement du Crédit.

a). Dans les Chemins de fer, la plupart des accidents ne tiennent-ils pas au surmenage à certains jours et à l'insuffisance du personnel ?

b). Dans le personnel administratif n'y a-t-il pas encore beaucoup trop de nullités ?

c). Les fonctionnaires et employés d'Administrations ne trouvent pas à emprunter ou du moins, s'ils y arrivent, c'est en passant par les mains d'usuriers qui leur versent 150 à 300 francs et leur en font signer 4 ou 5 fois plus. Il y a lieu de supprimer cette façon de faire car « une délégation d'appointements constitue une garantie sérieuse et qui est bien suffisante pour permettre aux intéressés de trouver à emprunter quelques billets de cinquante francs, s'ils leur sont utiles ».

J'indiquerai plus loin l'institution qui devra effectuer ces prêts.

CHAPITRE VII

LA DÉFENSE DU TRAVAIL

Chers Lecteurs,

La défense du Travail est matériellement indispensable à la bonne harmonie sociale. Pour montrer qu'elle représente une fraction très importante, qu'il me suffise de rappeler que la Ville de Paris compte 927.132 ouvriers de toutes sortes.

*
**

La défense du Travail a l'avantage de s'effectuer d'elle-même, c'est-à-dire qu'elle dérive de plusieurs autres et principalement de celle de l'Epargne et de celle de l'Agriculture, car ces deux facteurs amènent l'activité commerciale et industrielle ; or, celle-ci, donne la véritable défense des Travailleurs car tel patron qui occupe dix ouvriers en occupera douze, tel autre qui a cinq employés en prendra un sixième, etc., etc.

*
**

En matière de défense des Travailleurs, la maxime du célèbre Cobden est et sera toujours d'actualité :

« Quand deux ouvriers courent après un patron, le salaire baisse ; quand deux patrons courent après un ouvrier, le salaire hausse ».

CHAPITRE VIII

L'ACTIVITÉ IMMOBILIÈRE

Chers Lecteurs,

Il est un viel adage qui prétend que « quand le bâtiment va, tout va ». Il est certain qu'il ne peut guère en être autrement car l'habitation est chose presque aussi indispensable que l'alimentation.

*
* *

Tout récemment, les diverses Chambres syndicales du bâtiment, consultée par les soins de M. le Ministre des Travaux publics ont accusé un bon maintien d'activité.

Ce n'est d'ailleurs pas qu'en France que cette constatation a été faite. D'Allemagne et d'Angleterre, en effet, en parviennent d'identiques.

Il est conséquemment permis de bien augurer de l'avenir. Cependant, pour formuler une appréciation juste, il n'est pas sans intérêt d'étudier le XIXe siècle immobilier.

Je vais le faire, relativement à la France, en prenant pour bases deux statistiques.

*
* *

Statistique de l'Enregistrement et de M. A. Fontaine :

A Paris :

La valeur locative, en 1805, n'était pas supérieure à 53 millions de francs.

Actuellement, elle est de 853.

Le nombre des immeubles est de 80.319.

Il en est :

          59 au-dessus de 5 millions de francs,
         304 de 2 à 5 millions,
       1.067 de 1 à 2 millions,
         851 de 800.000 fr. à 1 million,
         686 de 700.000 fr. à 800.000,
       1.062 de 600.000 fr. à 700.000,
             de 500.000 fr. à 600.000,
             de 400.000 fr. à 500.000,

```
4,248 de 300,000 fr. à 400,000,
      de 200,000 fr. à 300,000,
16,031 de 100,000 fr. à 200,000,
14,000 de  50,000 fr. à 100,000,
      de  40,000 fr. à  50,000,
      de  30,000 fr. à  40,000,
      de  20,000 fr. à  30,000,
 6,500 de  10,000 fr. à  20,000,
10,430 au-dessous de 10,000 francs.
```

Dans les Départements ;

La valeur locative en 1887, était de 1.792.686.416 francs. Elle est actuellement de 2.062.686.416 francs.

En 1887, le nombre d'immeubles était de 8.914.523. Actuellement il est de 9.173.871.

Il y a lieu d'ajouter aux nombres ci-dessus, celui des usines.

En 1887, il était de 110.000. Il est actuellement de 128.712.

Statistique de M. C. Fouquet :

La valeur locative des maisons et châteaux atteignait :

```
En 1851.....      871.876.380 francs.
   1887.....    2.557.812.420    —
   1899.....    2.878.056.422    —
```

La valeur locative des usines atteignait :

```
En 1851.....       85 340.982 francs.
   1887.....      210.827.825    —
   1899.....      259.712.315    —
```

La valeur vénale des maisons et châteaux atteignait :

```
En 1851.....    18.002.906.947 francs.
   1887.....    45.411.573.124    —
   1899.....    53.136.538.000    —
```

La valeur vénale des usines atteignait :

```
En 1851.....     1.276.502.173 francs.
   1887.....     3.152.048.914    —
   1899.....     3.981.405.000    —
```

*
**

L'ensemble de ces chiffres suffit pour montrer que le XIXᵉ siècle a été un siècle immobilier.

*
**

De nos jours, les immeubles dans les grandes villes sont bâtis avec luxe et possèdent toutes les commodités désirables. Pour n'en citer que deux exemples, qu'il me suffise d'indiquer, à Paris, les immeubles qui font l'angle de l'Avenue Ledru-Rollin et du Faubourg

Saint-Antoine et ceux portant les numéros 21 et 23 du Boulevard Diderot, en face la gare P.-L.-M. Les architectes qui les ont établis font sans conteste autorité.

Quelle différence avec ces vieux pâtés de maisons que l'on trouve Rue et Faubourg Saint-Denis, Rue et Faubourg Saint-Martin, Rue Vieille-du-Temple, etc., etc.

Relativement à l'Étranger, je me permettrai de signaler les gares de Dresde, Cologne, Hanovre, Francfort et Brême, en Allemagne. Elles constituent des merveilles d'élégance et de commodité.

Enfin, je dois annoncer que beaucoup de villes, même en Pays éloignés, veulent être « à l'instar » de Paris et de Londres.

Je citerai notamment Baroa, au Chili, ville d'environ 40.000 habitants. Tout récemment, la Municipalité a envoyé à Londres 4 architectes pour relever les plans des principaux édifices de la capitale britannique, à fin de les reproduire sur une petite échelle au bord du Pacifique.

*
**

Pendant que je suis sur cette question, je ne dois pas manquer de calculer la valeur de la France immobilière.

La valeur locative des immeubles à Paris et dans les Départements étant d'environ trois millards de francs, en divisant ce chiffre par sept (taux brut actuel de la capitalisation immobilière) et en multipliant par 100 le nombre obtenu, on obtient 42.857.142.857 francs, ce qui fait une moyenne personnelle légèrement supérieure à mille francs (en capital).

(Est-ce trop s'avancer que de faire remarquer l'augmentation du coût de la vie ?)

*
**

J'estime qu'en matière de statistique immobilière, le plus simple serait le meilleur.

En effet, il est un mode qui ne laissera jamais la moindre déception. C'est celui qui au lieu d'être basé sur le nombre de maisons et la valeur locative, le serait sur la population et un quotient donné.

On parle du nombre d'immeubles, c'est très beau, mais encore il faut qu'ils soient loués, car du jour où il y en aurait une importante fraction de non loués, la valeur en capital et en revenu de tous les immeubles ne pourrait manquer de s'en ressentir.

*
**

Je reviendrai plus loin sur cette statistique et j'indiquerai aussi la solution de la Question immobilière. Je veux dire par là que le vingtième siècle étant un siècle de Progrès, il doit faire quelque chose au point de vue du bâtiment. Il doit faire ce quelque chose pour la raison bien simple que les immeubles au point de vue de leur propriété constituent une chose privée mais qu'au point de vue général ils sont publics. Aussi, l'embellissement des villes par la symétrie des bâtiments et leur entretien extérieur est une chose toute indiquée et qui dans l'avenir doit être très rigoureusement observée.

CHAPITRE IX

LA DÉFENSE DE L'AGRICULTURE

Chers Lecteurs,

La défense de l'Agriculture joue un des principaux rôles dans l'augmentation de la Prospérité. Une vieille maxime dit : « Quand l'Agriculture va, tout va ». Il est certain qu'il ne peut pas en être autrement, car, si indispensable que soit le bâtiment, l'Agriculture l'est encore beaucoup plus.

*
* *

Notre planète est un globe qui est aujourd'hui entièrement mesuré. Les statistiques nous donnent les chiffres ci-après :

Europe..................	1.000.000.000 hectares.
Asie	4.200.000.000 —
Afrique.................	2.900.000.000 —
Amérique...............	4.200.000.000 —
Océanie.................	1.100.000.000 —

Ce qui fait un total global de treize milliards quatre cent millions d'hectares.

Ces treize milliards quatre cent millions d'hectares doivent être considérés comme occupés aux trois quarts, car il n'y a guère qu'en Egypte, en Uruguay, en Paraguay, au Costa-Rica et en Australie, qu'il y a encore des terres incultes, et la quantité va tous les jours diminuant.

Donc, dans un avenir qui n'est pas très éloigné, l'Univers sera entièrement cultivé. Il y aura encore quelques petites augmentations éventuelles, telles que le dessèchement du Zuiderzée, qui donnera à la Hollande 2.000 kilomètres carrés (200.000 hectares), la construction de digues et drainages en Belgique, 100 kilomètres carrés (10.000 hectares), enfin, la construction de la digue d'Assouan, en Egypte, qui donnera environ 10.000 kilomètres carrés (1.000.000 d'hectares).

*
* *

Il n'est pas sans intérêt de se mettre à calculer un peu, pour se rendre compte du quotient alloué à la vie personnelle.

Je vais le faire, en me basant sur une étendue de quatorze milliards d'hectares.

Le Monde ayant actuellement 1.560.000.000 d'habitants, ce quotient est de 14.000.000.000 (chiffre maxima de l'étendue terrestre), divisé par 1.560.000.000, ce qui donne près de neuf hectares, exactement 89.743 mètres carrés.

Ce chiffre, à première vue semble élevé, mais, il n'en est pas ainsi.

Il y a lieu de tenir compte de plusieurs éléments, notamment l'étendue occupée par la culture des plantes nécessaires au vêtement : lin, chanvre, coton, etc., l'étendue occupée par les lignes de chemins de fer et les routes, celle occupée par les immeubles, celle occupée par les concessions minières, etc., de sorte que je ne dois pas trop m'avancer en disant : le quotient personnel doit être réduit des trois cinquièmes.

Il ne faut pas s'imaginer que l'étendue occupée par la culture des plantes nécessaires au vêtement, celle occupée par les voies ferrées et les routes, etc., soient de vains mots.

Il ne m'est pas possible de fournir ici des chiffres détaillés, mais cependant j'ai la prétention de ne pas trop m'avancer en estimant que ces éléments absorbent les trois cinquièmes.

En France, l'étendue des concessions minières s'inscrit pour 1.173.250 hectares.

Dans le monde entier, il y a 75 à 80 millions de chevaux, 10 à 15 millions d'ânes et mulets, etc.

*
**

En l'état actuel le quotient personnel est donc de 14 milliards d'hectares divisé par 5 et multiplié par 2, soit 5 milliards 3/5, ce qui fait près de 36.000 mètres par personne.

Lorsque le monde comptera

1.600.000.000 habitants il sera de (en mètres carrés)			35.000
2.000.000.000 —	—	—	28.000
5.000.000.000 —	—	—	11.200
10.000.000.000 —	—	—	5.600
50.000.000.000 —	—	—	1.120
100.000.000.000 —	—	—	560
500.000.000.000 —	—	—	112
1.000.000.000.000 —	—	—	56
5.000.000.000.000 —	—	—	11
10.000.000.000.000 —	—	—	5

Enfin, lorsque le monde comptera 56.000.000.000 d'habitants, le quotient personnel sera de..... un mètre carré !

Ces chiffres montrent bien que l'Univers a été trop grand pour nourrir tout le monde, qu'actuellement il est suffisant et que dans quelques siècles d'ici, il..... sera réellement trop petit.

Il est vrai que nous pouvons nous en consoler, car dans quelques siècles d'ici, nous mangerons tous, comme l'on dit, les pissenlits par la racine et, d'autre part, nos successeurs ne seront peut-être pas dans l'insuffisance alimentaire, car plusieurs savants sont en train de nous promettre..... des tablettes nutritives fabriquées avec l'hydrogène de l'eau et l'azote de l'air !

*
**

En attendant, pour parer à toute éventualité, et agir comme doivent le faire des gens intelligents, ne nous faisons pas d'illusions et n'oublions pas ceci :

« Actuellement les stocks sont nuls. Au 31 décembre 1902, ils étaient ainsi évalués : froment, 81 millions d'hectolitres; seigle, 23 millions; orge, 14 millions; avoine, 54 millions; maïs, 43 millions, etc. Ces chiffres sont loin, très loin, de représenter la récolte d'une année, puisqu'elle s'établit ainsi : 900 à 1.200 millions de quintaux de froment; 400 à 600 millions de quintaux de seigle; 250 à 400 millions de quintaux d'orge; 900 à 1.300 millions de quintaux d'avoine; 700 à 1.100 millions de quintaux de maïs, etc., etc. »

★
★ ★

Faut-il faire le Crédit Agricole ? Telle est la question.

La création du Crédit Agricole s'impose évidemment, puisque l'Agriculture est une des principales bases d'augmentation de la richesse générale.

Les Arts et l'Industrie transforment et de ces transformations naît évidemment un bénéfice, mais, il en est de même au point de vue de la terre qui rend plusieurs fois ce qu'on lui confie.

Plusieurs membres du Parlement recherchent la possibilité de faciliter le Crédit Agricole.

Une proposition de Loi ayant pour objet le développement de ce crédit, par le dégrèvement des petits prêts hypothécaires, a été récemment déposé à la Chambre.

Les auteurs de la proposition apportent l'amélioration suivante :

Ils abaissent à 2 francs pour 1.000, au lieu de 10, le droit d'inscription.

Est-ce là la Solution ?

Non, absolument non, ainsi que je l'explique plus loin.

Leur but est louable, mais..... tout s'en tient là.

Pour en arriver à une solution pratique, il est absolument indispensable d'étudier deux choses, savoir : la valeur du Sol et la fraction de la population vivant par l'Agriculture.

Je vais faire pour la France, l'étude de ces deux éléments.

★
★ ★

La Valeur du Sol. — Etablir la valeur du sol est une chose qui ne présente pas d'insurmontables difficultés.

Vous me direz peut-être : puisque la population va tous les jours en augmentant, le sol en bénéficie en augmentant de valeur ?

Je suis obligé de répondre non, pour la raison que cette augmentation de valeur ne pourra guère se produire avant plusieurs siècles d'ici, époque où l'Univers sera exactement pour nourrir tout le monde. D'autre part, à cette époque, le sol sera encore plus épuisé qu'il l'est actuellement et il ne donnera un bon rendement qu'à la faveur des engrais et phosphates, or..... les phosphates coûtent et il s'ensuit que si leur mise à rétribution vient augmenter le rendement, les dépenses, elles aussi, seront augmentées.

Le mieux est donc de s'en tenir à une évaluation approximative.

Ici, deux méthodes se trouvent en présence. La première est basée sur le revenu et, la deuxième, sur l'étendue.

*
**

Rendement des principales récoltes :

Blé. — La récolte annuelle dépasse couramment 130 millions de quintaux. L'année dernière, elle n'a été que de 82.741.423.

Les blés ne se vendent pas très chers, néanmoins, il convient de considérer les prix actuels comme minima et susceptibles avant peu d'années d'une sensible augmentation.

Seigle. — L'année dernière la récolte a été de 15.957.693 quintaux, pour une surface cultivée d'environ deux millions d'hectares.

Méteil. — La dernière récolte a été de 23.344.700 quintaux.

Maïs et autres céréales. — La valeur totale de la production peut sans exagération être évaluée 200 millions de francs.

Pommes de terre. — La récolte peut sans exagération être évaluée quarante millions de quintaux qui, au prix moyen de 8 francs, représentent 320 millions de francs.

Betterave. — Cette culture a pris, en ces dernières années, un certain développement. En 1902, le poids total livré aux sucreries a atteint 8.719.439.211 kilos. La superficie occupée par la culture étant de 290.658 hectares, le rendement a été de 29.200 kilos par hectare. Le rendement en sucre effectif, par 100 kilos de betterave, varie entre 9 et 12 kilos.

Vin. — La production vinicole est une des principales productions françaises. La récolte de 1900, récolte ordinaire, a été de 67.352.361 hectolitres. La consommation continentale n'étant que d'environ 55 millions d'hectolitre, on voit par là que la Viticulture peut chaque année vendre une quantité appréciable à l'Etranger. En calculant au prix moyen de 20 francs l'hectolitre, on obtient 134.704.722 francs, chiffre qui doit être considéré comme minima.

Le vignoble tunisien a donné en ces dernières années, une moyenne de 200.000 hectolitres.

Les départements qui comptent le plus de débitants de boissons, celui de la Seine excepté, sont : le Nord , 48.911; le Pas-de-Calais, 22.049; la Seine-Inférieure, 12,459, etc. Ceux qui en comptent le moins sont : le Gers, 1.412; les Basses-Alpes, 1.139; les Hautes-Alpes, 1,033 et la Lozère, 961.

Cidre. — La culture des pommiers à cidre a pris en ces dernières années une certaine extension, surtout en Normandie. Il faut dire aussi que les producteurs sont beaucoup plus soigneux que par le passé, où l'on négligeait par trop et les arbres et les fruits, sans se douter que l'on obtenait de ce fait une perte de près des deux tiers.

Lés progrès de cette industrie tiennent également à la facilité des transports.

Il ne m'est pas possible d'indiquer la valeur exacte de la récolte. Cependant, je crois être en dessous de la vérité, en l'établissant à soixante millions de francs, comme boisson. En y ajoutant l'alcool produit par la distillation, on doit obtenir une valeur totale de soixante-dix à soixante-quinze millions de francs.

Bière. — J'ignore qu'elle est exactement la production annuelle. Il est cependant certain qu'elle ne doit pas être inférieure à cinq millions d'hectolitres, puisque la consommation moyenne est d'environ huit millions d'hectolitres (8.870.000, en 1902) dont, environ, les deux cinquièmes proviennent de l'Etranger.

A l'étranger, la consommation a été, en 1902 :

Allemagne	61 millions d'hectolitres.	
Angleterre	53	—
Autriche	20	—
Belgique	12	—
Etats-Unis	55	—

Eaux-de-Vie. — La production des bouilleurs et distillateurs de profession s'est élevée au total à :

317.953 hectolitres, en 1900
200.561 — — 1901
164.283 — — 1902

Il y a lieu d'ajouter à ce chiffre la production des bouilleurs de cru — production importante et quelquefois même supérieure à celle des bouilleurs et distillateurs ordinaires.

Le département de l'Yonne vient en tête avec 51.486 bouilleurs, puis l'Orne, avec 41.454; le Lot-et-Garonne, avec 32.297; etc.

Olivier. — Cette culture occupe dans le Sud de la France, en Algérie et en Tunisie, une certaine étendue.

S'en tenant à un revenu moyen de 10 francs par arbre, on aurait environ, 7 francs de produit net (car l'entretien est généralement évalué 2 fr. 70 par unité).

Cultures maraîchères. — J'évalue leur rendement annuel à 140 millions de francs.

Pailles et Fourrages. — Dans une statistique, le produit annuel est estimé deux milliards 550 millions de francs.

Fruits. — J'évalue la consommation moyenne à douze francs par personne. Ce qui ferait 450 millions de francs.

Bestiaux. — Cinquante millions de têtes composent le troupeau français et leur produit peut, sans exagération, être évalué trois milliards 500 millions de francs.

Divers. — La volaille, les œufs, le lait, le beurre, le gibier et le poisson méritent certainement d'être inscrits pour une moyenne quotidienne de 30 centimes par personne, soit quatre milliards 400 millions de francs.

Bois. — La consommation du bois est depuis plusieurs années supérieure à la production. En ces six dernières années, les importations en France se sont élevées au chiffre moyen de cent millions de francs.

Pourquoi la France qui jadis se suffisait, se trouve-t-elle dans cette situation?

C'est d'une part, à cause de l'augmentation de la population et, d'autre part, à cause que les bois ne sont pas d'un gros rapport. Les départements de la Nièvre et de l'Yonne, principaux producteurs, se déboisent annuellement d'une jolie petite fraction.

Les bois ne sont pas d'un gros rapport à cause de l'âge qu'il leur faut atteindre; les bois de menuiserie comptent généralement 40, 50 et même 80 ans. C'est dire qu'il faut attendre deux générations pour recueillir le bénéfice des sacrifices que l'on s'impose en utilisant son terrain pour de telles plantations.

Ce n'est pas en notre siècle où le résultat immédiat est le grand moteur, qu'il faut demander de tels efforts.

J'estime donc que le rendement du bois est X. et je ne le ferai pas entrer en ligne de compte.

Tabac. — La production française du tabac doit être approximativement de 25 à 30 millions de kilogrammes.

La consommation annuelle, par personne, dans les divers Pays, a été, en moyenne, de :

Pays-Bas...........	3.400 grammes
Etats-Unis	2.110 —
Belgique...........	1,552 —
Allemagne.........	1,485 —
Australie..........	1,400 —
Autriche...........	1,350 —
Norwège...........	1,335 —
Danemarck.........	1,125 —
Canada.............	1,050 —
Suède..............	940 —
France	933 —
Russie.............	910 —
Portugal...........	850 —
Angleterre	680 —
Italie	635 —
Suisse.............	610 —
Espagne...........	550 —

*
**

De toutes ces données je conclus que le revenu du sol français doit dépasser douze milliards de francs.

Si le revenu de dix pour cent (taux brut de capitalisation agricole) est de douze milliards de francs, le un pour cent représentera dix fois moins et le cent pour cent (unité) cent fois plus, soit cent vingt milliards de francs.

Quoique ce mode soit assez approximatif, je ne lui donne pas mon adhésion et, ici comme pour les immeubles, le mode le plus simple est certainement le meilleur. Je préfère donc calculer la valeur du sol en me basant sur l'étendue.

Plus haut, lorsque j'étais à la recherche du quotient agricole moyen, j'ai dit qu'il fallait admettre les deux cinquièmes. Ici, il n'en est pas de même car l'étendue occupée par les concessions minières, les voies ferrées, les routes et les immeubles, doit être seule à venir en diminution de l'étendue totale du continent. Quant à celle utile à la culture des plantes nécessaires à l'habillement ainsi que celle occupée pour l'élevage des bestiaux, elles doivent entrer en ligne de compte.

Conséquemment, j'augmente le chiffre de deux cinquièmes donné plus haut et le porte à quatre cinquièmes.

L'étendue totale de la France étant d'environ 50 millions d'hectares, les quatre cinquièmes représentent 40 millions.

En admettant le prix provisoire de dix mille francs l'hectare, j'obtiens comme valeur globale quatre cents milliards de francs.

Je n'ai pas la prétention de dire que ce chiffre ne soit pas majoré. Il est certain que si l'on peut se permettre d'évaluer le sol à raison de un franc le mètre carré, c'est à la condition qu'il s'agisse d'un bon sol ; cependant, vu l'indispensabilité absolue de l'Agriculture, tout sol a sa valeur et c'est pour cette bonne raison que je fixe à cinq cents francs les mille mètres carrés, la valeur moyenne du sol cultivé. Ce qui donne, le chiffre définitif, de deux cents milliards de francs.

Vous m'objecterez peut-être que si 200 milliards de francs n'en rapportent annuellement qu'une douzaine, c'est bien peu car cela ne fait que du six pour cent ?

Je conviens de votre objection et j'y réponds :

En matière agricole, il ne faut pas compter sur un revenu supérieur à six pour cent. Si l'on possède des terres et qu'on les loue, on est même plus que d'une fois obligé de se contenter de 3, 3 1/2 ou 4 pour cent ; mais, si on exploite soi-même on peut obtenir un revenu de 6 pour cent et, en paiement du travail, on a l'avantage d'avoir à peu près les denrées suffisantes à sa propre alimentation ».

Que pourrait-on exiger de plus du sol ?

Il faut bien remarquer qu'il ne fait pas partie des affaires aléatoires et, conséquemment, il ne faut pas lui demander un revenu de cent pour cent.

Pendant que je suis sur l'étude de l'étendue continentale, je dois me permettre de signaler une erreur extraite d'une publication officielle.

On y lit ceci : « En France, la surface cultivée est de 6.789.527 hectares ».

Cette statistique a certainement été établie par un gratte-papier, lequel a oublié de réfléchir qu'il ne peut pas en être ainsi car 6.789.527 hectares, ne représentent qu'environ le un huitième de l'étendue totale.

*
**

La fraction de la population vivant par l'Agriculture. — On peut établir cette statistique d'une façon tout à fait simple et qui vaut certainement tout autant que les chiffres les plus précis.

Je pose ceci : En France le sol est bien morcelé, puisqu'il n'y a que cent quatre-vingts exploitations groupant plus de cinquante employés.

En admettant que la moyenne de chaque propriétaire soit de dix hectares, il suffit de diviser les quatre cinquièmes de l'étendue par ce nombre. On obtient quatre millions.

Le sol continental aurait donc environ quatre millions de propriétaires. Je dois également tenir compte de deux éléments : Ces propriétaires y vivent, plus leurs familles et, d'autre part, ils occupent un certain nombre d'autres personnes.

Actuellement, les personnes employées seraient :

Sexe masculin :	
Ouvriers........................	2.186.000
Journaliers.....................	481.000
Sexe féminin :	
Domestiques....................	1.434.000
Journalières...................	240.000
Ce qui fait un total de..........	4.344.000

On peut donc conclure deux choses :

Au point de vue direct, l'Agriculture est possédée par le un dixième de la population et en emploie le un huitième.

Elle a, conséquemment, une répercussion importante sur l'ensemble général des affaires.

*
**

Il me reste à tirer une Conclusion :

« Puisque l'Agriculture est d'une indispensabilité absolue et qu'elle a une répercussion sur l'ensemble général il est non seulement utile mais absolument urgent d'ouvrir le crédit aux propriétaires du sol.

Des tentatives dans ce sens ont été faites à diverses reprises.

Dans la proposition de Loi citée ci-dessus, quel est le... hic ?

Le hic, c'est qu'il y est question de « faciliter » les prêts et non de les « effectuer ».

Cependant, il est absolument indispensable qu'il se crée une institution à cet effet car depuis le grand développement qu'ont pris les valeurs mobilières, les officiers ministériels,... n'ont plus de fonds à prêter à l'Agriculture.

Vous m'objecterez peut-être que le Crédit Foncier consent des prêts de cette nature ?

Oui, seulement il s'agit de prêts effectués à un taux, sans conteste, très modéré, mais sur des propriétés valant au moins cent mille francs.

Le Crédit Foncier d'Algérie fait également quelques prêts de ce genre.

A l'Etranger, en Allemagne, il s'est créé il y a deux ans, une Société au capital de cinq millions de marcks, qu'elle a ensuite élevé à trente millons. Elle compte 700.000 (?) adhérents. Elle a pour objet de leur effectuer l'escompte et elle reçoit également des fonds en dépôt.

Est-ce là la solution ?

Non encore, car il ne manque pas de banques pour recevoir des fonds en dépôt et, d'autre part, l'escompte ne convient guère à l'Agriculture.

*
**

Je déclare que :

« Le Crédit Agricole est une institution qui doit être créée *officiellement* ».

Elle doit avoir son siège en la capitale et une succursale au chef-lieu de chaque département.

Son but unique doit être d'effectuer des prêts à l'Agriculture, à un taux fixé par les Chambres et approuvé par Décret ministériel.

Ce taux doit nécessairement être plus élevé que celui des prêts sur immeubles. En France, celui de six pour cent est tout indiqué et, à l'Etranger, il sera fixé suivant le taux de capitalisation, sans toutefois qu'il puisse être inférieur à 6 et supérieur à 10.

En outre de ses succursales, elle doit avoir les notaires comme correspondants. Vu que ceux-ci se sont trouvés dépossédés par le développement des Valeurs mobilières et que, d'autre part, ils permettraient que la Société soit représentée partout.

Le rôle du notaire sera de prendre connaissance de la demande de l'emprunteur, d'étudier la garantie et de faire un petit rapport qu'il transmettrait à la succursale départementale.

La Société prêtera uniquement sur hypothèque à raison de 200 à 450 francs par mille mètres carrés.

La durée des prêts ne pourra en aucun cas être supérieure à cinquante années.

Ils seront amortissables. L'annuité comprendra l'intérêt et l'amortissement, payable par semestre (pour 50 années, 6 fr. 811 pour cent, si je ne me suis pas trompé).

Cependant l'emprunteur aura la facilité de rembourser en totalité à toute époque, à partir de la sixième année.

Au point de vue de sa constitution financière, le Crédit Agricole devra être établi d'une façon tout à fait simple.

Il débutera avec un capital modique, (en France, par exemple, 100 millions de francs) et il l'élèvera au fur et à mesure des besoins.

Ce capital ne devra même pas être un capital-actions. Il devra être un capital-obligations, rapportant un intérêt fixe. C'est ici que l'Etat doit intervenir et ce, en passant avec la Société, un acte par lequel il garantira le capital nominal et un intérêt fixe (je conseille 3 fr. 60 pour cent, payable par trimestre).

Cette garantie sera, j'en ai dès aujourd'hui la certitude, purement morale, car la différence entre l'intérêt servi aux porteurs de titres et l'intérêt des prêts permettra non seulement les frais d'administration mais aussi la constitution d'une réserve pour parer aux pertes.

Et puis, somme toute, la garantie de l'État viendrait bien pendant quelques années à être un peu mise à rétribution, qu'il n'y aurait pas là une Révolution et, bien au contraire, car subventionner l'Agriculture c'est doublement subventionner tout le monde, attendu que tout le monde a besoin de l'Agriculture et que l'activité qu'elle communique aux affaires contribue considérablement à l'augmentation de la Prospérité de tous.

Ainsi institué, le Crédit Agricole le sera d'une façon tout à fait pratique; le succès lui sera rapidement acquis et, comme Conclusion, *il sera ce qu'il aurait toujours dû être.*

CHAPITRE X

LA DÉFENSE DU COMMERCE

Chers Lecteurs,

Le Commerce et l'Industrie jouent de nos jours un rôle très important.

Au fur et à mesure que l'Instruction et la Civilisation se sont développées, les idées guerrières ont été remplacées par les idées commerciales et industrielles.

Ainsi, la France a vu le nombre de ses patentés s'élever petit à petit.

Il était de :

En 1875	1.591.062
1880	1.641.516
1885	1.658.882
1890	1.672.185
1895	1.704.826
1898	1.739.104
1900	1.752.340
Il est actuellement d'environ...	1.800.000

Dans ce nombre, les débitants de boissons s'inscrivent pour 560.000 et les établissements industriels, pour 393.640.

*
* *

Ces chiffres suffisent pour montrer que le Commerce et l'Industrie ont progressé d'années en années et qu'ils font vivre une grosse fraction de la population.

Ainsi, parmi les 393.640 établissements industriels, il en est 310.216 qui occupent 1.967.463 ouvriers ainsi répartis :

Enfants de 12 à 13 ans.........	1.996
— de 13 à 18 —	315.985
Filles majeures et femmes.....	492.006
Ouvriers adultes............	1.157.476

Les 82.424 autres établissements occupent approximativement un million de personnes. Ces établissements consistent en ateliers ne travaillant que le temps nécessaire pour exécuter les commandes.

Je suis cependant obligé de les faire entrer en ligne de compte car si la durée du Travail n'y est, par exemple, que de cinq mois par année, cela tient justement à ce que je faisais remarquer au début de mon Etude : *Le Travail se trouve annihilé par de trop longues mortes-saisons.*

*
* *

Mais, si le nombre des Commerçants et Industriels est très élevé dans les Pays tout à fait civilisés, tels que la France, l'Allemagne, l'Angleterre, les Etats-Unis, etc., cela ne veut pas dire que dans leur ensemble les affaires marchent brillamment.

Sans conteste, il se « fait du chiffre » mais, il y a un point à étudier, c'est celui-ci : « dans quelles conditions se fait ce chiffre ».

En France, on enregistre chaque année, quelques milliers de faillites ; à l'Etranger, il en est absolument de même. Ainsi, en Allemagne, en 1898, il a été déclaré 6.737 faillites ; en 1899, 7.057 ; en 1900, 1901 et 1902, la moyenne a dépassé 8.000.

D'ailleurs, ici, le nombre des faillites est loin de représenter la vérité car, il se trouve beaucoup de commerçants et industriels qui ne connaissent pas ce que c'est que la faillite mais qui ont cependant mangé dans les affaires leurs capitaux.

Cet état de choses a une cause principale. Cette cause principale, on l'a déjà plusieurs fois nommée : ce sont les Sociétés coopératives et les Sociétés commerciales.

Cependant, pour que cet état de choses arrive à être heureusement modifié, il faut ici, ce qu'il faut pour beaucoup de choses, ne pas se contenter d'un examen sommaire, autrement dire, il faut « vider la question. »

Je vais le faire et ce avec précision et simplicité.

*
* *

Le Commerce et l'Industrie se divisent en deux catégories : la continentale et l'extérieure. Pour défendre pratiquement, il faut s'occuper des deux et ce, en déterminant une fois pour toutes les éléments principaux qui les doivent régir dans l'avenir.

Actuellement, ces éléments sont au nombre de treize, savoir :

L'Unification des Poids et Mesures,
La Solution de la Question des Primes continentales,
    —   —   des Primes à l'exportation,
    —   —   des Droits de sortie,
    —   —   des Traités de Commerce,
    —   —   des Ports,
Le Taux de l'Escompte ne doit pas être très élevé,
Le Développement des opérations de Crédit,
La Défense de la Propriété Industrielle,
La Diminution des Adjudications,
La suppression des Sociétés commerciales, sous quelque titre qu'elles se présentent,
L'entente des personnes exerçant une même profession,
La Paix.

Je vais les étudier séparément :

★★

L'Unification des Poids et Mesures. — Le système métrique décimal Français est aujourd'hui connu et apprécié. L'Allemagne, l'Autriche-Hongrie, la Belgique, le Danemarck, l'Espagne, la Grèce, l'Italie, Monaco, la Roumanie, la Serbie, la Suède, le Congo, la Bolivie, le Chili, la Colombie, Cuba, la République Dominicaine, celle d'Haïti, le Mexique, le Paraguay, le Pérou, le Vénézuela, Costa-Rica, la République de Guatamela, celle des Honduras, celle du Nicaragua et celle de Salvador, tout en tolérant quelques anciennes mesures, l'ont adopté en principe. Il est même plusieurs Etats qui depuis le 1er janvier 1901, l'ont rendu obligatoire.

Le Portugal, la Russie, les Etats Scandinaves, la Turquie, la Chine, le Japon, la Perse, le Siam, l'Egypte, l'Ethiopie, Libéria, le Maroc, le Transwaal, les Etats-Unis, l'Argentine, le Brésil, l'Equateur, l'Uruguay et l'Océanie ont conservé leurs anciennes mesures.

La variété des Poids et Mesures ne saurait être admise. Il n'y a pas le moindre inconvénient à ce que tous les Etats adhèrent au Système métrique décimal Français.

J'en donne ci-après un petit Historique.

Dès les premiers temps de la Monarchie, le Gouvernement avait compris l'inconvénient qu'entraîne le défaut d'uniformité des Poids et Mesures. Charlemagne avait fait des vœux pour la réforme d'un état de choses si propre à favoriser la fraude. Ses successeurs, Philippe le Bel, Philippe le Long, Louis XI, François Ier et Henri II, tentèrent mais inutilement d'opérer cette importante réforme.

Plusieurs fois des savants s'occupèrent de mesurer le méridien à l'effet de le diviser par un nombre donné et d'obtenir ainsi la longueur du mètre. Le 22 juin 1789, Swindon rédigea un rapport sur les travaux des diverses Commissions.

Vers la même date, Trallès présenta au Corps législatif, le modèle du mètre et celui du kilogramme. Ces modèles furent déposés aux archives de l'Etat et, conformément à la loi du 10 décembre de la même année, il en fut également déposé deux types au Conservatoire.

La Loi du 4 juillet 1837 rendit le système métrique obligatoire à partir du 1er janvier 1840.

Depuis cette date, il n'est plus permis, en France, de se servir des anciennes mesures.

★★

La Solution de la Question des Primes continentales. — Par primes continentales on entend les sommes allouées par les Etats aux personnes qui se livrent à un Commerce, à une Industrie ou à une Culture déterminée.

Exemple : En France il est établi des primes à la culture du lin, à celle du chanvre, à la sériculture, à la filature de la soie, etc.

Ces primes ont-elles leur raison d'être ?

Non, absolument non.

Pourquoi ?

Parce qu'il s'agit d'indemnités ayant un caractère particulier et non général.

Quand une chose présente un caractère général, les États ont quelquefois lieu d'intervenir et ils peuvent le faire efficacement en allouant une subvention ; mais, il n'en est pas de même pour les choses ci-dessus nommées. Si elles ne sont pas suffisamment rémunératrices pour ceux qui s'y livrent, ceux-ci n'ont qu'à élever les prix.

Conclusion :

« Dans un continent les prix des marchandises doivent provenir uniquement du prix de revient, de l'offre et de la demande. »

★
★ ★

La Solution de la Question des Primes à l'exportation. — Par primes à l'exportation on entend les sommes allouées par les États aux personnes qui se livrent à l'exportation d'une marchandise déterminée.

Exemple : L'État Américain alloue à l'exportation une somme de deux francs par tonne de charbon.

Ces primes peuvent-elles être admises ?

Non, absolument non.

Pourquoi ?

Parce qu'elles enlèvent aux Traités commerciaux leur véritable raison d'être.

Comment voudriez-vous admettre, par exemple, qu'un État, dans un Traité de Commerce avec un autre État, fixe un droit de douane de, par exemple, 10 0/0 de la facture et que, du jour où ce droit entrerait en vigueur, il décide le paiement d'une prime à l'exportation de 10 0/0 ?

Conclusion :

« La suppression des primes à l'exportation est toute indiquée. »

★
★ ★

La Solution de la Question des droits de sortie. — Par droits de sortie, on entend les sommes que doivent verser aux États, les personnes qui expédient à l'Étranger une marchandise fixée.

Exemple : En Angleterre il faut acquitter un droit de sortie de 1 fr. 25 par tonne de charbon.

Les droits de sortie ont-ils leur véritable raison d'être ?

Non, absolument non ; car un droit de sortie constitue pour un État une redevance commerciale injustifiée. La seule redevance commerciale qu'un État puisse demander, c'est le timbre de quittance. Il n'y a pas de raison pour que celui-ci soit de 10 centimes qu'elle que soit la somme et il semble bien préférable de le fixer à raison de 5 centimes par cent francs.

Conclusion :

« La suppression des droits dits de sortie, est toute indiquée. »

*
**

La Solution de la Question des Traités de Commerce. — Par Traités de Commerce on entend les actes qui relient les Etats au point de vue des rapports commerciaux et industriels.

Les traités de commerce existent depuis fort longtemps ; mais il n'y a guère qu'une cinquantaine d'années que tous les Etats les ont admis.

Auparavant ils faisaient partie du domaine de l'Espérance car beau-coup d'Etats avaient la prétention de « nationaliser » le Commerce et l'Industrie.

En ces dernières années, il s'est trouvé en France et à l'Etranger, des membres des Parlements pour proposer leur suppression. Somme toute, si cette suppression doit être utile, il n'y a pas le moindre incon-vénient à la faire, c'est ce que je vais examiner.

Les partisans de la suppression disent : « La Liberté des échanges donnera au Commerce et à l'Industrie un stimulant inespéré. »

Rien n'est si facile que de tenir un pareil raisonnement. N'empêche pas moins que si l'on passait de la théorie à la pratique, l'on se rendrait bien vite compte que le stimulant inespéré est un peu trop long à venir.

Alors les traités de commerce ont leur véritable raison d'être ?

Oui, absolument oui.

Pourquoi ?

Parce que si de lui-même le commerce est universel à cause que les productions ne sont pas partout égales, il y a cependant lieu de tenir compte que les prix de revient ne sont pas unifiés et qu'il est des mar-chandises similaires qui peuvent se substituer.

Les prix de revient ne sont pas unifiés. — La cause principale qui fait qu'il en est ainsi, c'est le coût de la vie. En France et en Allemagne la vie est très chère, tandis que dans d'autres Pays elle l'est beaucoup moins.

Ainsi la Belgique réussit à produire une tonne d'acier au prix de 165 francs, l'Angleterre au prix de 200 francs, l'on n'y parvient pas en France à moins de 240 francs.

Le prix de revient de la tonne de houille, sur le carreau de la mine, ne dépasse pas 5 francs aux Etats-Unis, alors qu'il atteint au moins 7 fr. 50 en Angleterre et environ 10 francs en France.

Il est évident que le coût de la vie a une tendance à s'unifier. Du jour où cette unification sera effectuée, il n'y aura pas le moindre inconvénient à supprimer les Traités de Commerce ; mais, en attendant qu'il en soit ainsi, il faut les maintenir et ce maintien, à mon avis, semble appelé à durer certainement jusqu'à la fin du siècle.

En l'état actuel, si on les supprimait, loin d'améliorer les affaires, on tendrait à les rendre excessivement difficiles ainsi qu'on va le voir.

Il est des marchandises similaires qui peuvent se substituer. — Exemple :

Tout le monde, en France, connaît les soieries de Lyon. Elles ne sont pas les mêmes que celles de Suisse. Elles ne sont pas également comme celles de Chine.

Par les droits de douanes, les soies de Lyon se vendent dans le continent et s'il se vend un peu des soies étrangères, la quantité est minime.

Du jour où les droits de douanes seraient supprimés, il arriverait que les soieries étrangères qui reviennent meilleur marché, prendraient la place des soies du Pays.

Il en est de même pour toutes les marchandises qui peuvent se remplacer les unes aux autres et, pour en citer encore un exemple plus frappant, le blé : « Sans les traités commerciaux les blés français se vendraient encore meilleur marché. »

Conclusion :

« Les droits de douanes font partie des éléments qui défendent le Commerce, l'Industrie et l'Agriculture. Il y a lieu de les maintenir longtemps encore et ce, jusqu'à ce que l'augmentation de la population et un certain nombre d'autres éléments aient amené une plus grande unification des prix commerciaux, industriels et agricoles. Les Ministères du Commerce et de l'Industrie devront donc tendre à établir les Traités commerciaux le plus équitablement possible. Dans le passé ils ont été rectifiés à des dates irrégulières; dans l'avenir ils devront l'être à des dates fixes; par exemple tous les cinq ans, les années se terminant par le chiffre 5 et celles se terminant par le chiffre 0; de façon à être mis en vigueur à partir du 1er janvier des années se terminant par le chiffre 1 ou 6.

★★

La Défense de la Propriété Industrielle — La propriété industrielle est celle qui a trait aux inventions.

Le nombre des brevets d'invention délivrés en France a été de :

En		
1875	6.007
1880	7.660
1885	8.690
1890	9.009
1895	10.257
1900	12.400

Les tarifs des brevets varient dans chaque Etat. Il en est également de même pour la durée.

Il faut en arriver à l'unification des tarifs. L'annuité d'un brevet d'invention ne doit pas être très élevée. Il n'y a pas de meilleure base pour la fixer que celle qui comprendrait un quotient donné et la population (je conseille 0 fr. 000.001, par habitant).

Quant à la durée, elle ne mérite pas d'entrer en ligne de compte

car un brevet doit être valable tant que l'on paye l'annuité; autrement
dire, sa durée doit être d'une année, indéfiniment renouvelable.

*
* *

Le Développement des Opérations de Crédit. — L'escompte a pris
de nos jours un grand développement.

Dans les villes, les négociants en bois, fers, métaux, vins, tissus,
joaillerie, horlogerie, alimentation, cuirs et plusieurs autres catégories,
peuvent le cas échéant le mettre à rétribution

Dans les temps passés, il s'effectuait un nombre assez élevé de prêts
sur nantissements. Les officiers ministériels avaient même couramment
des fonds à cet effet.

De nos jours, les prêts sur nantissements se font de plus en plus
rares et cela tient à la faveur dont jouissent les valeurs mobilières auprès du public.

Cette faveur est justifiée, puisque les valeurs mobilières sont beaucoup plus faciles à réaliser qu'une créance sur nantissement, si bonne
que soit la garantie.

Les valeurs mobilières se réalisent en vingt-quatre heures et sans
frais, tandis que les créances exigent des frais de publicité et vingt fois
plus de temps.

Cependant les prêts sur nantissement ont quelquefois leur raison
d'être et une institution qui les effectuerait rendrait un certain service.

Les porteurs de titres de petites Sociétés d'éclairage électrique et de
petites Sociétés industrielles, en un mot les porteurs de titres non cotés
ne trouvent pas toujours une avance de fonds sur leurs titres. Cela tient
principalement à ce que les grands établissements financiers prêtent à
un taux modéré, mais exclusivement sur titres cotés. Une institution
qui prêterait à un taux élevé, par exemple six pour cent, sur titres non
cotés 30 à 60 pour cent de leur valeur, comblerait sans conteste une
lacune.

Conclusion :

« Le xxe siècle et les siècles suivants devant être des siècles de
Commerce et d'Industrie, les Etats doivent intervenir de ce côté-là.
Leur intervention pour être efficace doit porter non pas sur quelques
industriels et commerçants mais sur le plus grand nombre possible. Ils
peuvent le faire de la façon la plus pratique en créant une institution à
l'effet de combler les lacunes ci-dessus signalées. Cette institution, à
laquelle on pourra donner le titre de Crédit Général, devra pour être
digne du xxe siècle et des siècles suivants, être établie sur des bases
semblales à celles que j'ai préconisées pour le Crédit Agricole. En plus
du concours qu'elle apportera au Commerce et à l'Industrie, elle devra
consentir des avances sur délégations d'appointements, aux fonctionnaires et employés d'Administrations. »

Ainsi conçue, elle progressera et contribuera à la Prospérité.

*
* *

Le taux de l'escompte ne doit pas être très élevé. — L'escompte,
je l'ai déjà dit, joue un certain rôle dans les affaires.

Qu'il me suffise de rappeler que la Banque de France a escompté

En 1855.........	fr.	3.765.000.000
1867.........		5.718.000.000
1878.........		6.866.000.000
1889.........		9.180.200.000
1899.........		11.745.984.100
1901.........		9.936.000.000
1902.........		9.556.000.000

Actuellement le taux de l'escompte n'y est pas très élevé. Il est à trois pour cent.

Dans les temps passés on l'a vu trè haut et également très bas. En 1867, le taux fut de 2, 71 %; en 1878, il vint à 2,18; en 1895, 1896, 1897 et 1898, il était à 2.

Par contre, il y a quelque quinze ou vingt ans, on l'a vu à 6 et même 8 %.

En Angleterre, il y a été comme à la Banque de France, à 2,25 et même 2 %. L'année dernière il était à 4 ; cette année, depuis le 21 mai, il a été abaissé à 3,50.

A Berlin, la Banque de l'Empire escompte actuellement à 3,50 %. En 1889, le taux était de 7 ; en 1898, de 6 ; en 1897 et 1896, de 5, et, en 1895, de 4 %.

En Autriche-Hongrie, le taux varie de 4 à 6 %.

En Russie, en 1895 et 1896, il fut de 4,50 %; en 1897, de 5 ; en 1898, de 6; en 1899, de 7 ; en 1900, de 6,50 et, en 1901, de 6,25. Actuellement il se tient à 6.

En Norwège, il a été pendant plusie rs années à 6,25. Tout récemment la Banque l'a baissé à 6.

En Suisse, depuis cinquante ans, on ne l'a vu qu'une seule fois au-dessus de 6 % (1854, 6,51) et deux fois seulement au-dessous de 3 (1881, 2,88; 1887, 2,93). En ces cinq dernières années il y a été de :

En 1898.........	4.31
1899.........	4.26
1900.........	4.14
1901.........	3.95
1902.........	3.90

Il y est actuellement à 4 %.

Parmi les Etats étrangers, en Chine, on a vu l'escompte à 36 %. En 1896, le taux moyen y fut de 10,60 et en 1898, il tomba à 4,50.

Les dépôts de fonds dans les grands établissements financiers étant de nos jours beaucoup plus importants que dans le passé, il est très probable que le taux de 5 0/0 sera rarement dépassé. Par contre, celui de 3 0/0 doit être le taux minima.

D'où vient ce taux minima?

Il vient de la nécessité qu'il y a de fixer aux valeurs mobilières un taux minima d'émission. Ce taux minima d'émission ne devant en aucun cas être inférieur à 3 0/0, il doit en être de même pour l'escompte, car, sans cela, il y aurait une anomalie dans le taux de capitalisation.

Comme conclusion, je prends note pour mon Projet d'un Article ainsi conçu :

« Escompte. — Le taux minima est fixé à trois pour cent.

★
★ ★

La Solution de la Question des Ports. — La question se pose de savoir s'il y a lieu de transformer tous les ports en ports francs.

Le Conseil municipal du Hâvre, dans sa séance du 30 octobre dernier a émis le vœu que le Gouvernement mette d'urgence à l'étude cette question.

Par ports francs on entend les ports établis hors de la ligne des douanes, ouverts à tous les bâtiments de Commerce. Ils sont, somme toute, des points communs où viennent aboutir les territoires de tous les Etats.

Je déclare que :

« La suppression des ports francs est toute indiquée car ils constituent une anomalie que rien ne justifie et ils portent au Commerce et à l'Industrie un préjudice parce qu'ils favorisent la contrebande et les contrefaçons.

★
★ ★

La diminution des Adjudications. — Tout le monde sait ce que veut dire le mot Adjudication. Une chose qu'il s'agit de savoir est celle-ci :

Ont-elles leur véritable raison d'être ?

Je réponds : non et, me résume :

« Le Commerce et l'Industrie ayant pris de nos jours un grand développement, on ne saurait assez étudier les éléments nécessaires à leur défense. Les Etats feront œuvre utile en supprimant les adjudications toutes les fois que cela sera possible. L'Etat Allemand est déjà entré dans cette voie : En ces dernières années, pendant que son réseau ferré passait de 22.000 kilomètres à 52.700, le Gouvernement apporta son appui en faveur de l'Industrie Renaissante et beaucoup de traités de fournitures pour la livraison de produits, rails ou poutrelles, par exemple, furent conclus à des prix supérieurs à ceux qui auraient été offerts par les adjudications ».

★
★ ★

La suppression des Sociétés commerciales, sous quelque titre qu'elles se présentent. — J'entends d'ici des personnes qui ne sont pas de mon opinion. Ces personnes je les nomme : Ce sont celles qui sont à la tête de ces entreprises.

Jusqu'à nos jours, elles s'étaient arrangées pour triompher; mais, maintenant, il ne pourra plus en être de même.

Mon Etude étant absolument impertiale et indépendante, je vais être sans faiblesse à leur égard en démontrant nettement la nécessité de les interdire dans l'avenir et de supprimer celles existant actuellement.

Dans ce chapitre, je ne vais m'occuper que des Trusts et des Coopératives. Plus loin, dans le Chapitre Défense de l'Epargne, je porterai aux Sociétés commerciales le coup mortel.

Les Trusts. — Ce sont de grandes associations qui monopolisent. Ces associations ne peuvent pas toujours être admises.

Les Trusts nous viennent de l'Amérique et les personnes qui en France nous en parlent essaient de faire miroiter des avantages incomparables : les trusts, d'après elles, seraient la richesse et la prospérité. Laissez-moi, à titre de simple renseignement, leur passer la plume :

« L'idéal de la vie des hommes serait une communauté dont chaque membre recevrait ce qu'il gagne, les possibilités de gagner restant illimitées.

« La meilleure organisation de la prospérité d'une société est le système du trust basé sur cet axiome commercial, que plus grand est l'écoulement des produits, plus petit relativement est le coût de la production; la plus grande entreprise a une grande supériorité sur les plus petites, et cet avantage s'accroît indéfiniment; le trust offre ainsi la plus réalisable combinaison : le capital s'y trouve plus amplement partagé et le travail y trouve une participation plus intime avec le capital.

« Le laboureur est appelé à l'égal partage des avantages qu'offre cette combinaison — combinaison qui constitue le plus réalisable plan de coopération qui se soit jamais présenté.

« En un mot, le trust est le terme idéal vers lequel doivent tendre non seulement l'Industrie mais aussi le Commerce et l'Agriculture ».

C'est très beau de parler ainsi, mais, il faut plus, il faut démontrer.

Les personnes qui tiennent le raisonnement ci-dessus ne peuvent faire cette démonstration, car elles savent très bien que leurs théories ne veulent pas s'approcher trop de la lumière.

On a laissé quelques affaires commerciales se monopoliser parce que l'on n'avait pas suffisamment remarqué que « le Commerce peut être morcellé » mais aujourd'hui remarquons le bien :

On peut avoir un Commerce avec quelques milliers de francs; on peut avoir quelques terres avec quelques milliers de francs; or, pourquoi se grouper ?

Au risque de tomber dans des redites, je répète :

« Le Commerce et l'Agriculture peuvent être morcellés, conséquemment, ils doivent l'être demain plus encore qu'aujourd'hui ».

Quand plusieurs modes sont en présence il en est forcément un de meilleur. Ici, par meilleur il ne faut pas regarder le prix de revient des marchandises mais le mode qui laisse le plus d'indépendance et qui s'associe le mieux avec la Prospérité.

Je n'ai pas la prétention de demander l'impossible : autrement dire, je n'ai pas la prétention de demander que toutes les entreprises aient la même importance, je sais bien, très bien, qu'il ne peut pas en être ainsi; mais je demande que :

« Le mode choisi soit le morcellement, car chacun peut avoir un morceau du Commerce et de l'Agriculture, proportionnellement à ses propres capitaux ».

Je déclare que :

« *La théorie des trusts commerciaux et agricoles n'est pas autre chose qu'une vulgaire fumisterie — fumisterie qui serait profitable aux promoteurs et qui en enlevant l'indépendance à beaucoup de gens, leur enlèverait également le bien-être car d'aisés et maîtres d'eux-mêmes, ils deviendraient rapidement gênés et modestes serviteurs* ».

Laissez-moi, avant de passer aux coopératives, poser aux promoteurs des trusts une petite question :

« Comment se fait-il puisque les trusts jouissent aux Etats-Unis de la faveur de tous et qu'ils y sont la Prospérité, que le capital total de ces associations, qui était de quatorze milliards vingt-sept millions trois cent soixante-quinze mille francs, au 31 décembre 1901, soit tombé, en une année, 31 décembre 1902, à cinq milliards, cinq cent soixante-un millions, vingt-six mille francs, soit une diminution d'environ soixante pour cent ?

Les Coopératives. — Ce sont des associations qui n'ont pas de capital social et qui diminuent les frais. A mon avis ces associations ne doivent pas être tolérées quand elles sont commerciales.

Le coopératisme est une méthode que s'efforcent aujourd'hui de mettre en valeur un grand nombre de réformateurs de toutes espèces qui, tous, se prétendent « désireux d'agir utilement dans la vie pratique! ».

J'ignore quel est le nombre exact des Sociétés de ce genre. Ce que je dis et ce que je répéterai, c'est qu'il faut supprimer toutes celles qui ont trait au Commerce de détail, autrement dire, toutes les Sociétés coopératives de consommation.

En France, les coopératives ne sont pas très nombreuses mais on a eu à enregistrer un fait vraiment incompréhensible. « Des Municipalités les ont encouragées en leur réservant une part de leurs commandes et en leur accordant cet avantage de ne pas leur demander un cautionnement qu'elles ne pourraient point fournir surtout à leurs débuts ! »

On a vu plus fort encore : « Des Municipalités leur ont quelquefois avancé des fonds à l'effet de s'outiller et acheter des matières premières ! »

En Angleterre, on compte 1.640 Sociétés de consommation.

En Allemagne, il y en a un grand nombre de toutes catégories. Je me suis essayé à en faire la statistique et j'ai obtenu le chiffre de 14.743 — chiffre qui peut bien être encore 20 à 30 pour cent au-dessous de la réalité.

Le coopératisme a ses nombreux adversaires. Ceux-ci seront encore bien plus nombreux à partir du jour où ils se seront rendus compte que le Commerce doit faire vivre le plus grand nombre possible de personnes, car plus grand est le nombre des commerçants, plus important est celui des employés de toutes sortes. Il n'est pas difficile de s'en rendre compte. Qu'il me suffise de rappeler que les coopératives ont pour principe de supprimer les capitaux et les intermédiaires.

En ce faisant, elles peuvent vendre meilleur marché mais elles détruisent le petit commerce et, par là, portent une grave atteinte à la Prospérité.

Conclusion :

« Il ne faut pas croire que les coopératives comblent une lacune : Le nombre des patentés est partout élevé ; en France, on en compte 601.678 à Paris et 1.195.762 dans les Départements. »

Je ne dois pas terminer ce chapitre sans faire remarquer que si l'Allemagne traverse une crise commerciale — crise qui en ces dernières années a déterminé un grand nombre de faillites, il ne faut pas en chercher la cause principale ailleurs que dans le nombre élevé des coopératives. De plus, ces sociétés ainsi que les trusts paralysent l'initiative individuelle.

*
**

L'entente des personnes exerçant une même profession. — A première vue on peut croire qu'une entente de cette nature fait partie du domaine de l'utopie, c'est là une erreur complète.

Je vais démontrer de la façon la plus irréfutable que cette entente est absolument nécessaire et qu'elle peut parfaitement s'obtenir.

De nos jours, je le répète pour la dixième fois, le Commerce et l'Industrie ont pris un grand développement. Ils font vivre une des plus importantes fractions de la population. Les chiffres viennent de l'établir.

Pour faire un Commerce ou une Industrie, il n'est pas nécessaire d'avoir un privilège d'Etat. La question principale est de posséder les connaissances de la partie et les capitaux utiles ; cependant, en la matière, les Etats ont un rôle à remplir — rôle qu'en remplissant ils donnent aux commerçants et industriels un privilège moral : ce rôle c'est la défense du Commerce et de l'Industrie. Cette défense doit porter sur les éléments ci-dessus examinés et également sur l'union qui doit exister entre les personnes effectuant le même genre d'affaires.

Pour se rendre bien compte de la nécessité de cette Union, il faut d'abord répondre à cette question :

Qu'est-ce que le Commerce et l'Industrie ?

Il me semble me souvenir que la comptabilité que j'ai étudié il y a quelques années, lorsque j'étais sur les bancs de l'école, les définis ainsi : Le Commerce et l'Industrie sont une suite d'échanges de produits directs et de produits manufacturés — suite d'échanges effectuée en vue d'en obtenir un bénéfice.

A mon avis, cette définition est incomplète, il y aurait lieu d'y ajouter ceci : « et qui ne doit pas constituer un assujettissement de tous les instants. »

a) Il est évident que le Commerce et l'Industrie ne peuvent pas être faits autrement qu'en vue d'en bénéficier. Cependant, vu le nombre des commerçants et industriels d'une même profession, il arrive assez souvent que le bénéfice espéré n'est pas obtenu. La cause principale de cet état de choses, c'est la concurrence, or, la concurrence ne peut être modérée que par l'Union des personnes d'une même partie.

Pour avoir la preuve de la nécessité de l'Union sur le terrain industriel et commercial, un petit exemple va me suffire :

Il se trouve, par exemple, dans un village, sept boulangers, savoir: M. A..., qui vend par jour 60 kilos de pain ; M. B..., qui en vend 70 ; M. C..., qui en vend 80 ; M. D..., qui en vend 90 ; M. E..., qui en vend 100 et M. F..., qui en vend 110, tous six au prix de 40 centimes et, le septième, M. G..., qui en vend 240 à 35 centimes. Cela fait que la boulangerie laisse dans le village un bénéfice quotidien de quarante-huit francs (j'ai compté à 32 centimes le prix de revient). Si les sept boulangers étaient unis pour les prix, la même vente laisserait 60 francs.

Ce petit exemple suffit pour montrer que l'Union peut modifier du tout au tout le bénéfice des vendeurs. Il s'en suit que le bénéfice total, en France, par exemple, des 1.800 000 patentés, pourrait du jour où le commerce et l'industrie seront défendus pratiquement, être de six ou huit milliards de francs, tandis que en l'état actuel il n'est guère que de la moitié et, la cause en est, dans cette vérité: « Ce qui ne se vend pas par l'un se vend par l'autre; la quantité est la même, mais le bénéfice se trouve considérablement modifié. »

Cette modification des bénéfices est tout à fait contraire à la Prospérité car, quand cette non-union s'accentue, il arrive qu'un certain nombre de vendeurs se trouvent obligés de cesser les affaires, ce qui amène : magasins à louer, employés sans place, etc.

On a vu des libraires vendre avec des rabais élevés des ouvrages connus et qui, dans le passé, se vendaient prix marqué ; on a vu des pharmaciens vendre les spécialités prix coûtant ; on a vu des compagnies d'assurances en différends pour leurs tarifs, etc., etc.

b) Le Commerce et l'Industrie ne doivent pas constituer un assujettissement de tous les instants. C'est là une chose qui est indiquée par la raison et il n'est pas besoin d'être grand clerc pour le bien comprendre. Cependant, il se trouve nombre de personnes qui ne l'ont pas encore compris: On a vu des commerçants laisser leurs magasins ouverts les dimanches et fêtes; on a vu des pharmaciens laisser leurs officines ouvertes toute la nuit; on a vu des bazars rester ouverts jusqu'à dix heures du soir, etc., etc.

Je sais bien qu'il est certaines parties, telles que l'alimentation et les cafés qui ne peuvent guère faire autrement; mais les autres, par l'Union, peuvent très bien s'approprier un peu de Liberté.

Comment obtenir cette Union ?

Elle peut s'obtenir de deux manières. La première, par les intéressés; le deuxième par mode administratif.

a) Les intéressés pourraient très bien arriver à s'unir d'eux-mêmes. Pour ce, ceux d'une même localité n'auraient qu'à se réunir pour étudier leurs intérêts et ensuite ils passeraient aux voix. A mon avis, ce mode serait long à s'établir d'une façon pratique.

b) Le mode administratif semble de beaucoup préférable et il a l'avantage d'être réalisable immédiatement. En effet, rien ne serait plus simple qu'un règlement établi chaque année et visé par le Conseil municipal du chef-lieu de canton.

Pour établir ce règlement d'une façon pratique, il est nécessaire de créer une administration à cet effet. Cette Administration se composerait de cinq employés, par chef-lieu de canton. Lesdits employés auraient un bureau à l'effet de compulser les données des uns et des autres. A la fin de chaque année, ils rédigeraient le règlement et le soumettraient au Conseil municipal. Celui-ci, après l'avoir approuvé, s'il est conforme aux intérêts de la localité, en ferait imprimer le nombre d'exemplaires nécessaires et ensuite, en ferait distribuer un à chaque patenté.

Cette institution pourrait prendre le titre de Défense Commerciale et Industrielle.

Son personnel s'occuperait de :

1o La vérification des Poids et Mesures ;

2o L'Etablissement du Règlement annuel ;

3o La suppression du colportage. Quoi de plus désagréable, dans beaucoup de chefs-lieux de cantons, que de voir le jour de marché un ensemble de colporteurs venir vendre. N'y a-t-il pas assez d'immeubles pour vendre les marchandises dans les magasins et non sur la voie publique ! Quant au colportage à domicile : tapis, toiles, bijouterie, etc., il faut également tendre à le supprimer : « Il ne doit y avoir qu'un mode pour faire les affaires ».

4o Eviter les grèves. Elle pourra à cet effet offrir son concours aux patrons et aux ouvriers. Aux patrons en servant d'arbitre et aux ouvriers en étudiant leurs réclamations.

5o Tout ce qui touche au Commerce et à l'Industrie de la localité. Il y a souvent, en effet, des questions s'y rattachent.

6o Faire observer le Règlement.

Je ne suis pas un ami des imbécillités. Je n'ai pas la prétention de demander une réglementation trop compliquée. Je la demande simple, mais pratique.

Voici à peu près :

RÉPUBLIQUE FRANÇAISE

DÉFENSE COMMERCIALE ET INDUSTRIELLE

Etablie conformément au Traité Universel du 24 septembre 1903

RÈGLEMENT

du Commerce et de l'Industrie pour l'année 1904.

Cafés. — Heure maxima d'ouverture... Heure maxima de fermeture ..... Le prix minima des consommations est fixé à....

Epicerie. — Heure maxima d'ouverture.... Heure maxima de fermeture..... Fermeture à 4 heures de l'après-midi, les dimanches et fêtes.

Les marchandises marquées devront toujours être vendues aux prix marqués.

(S'il y a lieu l'on indiquera ici le prix de certaines marchandises courantes : sucre, pétrole, etc., de façon à éviter la vente prix coûtant).

Librairies. — Heure maxima d'ouverture..... Heure maxima de fermeture.....

Il ne doit être fait aucun rabais sur les marchandises marquées.

Pharmacies. — Heure maxima d'ouverture,,... Heure maxima de fermeture.....

Les dimanches et fêtes fermeture à midi.

(L'on indiquera ici les pharmacies qui devront rester ouvertes le dimanche après-midi, pour assurer le service).

Les spécialités doivent sans aucune exception être vendues prix marqué.

(S'il y a lieu l'on indiquera ici le prix de certaines marchandises courantes : quinine, antipyrine, glycérine, etc., de façon à éviter la vente au rabais.

Etc., etc.

L'on rappelle que les marchandises marquées par le fabricant, quelles qu'elles soient, doivent sans aucune exception être vendues prix marqué et sur ces marchandises ainsi que sur celles dont les prix sont fixées dans le présent Règlement, il est formellement interdit, sous peine d'une amende de.. francs, d'effectuer un escompte ou un rabais, de délivrer des primes, timbres d'escompte, etc., etc.

Il s'est formé dans les villes, en ces dernières années, plusieurs Sociétés qui ont imaginé ce que l'on appelle timbres d'escompte, timbres rabais, timbres-primes, timbres remboursables, etc., etc.

Tout ces timbres sont très intéressants « tout en ne l'étant pas du tout ».

Ils ont une valeur plus apparente que réelle mais ils sont cependant suffisants pour « attirer les bonnes âmes ».

Ils doivent être prohibés au plus tôt et prendre la direction du domaine des vieilles lunes.

D'ailleurs, le jour ou les Etats auront bien compris l'utilité de défendre le Commerce et l'Industrie, *ils interdiront les primes et rabais, de la façon la plus absolue.*

*
* *

La Paix. — Le premier besoin de l'Industrie est la sécurité. Il n'y a pas d'affaires sans sécurité et lorsque le fabricant n'est pas assuré d'écouler ses produits sous la protection de la foi publique, l'esprit d'initiative se déconcerte, les transactions se restreignent et le chômage s'impose.

Pour n'en citer qu'un exemple, qu'il me suffise de rappeler que lors du récent bombardement au Vénézuéla, en l'affaire de quelques jours, l'Industrie et le Commerce furent paralysés de la façon la plus complète.

CHAPITRE XI.

LA DÉFENSE DE L'ÉPARGNE

Chers Lecteurs

La défense de l'Epargne joue un des plus grands rôles dans l'augmentation de la Prospérité générale.

Autrefois les idées courantes en matière de placement étaient limitées au placement en terres ou en immeubles. Il y a peu d'années encore les domestiques n'avaient d'autres ressources pour leurs économies que le bas de laine ou l'acquisition de quelques animaux que les coutumes rurales les autorisaient à garder chez leurs maîtres, à titre de cheptel.

De nos jours, l'Epargne existe sous une forme nouvelle. J'ai nommé les valeurs mobilières.

Pour défendre pratiquement l'Epargne, il faut s'occuper des quatre éléments ci-après :

Les impôts sur les valeurs mobilières,
Les taux d'émissions,
Les constitutions de Sociétés,
Les emprunts d'Etats.
Je vais faire l'étude de ces quatre éléments.

*
**

Impôts sur les Valeurs Mobilières. — En l'état actuel les Valeurs mobilières sont frappées, en France et à l'Etranger, de divers impôts. Je vais m'arrêter à ceux qui frappent actuellement les titres qui se trouvent en France.

Ils sont au nombre de quatre; savoir :

Le droit de Timbre,
Les droits de Transmission,
L'impôt sur les Coupons,
La taxe sur les opérations de Bourse.

a.) — Le droit de timbre, décimes compris, sur les titres français est de :

1º Actions d'une durée inférieure à dix ans, 0 fr. 60 pour cent.
2º Actions d'une durée supérieure à dix ans, 1 fr. 20 pour cent.
3º Obligations, 1 fr. 20 pour cent.
Le droit de timbre, décimes compris, sur les titres étrangers est de :
1º Sociétés étrangères non abonnées, 2 fr. pour cent ;
2º Sociétés étrangères abonnées, 0 fr. 06 pour cent;
3º Rentes viagères, 1 fr. pour cent.

b.) — Sur les titres nominatifs, 0 fr. 50 pour cent sur les prix de cession et, sur les titres au porteur, 0 fr. 20 pour cent sur le cours moyen du titre pendant l'année précédente.

Ces droits ne sont pas applicables aux rentes.

c.) — Il est de 4 pour cent sur le montant du dividende, intérêts et primes de remboursement, bénéfice des Sociétés, des obligations, etc.

En outre, les coupons au porteur acquittent une taxe de 0 fr. 20 0/0 de la valeur moyenne du titre pendant l'exercice précédent.

d.)—Sur les négociations de rentes françaises, 0 fr. 0125 par 1.000 fr. sur les opérations au comptant,

0 fr. 00625 par 1.000 fr., sur les reports.

Sur les autres valeurs :

0 fr. 05, sur les opérations au comptant.

0 fr. 025, sur les reports.

— Les premier, deuxième et quatrième ont à peu près leur raison d'être, quant au troisième, je vais l'étudier :

En France il a produit pendant l'année 1902, la somme de 74.300.000 francs.

Voilà là un impôt qui n'est pas justifié, parceque frapper le revenu c'est frapper la Prospérité. Comment voudriez-vous admettre que des capitalistes qui risquent des capitaux dans des entreprises industrielles ou minières, soient frappés d'une redevance à l'Etat? Ne contribuent-ils pas à l'activité ouvrière ?

Vous m'objecterez peut-être que cet impôt est basé sur les facilités qu'offrent les valeurs mobilières?

Je vous répondrai, c'est bien possible; mais alors pourquoi les frapper d'un impôt si élevé? Un impôt de deux pour cent pour les titres nominatifs et quatre pour cent pour les titres au porteur, ne serait-il pas suffisant:

Conclusion :

« En ramenant à 4 fr. 90 et à 4 fr. 80, les coupons de 5 francs; à 9 fr. 80 et 9 fr. 60, ceux de 10 francs, et ainsi de suite, l'impôt sur les coupons se trouvera établi comme il aurait toujours dû l'être. Le travail doit être encouragé; l'imposer dès qu'il se multiplie ce n'est pas le moyen de le récompenser ».

Il va sans dire que puisqu'il y a lieu de diminuer considérablement l'impôt sur les coupons, il y a lieu de supprimer l'impôt sur les rentes viagères.

Celles-ci ne jouent pas un grand rôle dans l'état social car elles ne représentent qu'une fraction infinitésimale; mais, malgré cela, rien ne pourrait justifier qu'elles soient frappées.

Voici, d'après le Syndicat des Compagnies françaises d'Assurances sur la vie, le détail des rentes viagères :

Rentes annuelles	Rentiers
De 300 fr. et au-dessous	4.178
300 fr. à 600	2.922
600 fr. à 1.200	2.061
1.200 fr. à 2.000	741
Au-dessus	441
Soit au total	10.343

Conclusion :

« Cet impôt serait doublement injustifié. D'une part, parcequ'il frapperait des personnes dont les ressources sont des plus restreintes et même insuffisantes; d'autre part, parceque les Compagnies possèdent en portefeuille des Valeurs mobilières et payent déjà l'impôt sur les coupons. »

Je vais laisser de côté les impôts et projets d'impôts sur les Valeurs mobilières et les Rentes viagères. J'aurais trop à faire si je voulais relever toutes les idées lancées par certaines personnes qui se trouvent au Palais-Bourbon et ne possèdent pas la compétence nécessaire à l'étude des questions économiques.

★
★★

Taux d'Emissions. — On ne saurait trop le remarquer, d'années en années, malgré les événements politiques et les crises de toutes sortes, la hausse des Valeurs mobilières a été ininterrompue.

Il faut être riche pour « vivre de ses rentes » et, si on laissait les affaires financières aller d'elles-mêmes, avant 50 ans d'ici, on assisterait à un état de choses tout à fait contraire à la Prospérité.

Ainsi, actuellement, il existe déjà des rentes et obligations 2 1/2 pour cent — rentes et obligations qui se négocient à des cours largement aussi élevés qu'il y a trente ans, les valeurs rapportant le double, soit 5 pour cent.

Conclusion :

« Le taux de capitalisation ne doit pas baisser indéfiniment car la Prospérité l'exige ; conséquemment, il y a lieu de fixer un taux minima d'émission. Je crois que celui de trois pour cent est tout indiqué. »

★
★★

Constitutions de Sociétés. — Par cette expression on entend la coopération de capitaux en vue de morceler une entreprise, par exemple, une Mine, une Industrie, etc.

La méthode de Coopération est connue depuis l'origine de la Société humaine, et elle est mise à rétribution depuis le xiii siècle, époque à laquelle il existait en Russie des associations agricoles.

Aussitôt qu'un certain nombre de personnes ont uni leurs capitaux pour faire ensemble une chose, elles ont fait de la coopération financière.

La coopération financière joue de nos jours un grand rôle. Est-ce à dire que ce rôle est toujours utile à la Prospérité? Je ne le crois pas.

Cependant, comme en la matière une appréciation sommaire n'aurait presque aucune valeur, je vais étudier la question d'une façon complète.

Pour montrer la nécessité de réglementer les Sociétés, permettez-moi de faire l'énumération de quelques Sociétés qui ont donné de « bons résultats » :

Electricité O. Patin, Boulangeries Schweitzer, Edulcorant Porchère,

Novo-Pavlovka, Chemin de fer national de l'Equateur, Tramways du Jura, Combat naval, Palais de la danse, etc., etc.

En l'état actuel, il y a quatre sortes de sociétés, savoir : les Sociétés anonymes, celles en commandite, celles en participation et celles à capital variable.

Les différences existant entre elles n'ont pas précisément leur raison d'être et la Prospérité exige que les quatre catégories s'unifient.

Celle définitivement adoptée doit être la Société anonyme.

Une Société se compose d'un certain nombre d'éléments; il y en a de capitaux et de secondaires. Les éléments capitaux sont : le Capital social, les Apports, l'objet de la Société, le Conseil d'Administration, la Répartition des Bénéfices, les Assemblées et la Réserve. Les éléments secondaires sont : la Dénomination, le Siège social, la durée, la forme des titres, etc.

Le Capital social. — En l'état actuel il constitue une chose variable. Chez un certain nombre de Sociétés, tels les grands établissements financiers et les bonnes affaires minières, il est entièrement souscrit; dans beaucoup d'autres il n'en est pas de même, et il s'en suit que les titres non placés à l'émission sont détachés de la souche au fur et à mesure que l'occasion se présente.

Il y a là un état de choses qu'il convient d'éviter; car toutes les Sociétés dont le capital social n'est pas souscrit courent fatalement vers la faillite.

Comment voudriez-vous admettre que le premier venu ait le droit de faire paraître dans les journaux des annonces d'émissions ? Comment voudriez-vous admettre que le premier venu ait le droit de prendre quelques feuilles de papier timbré, d'y rédiger tant bien que mal des statuts et d'y inscrire : le capital social est de.......... francs, divisé en.......... Actions de.......... francs, entièrement libérées.

Vous me répondrez peut-être que tout le monde a bien le droit d'emprunter s'il trouve.

Je veux bien en convenir seulement, je dois vous faire remarquer qu'il y a une grande différence entre l'emprunt personnel et l'emprunt sous forme de Sociétés.

Dans le premier cas, il s'agit d'emprunts qui, s'ils ne sont pas garantis hypothécairement ou par un nantissement, n'ont qu'une courte durée, généralement 90 jours. Dans le deuxième, les souscripteurs accordent au fondateur (anonyme Société) un crédit de la durée de la Société.

Quel est l'enseignement à tirer de ceci ?

Il faut exiger que les souscriptions soient reçues chez un officier ministériel ou dans les grands établissements financiers et ce, à l'effet qu'une Société ne soit définitivement constituée que lorsque son capital sera entièrement souscrit.

Les Apports. — Quoi de plus simple que de frauder un apport. Je pourrais citer ici une dizaine de combinaisons qui atteignent parfaitement le but. Je ne m'en donnerai pas la peine et je me contente de renvoyer mes Lecteurs à mon Article relatif à la « Vente des entreprises ne donnant pas de résultats ».

Comme conclusion sur ce point, je dis ceci :

« Il faut donner au fondateur d'une Société, exactement ce qu'il mérite, c'est-à-dire le payer de ce qu'il apporte à la Société. On ne peut le lui donner d'une façon exacte, qu'en lui allouant des titres sans valeur nominale, ayant droit à une grande partie des bénéfices annuels et, à la liquidation, à ce qui restera après remboursement du capital souscrit en espèces »

L'Objet de la Société. — Voilà là un point qui ne semble rien et qui cependant est très important. On a vu, en ces dernières années surtout, des personnes peu honnêtes faire des annonces d'émission pour des entreprises imaginaires.

Pour éviter cet état de choses, il faut exiger qu'aucune émission ne soit faite sans Autorisation Ministérielle. C'est dire que le ou les fondateurs devront adresser au Ministère des Finances une note détaillée sur la Société qu'ils se proposent de fonder.

Je vais, ci-après, examiner les diverses catégories :

EXPOSITIONS. — Lors de la récente Exposition de Paris, il fut présenté 46 projets. Trois proposaient l'émission directe de bons à lots par l'Etat; un mettait en avant une opération de Trésorerie; plusieurs voulaient lier financièrement la question de l'Exposition à des questions fort différentes, telles que : l'organisation d'une grande œuvre colonisatrice! la création d'une caisse de prêts aux communes! la construction de Métropolitains! etc.

Trente-neuf proposaient l'émission de bons avec tickets; trente-cinq jugeaient nécessaire d'y joindre une loterie ou tombola; vingt-trois estimaient qu'il fallait chercher un appât nouveau dans les réductions des tarifs des chemins de fer, mais en admettant presque tous l'impossibilité d'obtenir des Compagnies l'abandon de ces réductions et, conséquemment, reconnaissaient pour l'Etat la nécessité de les couvrir; quelques-unes voulaient au profit des porteurs de bons des réductions dans les théâtres et magasins dans l'enceinte de l'Exposition.

Quant au mécanisme proprement dit, 18 projets précomptaient sur les recettes le capital nécessaire à l'amortissement des bons souscrits; 3 préconisaient la participation — assez mal aisée — des souscripteurs aux bénéfices! l'émission devait être effectuée, suivant les uns, par l'Etat; suivant 4 projets, par les Compagnies de chemins de fer, sous forme d'obligations analogues à leurs obligations actuelles; suivant 2 autres, par le Crédit Foncier ou la Ville de Paris; presque tous prévoyaient l'entremise nécessaire d'un syndicat d'établissements financiers et reconnaissaient la nécessité d'allouer à ce syndicat une allocation.

Le capital à mettre en souscription variait singulièrement. Un certain M. A...... trouvait que deux cent mille francs...... permettraient d'effectuer la plus belle des Expositions!

La Commission repoussa les 46 projets et se mit à l'œuvre pour en composer un nouveau.

Le chiffre des dépenses à couvrir était fixé à cent millions de francs. On avait déjà les vingt millions votés par la Ville de Paris. On allait demander à l'Etat une subvention de 20 millions. Il ne restait plus que 60 millions à se procurer.

Il ne sembla pas excessif de prévoir que les entrées produiraient cette somme et il s'agissait seulement de s'en procurer à l'avance l'équivalent. L'on se décida à cet effet à provoquer le concours des cinq grands établissements financiers. Leur entremise fut rémunérée au moyen d'une Commission de 3 millions de francs — commission soldée par une émission complémentaire de bons.

Pour ménager un appel plus direct aux banquiers et aux Chambres de Commerce, l'on émit 3,250 parts à 20,000 francs. Chaque part de 20,000 francs fut ensuite divisée en 1.000 Bons. Chaque Bon donnait droit à des tirages de lots et à vingt tickets d'entrée.

Ici, quel serait le meilleur mode ?

Les combinaisons les plus simples sont les meilleures. L'attrait donné par des réductions sur voyages, etc., est un attrait absolument usé.

Dans l'avenir l'État ne doit pas intervenir en la circonstance en allouant une subvention, car une Exposition a un caractère particulier en ce sens qu'elle amène les visiteurs dans la ville où elle est et y contribue à l'activité générale.

La Ville doit donc prendre l'engagement de solder elle-même la perte que pourrait laisser l'Exposition. Elle fait alors une émission d'obligations dont le remboursement et les intérêts sont garantis : 1° par les concessions ; 2° par les entrées; 3° par la Ville, si les deux premiers éléments n'ont pas été suffisants.

CHEMINS DE FER, TRAMWAYS, CANAUX, PORTS, POSTES, TÉLÉGRAPHES, TÉLÉPHONE, TABACS ET ALLUMETTES. — Ces éléments doivent constituer Monopoles d'États. Par conséquent ceux constitués en Société sont appelés à être rachetés.

ÉTABLISSEMENTS FINANCIERS.— Ils se divisent en trois catégories; savoir : ceux quasi-indispensables, ceux utiles et ceux dont la suppression est toute indiquée.

a.) Banques de Circulation, Caisse de Dépôts et Consignations, Crédits Fonciers, Crédits Agricoles, Crédits Généraux, Caisses d'Epargne et Mont-de-Piété.

b.) Institutions ayant réellement un capital important.

c.) Etablissements qui pour inspirer plus de confiance se constituent en Société et annoncent un capital élevé — capital fictif.

BANQUES DE CIRCULATION. — La Prospérité exige que chaque Etat possède une institution de ce genre.

Au Moyen Age, elles se bornaient à recevoir et à garder l'argent qui leur était confié; chaque déposant recevait un récépissé qu'il pouvait transmettre à sa volonté.

En France, c'est en 1800 que quelques banquiers fondèrent une Compagnie appelée à faire le service du Commerce et aussi à être Banque d'État. Peu après, elle fusionna avec la Caisse du Commerce et une Loi de 1803 lui conféra le titre de Banque de France. Une Loi de 1806 lui donna l'organisation qu'elle a encore de nos jours. Ses bénéfices ont été au niveau de ses services.

Les services de ces institutions sont très importants :

France.—La première année, le montant des opérations productives s'élevait à 110 millions de fr. Ces années-ci il atteint 17 milliards (16,568,579.000, en 1899).

Allemagne. — Le montant des opérations a été, en milliards de marcks :

1876	1880	1885	1890	1895	1898	1901	1902
36	52	73	108	121	163	193	192

Espagne. — Elle a escompté :

En 1901   1162 millions de pesetas
1902   1198   —   —

Italie. — Elle a escompté :

En 1899   1.305.837 effets
1900   1.360.451   —   pour lires 1.417.437.287
1901   1.377.371   —   —   1.569.735.841

Les Privilèges de ces institutions ne sont pas uniformément accordés :

France. — En vertu de l'article 5 de la Convention du 17 novembre 1897, elle doit verser à l'État chaque année et par semestre, une redevance égale au produit du huitième du taux de l'escompte par les chiffres de la circulation productive, sans qu'elle puisse jamais être inférieure à deux milliards de francs.

Elle a été de fr. :

1897	1898	1899	1900
2.742.314	3.242.899	4.857.220	5.655.333

D'autre part, elle est tenue d'effectuer à l'Etat certaines avances gratuites.

Allemagne. — La redevance est basée sur le bénéfice provenant de la circulation fuduciaire, L'Etat a touché, en marcks :

1897	1898
10.665.540	13.985.861

Autriche-Hongrie. — La redevance est fixée à 500.000 florins par année.

Espagne. — La participation de l'Etat dans les bénéfices s'est élevée pendant l'année 1902 à 14.800.000 pesetas, ce qui représente plus de 41 pour cent des bénéfices.

Pays-Bas. — La redevance est du un tiers des bénéfices.

— Y a-t-il lieu de continuer dans cette voie ?

Non, car il vaut bien mieux que le Privilège soit accordé à ces établissements à titre gratuit. De cette façon, il leur sera possible de se conformer strictement au règlement que j'indique plus loin.

Je sais bien qu'il y a possibilité pour ces institutions, dans les Pays où la circulation monétaire est bonne, de retirer un bénéfice de la circulation, mais j'estime que ce bénéfice peut leur être alloué soit à cause des frais de frappe, soit également pour qu'il leur soit possible, à toutes, de rémunérer largement leur capital social.

CAISSES DE DÉPOTS ET CONSIGNATIONS. — Ces institutions sont d'une indispensabilité à peu près absolue.

CRÉDITS FONCIERS. — Les institutions de cette nature sont également d'une indispensabilité à peu près absolue. Le chiffre global des prêts hypothécaires dans les divers Etats Européens s'élève à 33 milliards 386,979,584 francs.

Dans un avenir qui n'est pas très éloigné, ces institutions devront effectuer aux villes des prêts d'office (voir plus loin mon Article Devoir des Villes).

CRÉDITS AGRICOLES. — Voir dans le chapitre Défense de l'Agriculture.

CRÉDITS GÉNÉRAUX. — Voir dans les chapitres VI et X.

CAISSES D'EPARGNE. — Les Caisses d'Epargne prennent naissance en 1812. C'est celle de Paris qui a été la première fondée, puis d'autres se sont successivement ouvertes à Reims, à Troyes, à Nancy et dans les villes importantes ; leur nombre s'est surtout augmenté à partir de 1835, si bien, qu'aujourd'hui, elles sont nombreuses et réparties sur tout le continent.

Le nombre des livrets était de :

1818	1835	1870	1895
50.000	400.000	2.000.000	5.000.000
1898	1900	1901	1902
7.000.000	7.110.000	7.246.098	7.328.729

En même temps que le nombre des livrets augmentait, le montant des dépôts augmentait aussi.

Il y a 35 ans il n'atteignait pas encore 600 millions de francs. En 1890, il était de 3 milliards. Actuellement, il est encore plus élevé et ce, malgré la campagne acharnée dirigée contre ces institutions.

On a fait un tel bruit autour des retraits de ces derniers mois et cette question qui aurait dû ne pas sortir du domaine de la statistique a été exploitée de telle façon, qu'il est particulièrement intéressant de se rendre compte que la situation de ces caisses est au-dessus de toutes critiques.

Le solde dû aux déposants était de 3.349.036,725 francs, au 31 décembre 1901 et 3.356.317.075, au 31 décembre 1902.

La Caisse des Dépôts et Consignations sert aux Caisses d'Epargne un intérêt de 3,25 pour cent. Les intérêts que les Caisses d'Epargne allouent à leurs déposants (3 ou 2,75) font que la différence entre l'intérêt touché et l'intérêt servi, permet les dépenses et la constitution d'une réserve. Au 31 décembre dernier, cette réserve était de 144.405.245 francs.

Conclusion :

« L'excédent de retraite sur les dépôts constaté pendant le 1er semestre de 1903, n'est pas une chose inquiétante. Il tient au chômage, aux grèves et au peu de récoltes. »

En outre des Caisses ordinaires, il y a les Caisses postales. Elles existent depuis 1882 et jouissent déjà d'une grande popularité. Le montant actuel des dépôts dépasse 1 milliard de francs.

Monts-de-Piété. — Ces institutions ont, dans les villes, une certaine utilité. Elles avancent sur bijoux, étoffes, lingerie, etc.

Institutions ayant un Capital important. — Ces institutions, par leur capital social important et les personnes très honorables qui les dirigent, méritent la plus absolue confiance.

Le Crédit Lyonnais constitue sans conteste une grande puissance financière; ses bénéfices annuels atteignent 30 millions de francs. La Société générale, le Comptoir d'Escompte, le Crédit Industriel et la Banque française pour le Commerce et l'Industrie, rendent également de grands services et voient aussi leurs affaires progresser graduellement.

Institutions ayant un Capital fictif. — Ces établissements s'occupent de comptant différé, reports et participation. Ce qu'il y a de plus intéressant, c'est de les voir figurer dans les Annuaires, à côté de la Banque de France et du Crédit Foncier !

Assurances. — Le Privilège de la constitution en Société peut être accordé aux Assurances pour la raison que l'Assurance est le seul moyen de se garantir contre les risques imprévus du hasard.

L'Assurance est une chose qui existe depuis les temps les plus anciens. Certains auteurs se sont accordés à en retrouver l'existence dans la législation d'Athènes et de Rome. Cependant les données sur lesquelles ils s'appuient sont bien évasives. Le plus ancien document qui les aient réglées est l'Ordonnance de Barcelone, en 1435. A l'origine, les Assurances étaient exclusivement maritimes. La première Compagnie fondée en France pour assurer les risques d'incendie, ne remonte qu'à 1750.

On a vu se fonder diverses catégories d'Assurances. Il en est, ainsi qu'on va le voir, de justifiées et d'autres d'injustifiées.

Vie. — Ces Assurances sont de l'Epargne au premier chef. La production de l'ensemble des Compagnies françaises s'est élevée à fr. :

1897	1898	1899	1900
337.613.591	349.227.290	353.480.740	365.403.206

Accidents. — Ces Assurances ont leur véritable raison d'être. Si j'en crois une statistique, en France, pendant l'année 1900, le nombre des accidents a été de 231.976, dont 37.989, aux constructions; 29.732 aux usines métallurgiques et 26.061, dans les fabriques.

Incendie. — En France, au point de vue financier, les Compagnies donnent de très bons résultats. A l'Etranger, il en est de même. En Allemagne, il existe 27 Compagnies. Pendant l'année 1902, elles ont encaissé 87.830.000 marcks de primes nettes. Les sinistres se sont élevés à 55 355.000 marcks, soit 63 pour cent des primes.

Grêle. — Ce genre d'Assurance peut être admis.

Mortalité des Bestiaux. — Admis.

Risques Maritimes. — Admis.

Bris de Glaces. — Admis.

Vol. — Admis.

COLIS POSTAUX ET AUTRES MARCHANDISES. — Admis.

ENVOIS DE FONDS. — Monopole d'État.

PERTES COMMERCIALES. — Ce genre d'Assurance ne saurait être admis. Une vingtaine de tentatives faites à Paris n'ont jamais donné le moindre résultat. Il est aisé de comprendre que celui qui vient de faire une vente à crédit de, par exemple, 500 francs, ne va pas débourser 80 à 400 francs pour assurer son payement à l'échéance.

NON LOCATION DES IMMEUBLES. — Ce genre d'Assurance ne saurait être admis. Plusieurs tentatives faites à Paris et Lyon n'ont jamais donné le moindre résultat.

SUICIDE, DUEL, ETC. — Ce genre d'Assurance ne saurait être admis. La clientèle des Compagnies se composerait uniquement de névrosés.

SOCIETES IMMOBILIERES. — Ce genre de Société peut parfaitement être admis pour la raison que dans les grandes villes les immeubles de 300.000 francs et au-dessus ne sont pas rares et que la mise en Société permet le morcellement sans majoration.

EXPLOITATIONS FORESTIERES ET EXPLOITATIONS AGRICOLES EN PAYS LOINTAINS. — Le privilège peut être accordé.

AFFAIRES D'UTILITE GENERALE. — Navigation, Omnibus, Voitures publiques, Eaux, Gaz, Electricité, Pompes funèbres, Institutions et Procédés genre Richer. — Le privilège peut être accordé.

AFFAIRES DISTINCTES. — Sous cette catégorie on doit ranger certaines affaires qui ne portent aucune atteinte à des entreprises similaires appartenant à des particuliers. Exemples :

La Société du Grand-Hôtel.

La Société des Wagons Lits.

Beaucoup de fabricants de bières ont constitué leur entreprise en Société et ont créé dans les villes un certain nombre de cafés-brasseries, à l'effet d'écouler leur fabrication : le privilège peut parfaitement leur être accordé pour la raison qu'en créant un certain nombre de petites succursales, il ne font pas de tort aux cafés appartenant à des particuliers, attendu qu'ils vendent les consommations bien aussi chères et que, d'autre part, chaque succursale exige des frais élevés.

ENTREPRISES MINIERES. — Le privilège de la constitution en Société doit leur être accordé parce qu'elles exigent de gros capitaux. Les métaux constituent une chose vraiment indispensable et si ces entreprises ne trouvaient pas les fonds qui leur sont nécessaires, les Etats eux-mêmes devraient emprunter à l'effet de les commanditer. Je donne ci-après, pour les personnes qui aiment les statistiques, la production et la consommation des principaux minéraux :

Houille : (En milliers de tonnes) France :

	1840	1850	1860
P :	3.003	4.334	8.304
C :			

	1870	1875	1880	1885	1889	1890
P.	13.330	16.504	19.360	19.511	23.485	26.083
C.		24.600	28.846			

	1891	1892	1893	1894	1895	1896
P :	25.299	25.003	25.196	25.430	27.582	29.189
C :					36.640	

	1897	1898	1899	1900	1901	1902
P :	39.797	30.210	32.862	33.404	32.862	32.402
C :		43.454	46.664	48.603	49.400	49.000

Les concessions du Bassin du Nord couvrent 64.610 hectares ; celles du Bassin du Pas-de-Calais, 63.112 et les divers autres Bassins, 596 concessions, 425.482. Les houillères françaises emploient 162.000 personnes. A l'Etranger, le Tonkin et le Japon commencent à se signaler. L'Angleterre et l'Amérique produisent beaucoup plus de charbon qu'en exige leur consommation. L'Angleterre dépasse généralement 200 millions de tonnes et l'Amérique approche de 300 (274.847.779 en 1902). La production universelle s'élève annuellement de 750 à 800 millions de tonnes. Pendant l'année 1902, elle a été de 762.700.000. Les houillères anglaises emploient 535 000 personnes ; les autrichiennes, 119.000 ; les russes, 47.800 ; les japonaises, 39.000 ; les tonkinoises, 27.000 ; enfin, les américaines, 600 à 650.000. C'est à l'augmentation du salaire des ouvriers et au manque d'excédent de la production sur la consommation, qu'il faut attribuer l'élévation des prix de vente. En France, c'est en 1502 que fut découvert le gisement du Creusot, de longtemps on n'en tira aucun parti ; en 1759, le propriétaire du terrain sur lequel s'élève aujourd'hui la gigantesque usine, un nommé Dubois, se bornait à une exploitation bien sommaire : il laissait prendre autant de houille que six chevaux et quatre bœufs pouvaient transporter, moyennant un écu de six livres et une bouteille de vin ; c'est en 1836 que se fonda la Société qui exploite actuellement. C'est en 1757 que fut constitué la Compagnie d'Anzin ; dans l'acte l'avoir social était divisé en 24 sols, de 12 deniers chacun. Au prix moyen de 20 francs la tonne, la production universelle représente annuellement 15 milliards de francs.

Fer. — En France il existe 342 concessions qui occupent 185.147 hectares.

Zinc : (En milliers de tonnes) Univers :

	1891	1892	1893	1894	1895	1896
P :	335	373	368	381	417	425
C :	365	376	378	384	415	424

	1897	1898	1899	1900	1901	1902
P :	435	469	490	470	499	539
C :	442	476	496	495	487	494

En France, il est produit par les mines de Malines (Gard). La valeur de la production universelle représente annuellement de 140 à 260 millions de francs.

Cuivre : (En milliers de tonnes) Univers:

	1891	1892	1893	1894	1895	1896
P:	291	317	310	352	369	410
C:	288	309	305	329	351	394

	1897	1898	1899	1900	1901	1902
P:	435	484	473	467	478	479
C:	421	434	477	540	497	551

L'Espagne, le Portugal, le Japon, le Chili, le Mexique et les Etats-Unis, sont les principaux producteurs. La production universelle représente de 250 à 600 millions de francs.

Plomb : (En milliers de tonnes) Univers :

	1891	1892	1893	1894	1895	1896
P:	600	631	630	625	659	679
C:	619	634	638	633	670	671

	1897	1898	1899	1900	1901	1902
P:	701	796	775	698	713	740
C:	712	776	762	756	787	744

La production universelle représente de 120 à 260 millions de francs.

Etain : (En milliers de tonnes) Univers :

	1891	1893	1892	1894	1895	1896
P:	60	66	68	74	75	76
C:	60	63	69	70	72	73

	1897	1898	1899	1900	1901	1902
P:	71	70	73	76	75	80
C:	76	85	74	75	75	74

La production universelle représente de 95 à 250 millions de francs.

Nickel :

La production est fournie presque exclusivement par la Nouvelle-Calédonie. Elle peut être évaluée annuellement de 3 à 5 millions.

Phosphates :

On estime à 120 millions de francs la production annuelle.

Nitrates : (En quintaux) Univers :

	1901	1902
P:	28.108.400	20.629.700

Pétrole :

La production annuelle est d'environ 180 millions d'hectolitres, qui représentent environ six milliards de francs. Elle est fournie presque exclusivement par l'Amérique et la Russie.

Or : (En onces) Univers :

P :	1891	1892	1893	1894	1895	1896
	6.400.000	7.260.896	8.582.976	8.723.424	9.570.304	9.782.146
P :	1897	1898	1899	1900	1901	1902
	11.366.784	13.798.880	15.603.554	12.501.822	12.894.856	14.734.269

Argent : (En onces) Univers :

P :	1891	1892	1893	1894	1995	1996
	4.400.000	4.763.479	5.186.696	5.125.017	5.210.942	5.232.021
P :	1897	1898	1899	1900	1901	1902
	4.990.666	5.389.083	6.667.634	7.234.443	12.896.856	14.734.269

Platine : (En kilogs).

P :	1897	1898	1899	1900	1901	1902
				6.920	7.525	7.400

Ce métal d'un blanc grisâtre est fourni exclusivement par les monts Oural. On cote actuellement 2.600 francs le kilogramme.

Autres minéraux :

La valeur des autres minéraux non mentionnés ci-dessus, peut sans inconvénient s'inscrire pour plusieurs milliards de francs.

ENTREPRISES INDUSTRIELLES. — Sous cette dénomination je groupe les fabriques de toutes sortes. Le privilège de la constitution en Société peut leur être accordé à la condition qu'elles aient pour objet la vente en gros.

BREVETS D'INVENTION. — Le privilège peut être accordé.

MUSÉES, THEATRES ET ATTRACTIONS. — Le privilège peut être accordé.

IMPRIMERIES, JOURNAUX, ANNUAIRES, AGENCES TELEGRA-PHIQUES, TELEPHONIQUES ET DE PUBLICITE. — Le privilège de la constitution en société peut être accordé à ces entreprises, pour la raison que plus bas est le prix de revient plus il y a de chances qu'elles laissent un bénéfice. Quand elles sont entre les mains de particuliers, le résultat se traduit 19 fois sur 20 par une perte.

ENTREPRISES COMMERCIALES. — Le privilège doit impitoyablement être refusé à ces entreprises, pour la raison bien simple que le Commerce a l'avantage de pouvoir être indéfiniment morcelé.

Que se vend une entreprise commerciale ?

Voilà une réponse que devraient pouvoir faire tous les commerçants et cependant beaucoup sont dans l'impossibilité de la faire et ignorent que les affaires commerciales doivent avoir un cours.

Ce cours, le voici, à mon avis :

« Une entreprise laissant annuellement un bénéfice net inférieur à 3.600 francs doit être considérée comme entreprise ne constituant pas situation et, conséquemment, en cas de vente, elle vaut les marchandises et l'installation plus de 200 à 2.000 francs pour la clientèle.

« Une entreprise laissant annuellement un bénéfice net supérieur à 3.600 francs, vaut, en cas de vente, les marchandises et l'installation, plus la clientèle. La valeur de la clientèle est un peu plus élevée dans les grandes villes qu'en province, mais, je ne m'arrêterai pas à cette petite différence car, somme toute, elle n'est pas justifiée, attendu que toute bonne entreprise a sa valeur quelle que soit la ville où elle se trouve.

Voilà ma méthode pour calculer la valeur de la clientèle :

« On additionne le produit net des quatre dernières années et on le divise par 4 ; en ce faisant on obtient le produit annuel moyen. Ensuite, on multiplie le produit annuel moyen par un quotient donné ».

Ce quotient donné ne doit pas être supérieur à 4 et inférieur à 2, pour la raison que toute affaire dont on justifie un certain bénéfice a une valeur. Cette valeur est un peu plus élevée pour les affaires luxueuses que pour les affaires vulgaires, mais, en principe, elle existe pour toutes affaires, car tout le monde ne peut pas être médecin, notaire, etc.

Voici mes quotients :

Pharmacies, Cabinets de médecins, Cabinets d'affaires cotés, Études d'avoués et de notaires, Maisons de banque, Journaux cotés, Études de greffiers et d'huissiers 3 50

Grandes Imprimeries, Cafés cotés, Hôtels-Restaurants-Cafés réunis et Hôtels cotés .... 3 »

Cafés ordinaires, Photographies, Fers, Horlogerie, Tissus, Chaussures, petites Imprimeries et Librairies.................. 2 50

Grains, Cafés vulgaires, Restaurants, Boucheries, Boulangeries, Chapelleries, Lavoirs importants, Alimentation et Bazars .... 2 »

Premier exemple. — Quelle sera la valeur d'un certain nombre de restaurants qui appartiennent à la même personne et ont laissé :

En 1897	1.284.938
1898	1.234.860
1899	1.253.594
1900	2.857.576
	6.630.968

```
6630968 |   4
26        1657742
23
  30
  29
   16
   08
```

```
1657742
      2
3315484
```

La valeur totale de ces restaurants sera de 3.315.484 francs, plus les marchandises et les installations.

Les marchandises et les installations peuvent bien valoir 300 à 400.000 francs; on obtient donc, comme valeur totale, 4 millions de francs.

Mais si au lieu de vendre ces établissements par ma méthode on les constitue en Société, combien en tirera-t-on ?

Plusieurs fois plus, *parce qu'on les aura vendu sur la base du taux de capitalisation de l'argent.*

Conclusion :

« En s'appropriant le privilège de la constitution en Société, les entreprises commerciales deviennent de véritables escroqueries car elles permettent de vendre les entreprises 5, 6, 7 et même 8 fois leur valeur. D'autre part, elles deviennent de véritables monopoles qui portent à la Prospérité la plus grave atteinte. Une entreprise de ce genre existe à Paris, sous la dénomination de Bouillon Duval. Voici, depuis 1888, le nombre de repas qu'elle a servi :

1888	1889	1890
3.666.169	7.231.151	3.561.651
1891	1892	1893
4.006.939	4.130.326	4.284.119
1894	1895	1896
4.284.875	4.327.725	4.538.456
1897	1898	1899
4.577.130	4.613.185	4.659.126
1900	1901	1902
7.266.190		

Ce qui fait une moyenne quotidienne de 12.886 repas.

Ce chiffre serait, on le voit, suffisant pour permettre à deux cent cinquante personnes de tenir un petit restaurant. Elles feraient une moyenne journalière de 51 repas.

Deuxième exemple. — Dans l'exemple ci-dessus la mise en Société permet la majoration. Voilà un nouvel exemple ; il permet la vente au rabais.

M. A...., réunit des capitaux à l'effet de constituer une Société ayant pour objet la vente au détail de vêtements, tissus, etc. Je suppose par exemple, 10 millions de francs. Les frais de constitution en Société viennent en diminution de ce chiffre, de sorte qu'il reste environ 9 millions. La durée de la Société étant de 100 ans, il faudra chaque année :

Amortissement des frais de constitution.............	10.000 fr.
Cinq pour cent aux actionnaires......................	500.000 »
	510.000 »

Y a-t-il parmi mes lecteurs une personne qui possède 10 millions de francs et trouve tout naturel de les hasarder en commerce en vue d'obtenir en fin d'année un intérêt de 5 0/0 ?

J'espère qu'il n'y en a pas une seule, car, sans cela, je la prierais de s'approprier la réponse que faisait un professeur à un élève qui était d'une ignorance que l'on pouvait sans inconvénient qualifier de renforcée ? « Prenez une paire d'oreilles d'âne et appliquez-vous là ».

La simple idée montre bien, en effet, que celui qui possède dix millions de francs n'a qu'à en acheter des Rentes d'Etats, Actions et Obligations diverses et qu'il obtiendra en fin d'année, sans la moindre peine, un revenu aussi élevé que celui commercial indiqué ci-dessus.

Troisième Exemple. — Il permet la vente à perte :

M. B..., réunit des capitaux à l'effet de constituer une Société ayant pour objet la vente de vêtements, étoffes, etc. Je suppose par exemple dix millions de francs.

Comme ledit M. B..., est un homme qui n'a des affaires qu'une connaissance sommaire, il se pénètre de cette idée : il me faut vendre un certain nombre d'articles à perte et sur les autres, me contenter d'un bénéfice très minime, en ce faisant, j'arriverai à faire tomber mes confrères et, finalement, mon bénéfice sera tout de même élevé.

L'espérance de M. B..., ne se réalise pas pleinement. Le public vient acheter chez lui les articles vendus à perte et, pour les autres, la vente en est relativement modeste ; de sorte que..... non seulement en fin d'année M. B..., ne va rien pouvoir distribuer à ses actionnaires mais le capital social se trouve déjà légèrement endommagé.

Il s'en suit que : D'une part, M. B..., a porté un grave préjudice au commerce local et ce, en vendant au-dessous des prix de revient ; d'autre part, il a porté un préjudice à ses actionnaires, ceux-ci non seulement ne touchent pas d'intérêt mais ils ne tireraient plus 500 francs de leurs titres.

Il ne faut pas croire que j'exagère. Dans plusieurs villes, on a vu des exemples de ce genre-là. A Lyon notamment, il y avait, il y a quelques années, la Société Sineux (aujourd'hui Magasins des Cordeliers) qui opérait comme je viens de le démontrer. A un moment donné, les actions de 500 francs étaient invendables à 200 francs.

Quatrième Exemple. — Il permet de vendre avec bénéfice les entreprises ne donnant pas de résultats.

M. C.., possède une entreprise où il y a, par exemple, 120.000 fr. de marchandises et qui ne donne pas les résultats attendus.

La constitution en Société va lui permettre de faire sa liquidation non pas avec une petite perte mais avec un bénéfice important.

M. C..., n'a qu'à rédiger l'acte. Il y mettra que : Le capital de la Société est de 1 million de francs, divisé en 2.000 actions de 500 francs, entièrement libérées. Sur ces 2.000 actions il s'en appropriera 1.900 et les 100 autres il les allouera aux six personnes qui prêteront leur nom pour le Conseil d'Administration. Il restera dans son entreprise les deux premières années et, par un jeu d'écritures, il fera ressortir un bénéfice net de 50.000 francs. Au début de la troisième année, il fera paraître dans quelques journaux quelques annonces de ce genre-là :

« Quelques actions affaire commerciale de tout premier ordre sont à céder au pair. Ecr........... ».

« A vendre pour cause majeure. Actions de 500 francs. Affaire ancienne donnant 5 0/0 net. Ecr........... ».

Aux personnes qui demanderont les renseignements, il leur donnera rendez-vous et leur dira qu'il est chargé de vendre quelques titres de sa Société et que ceux-ci constituent un placement de tout repos et sans le moindre aléa.

Il trouvera certainement quelques « bonnes âmes » qui lui en prendront 2, 4, 5, 10 ou 20 actions. Après en avoir vendu environ la moitié, il sortira de l'entreprise et la confiera à un employé. Comme le bénéfice de 50.000 francs inscrit sur la comptabilité ne va pas se produire ceux qui auront les titres en arriveront à décider la liquidation.

Il y a à Paris plus de 200 personnes qui ont fait la combinaison ci-dessus et ce, sans la moindre tracasserie policière. Dont acte.

MACACHES BONOTS POUR L'EXPLOITATION DE LA BÊTISE. — Le privilège de la constitution en Société doit être, il va sans dire, refusé aux imbécillités.

On a vu se fonder des Sociétés et émettre des titres pour le commerce des cheveux féminins; d'autres pour assurer toutes sortes de risques : duels, suicides, etc.; d'autres pour exploiter le monopole du « charbon filtré »; d'autres pour exploiter celui du « mouvement perpétuel »; d'autres pour « fabriquer de l'eau douce avec de l'eau de mer »; etc. Dans un de ses ouvrages sur l'Angleterre, M. Baghelot a relevé les noms de plusieurs de ces Sociétés pour l'exploitation de la bêtise.

Il y en avait une, entre autres, dont le promoteur s'engageait à révéler le secret un mois après la souscription. Il émettait des actions de 100 livres sterling. Chaque souscripteur devait déposer 2 livres sterling, pour s'assurer la possession d'une action devant rapporter monts et merveilles et qu'on lui remettrait en lui révélant confidentiellement la nature des opérations de la Société. On dit que la bêtise humaine n'a pas de limites, on ne se trompe guère : plus de mille personnes, la matinée du jour de la souscription, souscrivirent plusieurs milliers de ces actions mystérieuses, afin de connaître le « tuyau » et d'en profiter. Le secret fut bien vite dévoilé : le promoteur se tira des pattes dans l'après-midi et il n'oublia pas d'emporter la caisse.

Avis aux bonnes âmes :

Le *Financial Times*, du 19 février 1903, publiait l'annonce suivante. Je la traduis en français et la reproduis fidèlement :

Le Trésor Sacré du Lac Guatavita
(Colombie)

Un milliard 120 millions de livres sterling

Soit en francs : **Vingt-huit milliards**
sortent du lac cette année

QUELQUES ACTIONS SEULEMENT

A VENDRE

à 20 livres sterling, soit 500 francs

Envoyez une enveloppe avec un timbre poste, pour détails particuliers

A MM. COOPER AND Cⁱᵉ

235, Saint-Ands Road

SOUTH TOTTENHAM

Le Conseil d'Administration. — En l'état actuel que sont les conseils d'administration ?

Je suis obligé de répondre qu'il y en a de bons, mais qu'il y en a pas mal d'autres qui ne sont pas fameux parce qu'ils ne sont composés que de personnes méritant une confiance bien limitée, ou de personnes n'ayant pas les connaissances suffisantes pour être à la tête d'une entreprise.

Que font, dans le cas qui nous occupe, les fondateurs de sociétés ?

Ils opèrent avec facilité et voici comment :

Ils font paraître dans deux ou trois des principaux journaux quelques annonces comme ci-après :

« Pour former Conseil d'administration on recherche quelques personnes. Écr... »

« Quelques personnes sont demandées pour Conseil, Société anonyme. Il y a rémunération. Écr... »

« Deux places administrateurs sont à prendre dans Société. Pas d'apport exigé. Écr... »

Aux personnes qui écrivent le fondateur leur donne rendez-vous et leur tient à peu près le langage suivant :

« Je suis en train de constituer une Société qui a pour objet telle ou telle entreprise. Vous n'êtes pas là sans savoir que la Loi oblige qu'un Conseil d'Administration soit composé d'au moins sept personnes. Moi-même et quatre de mes amis nous faisons cinq et il ne reste à prendre que deux places. Voyez ce que vous avez à faire et fixez-moi dans les 48 heures. Quant à votre rémunération, elle consistera en dix actions de 500 francs entièrement libérées ; quant à votre rôle, il est purement légal ; il consiste à faire acte de présence aux Assemblées et toutes les fois que vous serez convoqué. En un mot, vous le voyez, c'est une chose honorifique, de rapport et qui ne vous oblige pas à quitter votre occupation habituelle ».

Comme dans les villes il y a beaucoup de gens qui ne sont pas aisés, les places ne restent pas à prendre et il s'en suit qu'avec 60 papiers colorés et marqués 500 francs, quand bien même ils ne valent pas toujours 500 sous, le fondateur se trouve à la tête d'un Conseil d'administration légalement constitué.

Pour remédier pratiquement à cet état de choses, il faut changer du tout au tout. Il faut exiger que chaque Société soit administrée par un Gouverneur, un Conseil de direction composé d'au moins trois membres et un Conseil d'administration également composé d'au moins trois membres.

Quels seront alors les rôles ?

Le Gouverneur disposera des timbres et de la signature sociale.

Le Conseil de Direction se réunira au moins une fois par mois, à l'effet de vérifier la comptabilité et les écritures.

Le Conseil d'Administration devra être employé dans l'entreprise soit à la correspondance, soit à la comptabilité, soit à tout autre travail.

La répartition des bénéfices. — Voilà là un point qui ne doit pas passer inaperçu.

De nos jours, on voit couramment des actionnaires se trouver heureux quand en fin d'exercice leur capital leur a rapporté, quatre ou cinq pour cent.

J'admets bien, un intérêt de quatre ou cinq pour cent, pour les choses qui ne présentent pas de risques, mais il ne doit pas en être de même pour beaucoup d'entreprises, notamment les entreprises industrielles.

Dans celles-ci, les actionnaires doivent demander un intérêt minima de 3 fr. 60 pour cent et la participation aux bénéfices.

Ce droit de participation leur vient de ceci : « En s'intéressant à une entreprise, on risque son capital. Peut-on risquer son capital, soit 100 pour cent, à l'effet d'obtenir en fin d'année un bénéfice de 4 ou 5 pour 100 ? Je réponds : non. Je veux dire par là que celui qui doit se contenter d'un intérêt de 4 ou 5 pour cent est celui qui tient en garantie une chose valant plus (exemple : on se contente d'un intérêt de 4 ou 5 pour cent quand on a prêté sur un immeuble 70 à 90 pour cent de sa valeur) ; mais il n'en est pas de même quand on s'est intéressé à une entreprise dont le capital social peut, pour une cause ou une autre, considérablement diminuer.

Les Assemblées. — En l'état actuel les actionnaires des Sociétés sont tenus de se réunir une fois chaque année en Assemblée générale ordinaire. Ils peuvent également se réunir en Assemblée extraordinaire, si pour une cause ou une autre, il y a lieu de le faire.

Les Assemblées ont-elles leur véritable raison d'être ?

Il est certain que les personnes très honorables qui sont à la tête de certaines sociétés offrent la garantie morale la plus sérieuse et, conséquemment, il est permis d'entrevoir la suppression des Assemblées des principales Sociétés : Banques de circulation, Crédits Fonciers, etc.

Quant aux autres Sociétés, les Assemblées ordinaires auront lieu chaque année au moins quinze jours après la publication d'une annonce dans trois journaux : « elles délibèreront valablement quel que soit le nombre des actionnaires et il sera alloué à chaque action représentée un jeton de présence de 20 centimes. »

La Réserve. — Actuellement la Loi oblige les Sociétés à constituer une réserve de cinq pour cent. Cette mesure est justifiée car dans l'inventaire d'une Société il peut toujours arriver qu'il y ait quelques majorations.

La réserve dans une Société mérite donc d'exister soit pour éviter la diminution des dividendes, soit pour parer aux éventualités en contribuant, en quelque sorte, à garantir le capital social.

Les bonnes Sociétés se sont non seulement contentées de satisfaire à la Loi en constituant une réserve de 5 pour cent mais elles ont également constitué une réserve supplémentaire. J'estime donc que pour l'avenir le mieux est de s'arrêter à un article ainsi conçu :

« Société. — Réserve. — Le montant de la réserve est fixé à vingt pour cent du capital actions privilégiées. Il sera constitué à raison d'un prélèvement annuel de 1 pour cent sur les bénéfices nets. Elle pourra être mise à rétribution dans le cas ou l'entreprise n'aurait pas donné un résultat suffisant pour permettre l'intérêt fixe du capital ».

En résumé, les sept éléments ci-dessus étudiés, sont les principales bases des Sociétés. En se conformant à mes indications on aura fait le plus grand pas qu'il soit possible de faire pour leur règlementation pratique.

Quant aux éléments secondaires, je ne crois pas utile de les étudier. Je vais me contenter de dire un mot de la Durée.

En l'état actuel les actes portent couramment : « La durée est fixée à 50 années ».

J'estime qu'il est mieux de régulariser cet état de choses car une Société doit avoir une existence marchant de pair avec ses bénéfices. C'est pour cette raison que j'estime qu'il appartient aux actionnaires de se prononcer sur ce point et, à cet effet, je prends note pour mon Projet d'un article ainsi conçu :

« Société. — Durée. — Elle est de dix années. Elle est indéfiniment renouvelable. Cependant, les actionnaires auront à toute époque le droit de décider la liquidation ».

★
★★

Emprunts d'Etats. — Les Etats doivent-ils avoir une Dette ? Si oui, pourquoi ? Et de combien ? Telles sont les questions.

Un grand nombre de personnes répondent non. Moi, je réponds OUI.

Les personnes qui répondent non comparent les Etats à un commerçant et chaque fois qu'il se fait un emprunt, elles croient que l'Etat emprunteur fait un nouveau pas vers la banqueroute.

Il y a là l'erreur la plus complète. Ainsi qu'on va le voir, les Etats ne sont pas comparables à des commerçants. Un commerçant qui mettrait, par exemple, 100.000 francs dans une entreprise et qui chaque année se verrait en déficit de 500 francs, arriverait fatalement à la faillite. Un Etat, au contraire, doit augmenter sa Dette, d'années en années et ce, pour cinq raisons; savoir quatre de directes et une d'indirecte.

Directes :

Les Etats ont une Fortune,

Les Etats ont des Monopoles,

La Population augmente d'une façon continue,

La Fortune des particuliers augmente, elle aussi.

Indirecte :

Il faut que les disponibilités de l'Epargne trouvent à s'employer.

Je vais les étudier avec simplicité et surtout avec précision. Les chiffres me seront d'un grand concours, puisqu'ils suffiront pour faire ressortir l'évidence de ma démonstration.

Les Etats ont une Fortune. — Exemples :

En France, le Domaine de l'Etat est inscrit au budget pour un produit de 250 millions de francs.

En Russie, le Domaine de l'Etat est approximativement évalué vingt milliards de francs. Il est inscrit au budget pour un revenu de 523.406.847 francs.

Etc., etc.

D'autre part, beaucoup d'Etats possèdent des terrains ; notamment : le Japon, le Paraguay, les Etats-Unis, l'Australie, etc.

Enfin, ils sont tous appelés à posséder les Chemins de fer à l'expiration des concessions et, par anticipation, s'ils en effectuent le rachat. L'Etat Russe s'inscrit déjà pour 41.000 kilomètres, sur 59.200.

En plus de cela, tous les Etats ont la propriété des travaux qu'ils ont fait effectuer, tels que Ports, Ponts, Routes, etc.

Je ne parlerai pas de la France, tous mes Lecteurs savent certainement que les routes et ponts nécessaires y ont été effectués et répondent très bien au besoin de nos jours : facilité des communications.

En Portugal, il en est absolument de même et cependant, il y a une soixantaine d'années, il n'y existait pas encore de routes pour la circulation des voitures.

En Allemagne, en outre des routes et ponts, toutes les voies navigables ont été considérablement améliorées. Je rappellerai : les travaux des ports de Hambourg, de Brême, de Stettin, de Lübeck, de Dantzig et de Kœnigsberg. Parmi les voies navigables, je signalerai : l'amélioration du Rhin, de l'Elbe à la Trave, du canal maritime de la Baltique à la mer du Nord ; qui ont nécessité des dépenses de centaines de millions.

Enfin, tous les Etats possèdent l'organisation administrative. Il faut bien s'imaginer, ainsi que je le disais au début de mon Etude, qu'elle est une des principales causes déterminantes des Progrès de l'Univers.

Conclusion :

« Qui dit Fortune, dit Garantie ; or qui dit Garantie, dit *Droit d'Emprunt* ».

Les Etats ont des Monopoles. — Exemples :

Les Monopoles des Postes, des Télégraphes, des Téléphones, des Tabacs, des Allumettes, etc., etc.

Ces monopoles sont comparables à des Commerces sans concurrence et conséquemment, ils ne peuvent que laisser un bénéfice.

Conclusion :

« Qui dit Bénéfice, dit Revenu ; or qui dit Revenu, dit *Droit d'Emprunt* ».

La Population augmente d'une façon permanente. — Voilà un point que beaucoup de personnes ignorent ou oublient.

Il n'y a guère que quelques Pays encore peu civilisés, qui n'effectuent pas les Recensements. Aussi il n'est pas douteux que dans un avenir qui n'est pas très éloigné, ils seront universels.

En 1800, la population totale de la terre était de 650 à 700 millions d'habitants. Aujourd'hui, elle est bien près d'atteindre un milliard 600 millions.

Ce chiffre se répartit comme suit :

Europe	370.000.000
Asie	815.000.000
Afrique	200.000.000
Amérique	125.000.000
Océanie	50.000.000
Total général	1.560.000.000

Mais, ne direz-vous, ce chiffre de 650 à 700 millions, cité plus haut, doit il être tenu pour exact ?

Oui, absolument. Il ne m'est pas possible de donner les renseignements les plus complets mais ceux que je possède sont cependant suffisants pour montrer l'exactitude.

Ville de :	Paris	Londres	Berlin	Hambourg	Munich	Leipzig
En 1270	120.000					
1652	492.600					
1778	670.000					
1800	550.000	864.845				
1817	713.796					
1866	1.709.000		800 000	250.000	160.000	98.000
1881	2.225.910					
1891	2.447.452		1.900.000			
1896	2.511.955					
1901	2.660.559	4.411.710	1.930.000	900.000	520.000	460.000

L'augmentation de la population est donc permanente et se fait principalement sentir dans les grandes villes :

Ville de :	Paris	Marseille	Nice	Le Hàvre	Brest	Limoges
En 1896	2.511.955	417.341	106.246	117.077	72.424	76.439
1901	2.660.559	494.764	125.099	129.044	81.948	83.569

En Allemagne, le dénombrement du 1er décembre 1900, a montré une augmentation de 7,80 pour cent, sur celui du 2 décembre 1895. Depuis 30 ans, l'augmentation a été de 38 pour cent, ce qui fait 1,25 pour cent par année. En 1871, elle ne comptait que 8 villes ayant plus de 100.000 habitants ; aujourd'hui, elle en compte 33.

Etats :	France	Allemagne	Angleterre	Autriche	Russie	Suisse
En 1700	20.000.000	19.000.000	8.200.000			
1789	26.000.000	28.000.000	12.000.000	18.000.000	26.000.000	
1811		13.345.646				
1820		16.300.000				
1855	35.474.000					2.250.000
1867	36.494.000					
1871		41.058.000				
1878	36.905.000	45.234.000				
1886	38.212.908	46.855.000				2.900.000
1896	38.567.011	52.279.000	39.451.000		120.000 000	
1900		56.345.000	40.559.000	43.000.000		3.227.007
1902	38.961.945				131.000.000	

En résumé, l'Europe possédait 346 millions d'habitants. Elle en possède aujourd'hui 395. Au commencement du xviiie siècle, elle ne comptait que 21 villes renfermant 100.000 habitants ou plus. En 1886, le nombre était passé à 105 ; aujourd'hui, il est de 149. L'Univers compte actuellement 326 villes qui ont au moins 100.000 habitants. Elles se répartissent ainsi : Europe, 149 ; Asie, 112 ; Afrique, 10 ; Amérique, 51 ; Océanie, 4. Treize d'entre elles dépassent un million ; savoir :

Si-Ngan-Fou....	1.016.000	Vienne.........	1.665.000
Moscou........	1.035.000	Chicago........	1.700.000

Constantinople...	1.125.000	Berlin..........	1.900.000
Philadelphie.....	1.294.000	Paris..........	2.665.000
Calcutta........	1.325.000	New-York......	3.440.000
Saint-Pétersbourg	1.440.000	Londres........	4.535.000
Tokio..........	1.442.000		

Conclusion :

« Plus augmente la population, plus augmente le rendement des Monopoles et Impôts. Qui dit Rendement, dit Garantie; or qui dit Garantie, dit *Droit d'Emprunt* ».

La fortune des personnes, elle aussi, va tous les jours en augmentant. — L'augmentation de la fortune publique est un fait que toute personne un peu instruite ne saurait contester.

La fortune publique allant chaque jour en augmentant, les revenus des Etats augmentent de ce fait, pour la raison bien simple que « le revenu des Monopoles et de tous les impôts, sous quelque forme qu'ils se présentent, ne sont que des impôts sur la fortune. »

Il s'en suit que sans toucher la moindre chose au système d'impôts les Etats se trouvent chaque année en augmentation de recettes. En voici deux exemples :

Espagne : Recettes du Budget :

En 1898........	856.074.605 Pesetas.
1899........	944.560.401 —
1900........	967.108.331 —
1901........	995.145.990 —
1902........	1.011.085.317 —

Angleterre : Recettes du Budget :

En 1880........	81.872.354 Liv. sterl.
1884........	87.988.110 —
1885........	89.581.301 —
1887........	89.802.254 —
1891	90.994.786 —
1893........	91.133.410 —
1895........	101.973.829 —
1896........	103.949.885 —
1900........	116.006.000 —

Il faut bien s'imaginer que la Fortune générale, en France, n'était pas il y a plusieurs siècles, ce qu'elle est aujourd'hui.

Qu'était la Fortune de l'Amérique au lendemain de sa découverte ? Qu'est-elle aujourd'hui? Qu'était la Fortune de l'Australie il y a soixante ans ? Qu'est-elle aujourd'hui ?

Conclusion :

« Qui dit Recettes Budgétaires, dit Revenu ; or, qui dit Revenu, dit *Droit d'Emprunt* ».

Il faut que les disponibilités de d'Epargne trouvent à s'employer. — Chaque année, les revenus fonciers et immobiliers n'étant pas entièrement dépensés, il y a un certain chiffre de disponibilités.

Si ces disponibilités ne trouvaient pas à s'employer, il arriverait que l'Epargne diminuerait de jour en jour de sorte que l'on aurait à enregistrer : Continuation de la baisse du taux de capitalisation ; diminution du nombre des rentiers et, conséquemment, augmentation du nombre des commerçants et... diminution du chiffre total des affaires.

Pour la bonne harmonie sociale, il faut donc que les disponibilités de l'Epargne trouvent à s'employer.

En ces dernières années, le but a été à peu près atteint, vu l'état de l'Epargne. Le total des émissions a été de :

En 1895......	5.231.000.000 francs.
1896......	9.129.000.000 —
1897......	8.911.000.000 —
1898......	10.512.830.820 —
1899......	11.273.696.550 —
1900......	11.863.434.999 —
1901......	9.940.000.000 —
1902......	10.140.000.000 —

Il y a lieu d'en déduire le montant des remboursements. Il s'est élevé à :

En 1895......	973.776.380 francs
1896......	951.093.400 —
1897......	911.018.040 —
1898......	987.437.280 —
1899......	934.000.000 —
1900......	1.043.440.805 —
1901......	958.585.882 —
1902......	983.141.110 —

NATIONALISME, HASARD ET INSTINCTS

Je déclare que :

« *La Fortune générale est inférieure à ce qu'elle devrait être* ».

Vous trouvez peut-être que ma déclaration est bizarre. Détrompez-vous, je vais la complémenter.

« La Fortune est dans tout l'Univers sensiblement inférieure à ce qu'elle devrait être et cette infériorité tient, d'une part, à ce que un principe abstrait et faux, celui des nationalités, guidait les hommes d'Etats et, d'autre part, à ce que l'Univers était abandonné au hasard et aux instincts des Peuples ; or, le nationalisme, le hasard et les instincts des peuples sont trois éléments qui ne s'associent guère avec la Prospérité. »

J'ai dit dans ma Préface et dans le Chapitre II, que la Prospérité est susceptible d'augmentation et que cette augmentation, s'il fallait la chiffrer, se traduirait par environ quinze pour cent dans les Pays tout à fait civilisés, pour atteindre et même dépasser trente pour cent dans d'autres Pays.

J'annule ces deux chiffres évasifs et je vais les remplacer par des chiffres précis.

⁎⁎

Un principe abstrait et faux, celui des nationalités, guidait les hommes d'Etats. — En effet, il n'en était pas autrement, puisque, somme toute, l'Internationalisme des Etats ne compte pas encore partout deux siècles d'existence. Auparavant, les budgets se soldaient en équilibre et il n'était jamais question de morceler un Etat par une ou plusieurs émissions de rentes.

Ce principe abstrait et faux a maintenant disparu, puisque tous les Etats ont fait des emprunts.

Je donne ci-après ma statistique des Dettes d'Etats. Elle doit être considérée comme à peu près exacte :

Europe :

France...................	Fr. 30.278.617.785
Allemagne...............	10.400.000.000
Angleterre..............	16.250.000.000
Autriche................	9.279.586.089
Belgique	2.607.081.650
Bulgarie................	420.000.000
Danemarck..............	290.000.000
Espagne.................	10.000.000.000
Grèce	880.000.000
Hollande................	170.701.400

Hongrie...............	Fr. 5.443.810.122
Italie................	12.801.241.629
Norwége.............	323.490.000
Portugal.............	1.405.000.000
Roumanie...........	1.393.839.611
Russie..............	8.141.000.000
Serbie	570.000.000
Suède...............	450.000.000
Suisse	105.000.000
Turquie.............	5.811.683.663

Asie :

Anglo-Indien........	6.000.000.000
Bonne-Espérance.....	65.500.000
Chine	1.250.000.000
Crête (Ile de)........	4.000.000
Indo-Chine	132.500.000
Japon	1.046.350.000
Tonkin..............	91.950.000

Afrique :

Algérie..............	
Cap	1.600.000.000
Congo Belge.........	160.000.000
Egypte..............	2.428.665.356
Madagascar	80.201.000
Maroc..............	27.000.000
Occidentale française..	37.940.000
Orange	40.000.000
Transwaal...........	90.000.000
Tunisie.............	372.600.500

Amérique :

Argentine	400.000.000
Brésil	1.109.924.400
Chili	250.000.000
Colombie............	50.000.000
Dominicain..........	74.500.000
Equateur...........	465.275.000
Etats Confédérés (Ex).	221.300.000
Etats-Unis	5.182.490.460
Guatemala...........	183.067.500
Haïti...............	40.000.000
Honduras	135.000.000
Libéria.............	2.500.000
Louisiane...........	4.710.800
Mexique............	1.155.000.000
Missisipi	35.000.000
Pérou..............	400.000.000
Saint-Domingue	97.133.750
Uruguay............	681.575.027
Vénézuéla	250.000.000
Virginie Occidentale...	76.196.850

Océanie :

Australie ....   Fr. 4.884.533.500

Ce n'est pas à dire que toutes ces Dettes soient dans les mêmes conditions. Elles se divisent en cinq catégories :

Première catégorie. — Elle comprend les États dont la Dette est en augmentation. Parmi ceux-ci j'indiquerai : la France, l'Allemagne et l'Australie.

Deuxième catégorie. — Elle comprend les États dont la Dette est stationnaire et non en rapport avec la population. Parmi ceux-ci j'indiquerai : l'Autriche-Hongrie, la Russie et la Chine.

Troisième catégorie. — Elle comprend les États dont la Dette est en diminution. Parmi ceux-ci j'indiquerai : l'Angleterre et les États-Unis.

Quatrième catégorie. — Elle comprend les États dont la Dette est litigieuse. Parmi ceux-ci j'indiquerai : la Colombie, l'Équateur, le Honduras, etc.

Cinquième catégorie. — Elle comprend les États ou parties d'États, dont la Dette, pour une cause ou une autre, n'a plus aucune valeur. Parmi ceux-ci j'indiquerai : les anciens États confédérés, la Louisiane, le Missisipi et la Virginie occidentale.

Il s'agit maintenant de répondre à une question : Les États ont-ils une valeur ? Si oui, déterminez-là ?

Oui, les États ont une valeur. Cette valeur leur vient des quatre éléments directs que j'ai indiqués plus haut; savoir : Leur Fortune, leurs Monopoles, l'augmentation de la Population et l'augmentation de la Fortune générale.

Pour déterminer la valeur d'un État il n'est pas nécessaire de chercher les chiffres les plus compliqués. Le mieux est de fixer un quotient personnel, puisque la valeur des États augmente au fur et à mesure qu'augmente la population.

Ce quotient à mon avis, c'est le nombre 2.000; par conséquent, un État comptant 38.961.945 habitants — la France — vaut 38.961.945 multiplié par 2.000, soit 77 milliards 923.890.000 francs.

Cette somme de 77.923.890.000 francs, à intérêts de trois pour cent, exigerait annuellement 2 milliards 337.716.700 francs.

Il faut que cette somme constitue le bénéfice net des Recettes Budgétaires. Il peut parfaitement en être ainsi du jour où les États auront rachetés les Chemins de fer et mis à rétribution l'ensemble de mes renseignements.

Plus loin, dans le Chapitre Devoir des États, je reviendrai sur la question budgétaire.

Pour le moment, je me contente de tirer cette Conclusion :

« Les États sont entrés dans la voie de l'Internationalisme financier; je ne saurais les en blâmer et, bien au contraire. En adoptant le quotient personnel de 2.000 francs, que je donne plus haut, il s'en suit qu'après chaque recensement ils auront droit à emprunter autant de fois 2.000 francs, qu'il y aura d'habitants en augmentation. En se conformant à cette mesure, ils feront des emprunts qui seront basés,

Actuellement plusieurs Etats : France, Allemagne, etc., font des emprunts de 300, 400 et 500 millions de francs. Ils opèrent, passez-moi l'expression, par « à coups ». Je ne saurais également les en blâmer car, somme toute, ils ne font que rattraper du temps perdu. Si la Prospérité exige que l'on détermine la valeur des Etats, c'est à l'effet que leurs Dettes dénommées Dettes perpétuelles, ne soient *ni inférieures, ni supérieures*, aux valeurs fixées au lendemain de chaque recensement. »

*
* *

L'Univers était abandonné au hasard et aux instincts des Peuples. — En effet, il n'en était pas autrement. On avait oublié de créer le Crédit Agricole, conséquemment, on avait oublié que l'Agriculture est indispensable à la Prospérité ; on avait oublié de créer la Défense pratique du Commerce et de l'Industrie, conséquemment, ceux-ci s'en ressentaient considérablement ; on avait oublié de défendre l'Epargne, de règlementer les constructions, etc.

Il ne faut pas s'imaginer que cet ensemble d'oublis ait passé sans laisser de traces. Soyez assurés que si mon Projet de Traité eut paru en l'an I, au lendemain du déluge, le Monde en aurait bénéficié et aurait obtenu pendant près de 1903 années, son maxima permanent de Prospérité ; de sorte que, aujourd'hui, la Fortune totale de tout l'Univers serait considérablement plus élevée qu'elle ne l'est.

Je vais maintenant, étudier la Fortune générale dans les divers Etats.

En France, plusieurs statistiques publiées il n'y a guère plus d'un an, étaient loin, très loin, de faire autorité.

Dans la première on trouvait ceci :

« La fortune totale de la France est actuellement de 206 milliards 90 millions de francs ».

Dans la deuxième :

« La fortune totale de la France s'élevait à 66 milliards de francs en 1835 ; à 99, en 1856 ; à 132, en 1866 ; à 165, en 1871 ; à 200, en 1880 et elle est aujourd'hui de 231 milliards de francs ».

Les Fortunes totales de l'Allemagne, de l'Angleterre (sans l'Irlande) de l'Autriche, de l'Espagne, de l'Italie et de la Russie, sont actuellement évaluées 300, 285, 208, 200, 195 et 5000 milliards de francs.

Je déclare que :

« Aucune de ces statistiques ne mérite la prise en considération. Plus loin, je dirai pourquoi ».

En attendant, je dis ceci :

La Fortune totale de la France s'élève actuellement à 334 milliards, se répartissant comme suit :

Immeubles	38
Sol	180
Commerces et Industries	20
Valeurs Mobilières	90
Monnaies	6

Dès l'adoption de mon Projet de Traité, elle s'élèvera immédiatement à :

Immeubles...............	38.961.945.000	Francs
Sol.....................	211.741.908.000	—
Commerces et Industries..	22.800.000.000	—
Valeurs Mobilières.......	100.000.000.000	—
Monnaies...............	6.000.000.000	—
	379.503.583.000	—

Soit environ 12 pour cent d'augmentation.

Par l'adoption de mon Projet les Fortunes totales de l'Allemagne, de l'Angleterre, de l'Autriche, de l'Espagne, de l'Italie et de la Russie s'élèveront immédiatement et atteindront 455, 300, 456, 275, 250 et 9.262 milliards de francs, se répartissant ainsi :

Immeubles ..	56	41	44	18	32	131
Sol.........	217	126	271	198	114	8.704
Com. et Ind..	33	25	26	10	19	79
Valeurs Mob.	141	102	110	45	80	328
Monnaies....	8	6	5	2	5	20

Pourquoi ces augmentations de valeur ?

Tout simplement pour les raisons que j'ai donné ci-dessus : On avait oublié de créer le Crédit Agricole, on avait oublié de défendre le Commerce et l'Industrie, on avait oublié de défendre l'Epargne, etc.

Par l'adoption de mon Projet qui fait plus que militer en faveur de la création du Crédit Agricole, la valeur du sol s'en ressentira immédiatement en augmentant d'au moins 15 pour cent et en atteignant le prix moyen (500 francs) que j'ai fixé plus haut. Cette augmentation de valeur sera tout à fait justifiée, puisqu'en l'état actuel, celui qui possède, par exemple, 20.000 francs en terre n de la peine à y trouver à emprunter quelques billets de mille. Dès l'adoption de mon Projet, il trouvera à y emprunter jusqu'à 60 pour cent de la valeur et ce, discrètement, immédiatement et en ayant les plus grandes facilités pour le remboursement.

Par l'adoption de mon Projet de Traité, le nombre des Commerçants et Industriels ne diminuera pas, c'est possible et il augmentera même légèrement. Malgré cette augmentation, tous les Commerçants et Industriels seront plus aisés qu'ils ne le sont actuellement car, d'une part, le fait de l'augmentation de la Prospérité amènera une augmentation de 15 à 30 pour cent de leur chiffre d'affaires et, d'autre part, l'Union, telle que je l'ai comprise plus haut, dans le Chapitre Défense du Commerce, sera pour eux leur véritable élément de défense — élément de défense qui augmentera de 15 à 25 pour cent leurs bénéfices.

On ne saurait assez le remarquer, actuellement, l'ensemble des affaires ne va pas brillamment. Partout l'on se plaint et l'on s'accorde à demander l'anéantissement des Sociétés commerciales.

Pour ne citer qu'une ville, à Grenoble, les commerçants se plaignent beaucoup. Grâce à un ensemble d'éléments (il ne s'agit pas ici d'éléments de défense), ils voient leurs bénéfices diminuer d'années en années.

Je causais un de ces jours avec un commerçant, il m'a expliqué qu'il n'arrivait pas à maintenir ses affaires et que pour les années 1900, 1901 et 1902, il ne lui est resté qu'un bénéfice dérisoire et il ajoutait, ce qui est vrai, le même fait se produit chez mes confrères et, ce qui est pire, c'est que dans quelques mois, un de ces grands magasins par actions, où l'on trouve les vêtements, les étoffes, les parapluies, etc., s'ouvrira en pleine place Grenette (la place la plus centrale de la Ville).

Par l'adoption de mon Projet de Traité, les porteurs de titres, en France, près de huit millions, vont se trouver eux aussi avantagés. Je ne reviendrai pas ici sur la question des constitutions de Sociétés, je ne reviendrai pas non plus sur celle des Emprunts d'Etats. Avant de terminer, je n'oublierai pas de démontrer que mon Projet de Traité s'adresse à tous les Etats et peut parfaitement leur convenir. Ici, je n'ai qu'une chose à faire, me contenter de dire aux porteurs de Rentes de la Grèce, du Portugal, de la Turquie, du Honduras, de l'Equateur, de Libéria, etc., d'obligations Nord de l'Espagne, Sud de l'Espagne, Ouest de l'Espagne, Asturies, Saragosse, Cacérès, etc., *vous pouvez envisager l'avenir avec pleine confiance, je vous donne l'entière assurance que mon Projet de Traité sera votre véritable sauvegarde* : Porteurs de Rentes, vos intérêts en souffrance vous seront payés ; obligataires, vous toucherez l'intérêt qui vous avait été promis ; actionnaires, vous reverrez l'ère des gros dividendes.

En Résumé :

La Fortune totale de tout l'Univers devrait être actuellement de 62.186 milliards de francs. Elle n'est, *tout au plus*, que de 49.810 milliards. Ces deux chiffres se répartissent comme suit :

Immeubles	1.560	1.000
Sol	56.000	47.600
Commerces et Industries	876	300
Valeurs mobilières	3.650	840
Monnaies (approx.)	100	100

Au risque de tomber dans des redites, je vais expliquer, derechef, d'où provient une si importante différence :

Le montant total des Valeurs mobilières est actuellement de 840 milliards de francs. Si mon projet de Traité eut paru en l'An 1, il serait de 3.650 milliards (2.920 milliards en Rentes et 730 milliards en Sociétés), soit 2.810 milliards de plus, ce qui fait une différence en plus d'environ 77 pour cent.

Il ne m'est pas difficile de faire ressortir la précision de mon appréciation.

Dans ma liste des dettes d'Etats, qu'avez-vous vu, Chers Lecteurs ?

Vous avez vu que l'Empire Chinois a une Dette de quelques milliards ! Eh bien, cette Dette est considérablement inférieure à ce qu'elle devrait être car « l'Empire Chinois considéré comme Etat comptant 385 millions d'habitants, a une valeur bien supérieure à quelques milliards de francs ».

En un mot, tous les Etats ont une valeur qui doit être, je le répète, basée sur un quotient donné, car, sans cela, « ils sont comparables à des montres qui marchent mais ne possèdent ni aiguilles, ni cadran et ne sont pas réglées ».

Mais, me direz-vous, ces 2.810 milliards de plus, auraient-ils pu être absorbés? Je réponds : OUI, car de l'An 1 à l'An 1903, il y aurait eu existence de l'Epargne tandis qu'elle ne compte encore en Angleterre, que deux siècles ; en France, 114 ans ; en Allemagne, une soixantaine et dans beaucoup d'autres Etats, elle n'est qu'à l'état naissant.

L'Angleterre possède actuellement son quotient de Valeurs Mobilières, donc : *Conclusion irréfutable*.

La France, d'après mon appréciation, devrait posséder près de 100 milliards en Valeurs mobilières. Elle en possède 90 à 92, donc : *Conclusion irréfutable* car, si l'Epargne y comptait quelques années de plus, quelques milliards de plus auraient été, sans peine, placés dans les portefeuilles.

La valeur totale des Immeubles est actuellement de 1.000 milliards de francs. Si mon Projet de Traité eut paru en l'An 1, elle serait de 1.560 milliards soit 560 milliards de plus, ce qui fait une différence en plus de trente-cinq, quatre-vingt quatre (35,84) pour cent.

Il ne m'est pas difficile de faire ressortir la précision de mon appréciation.

Plus loin, dans mon Article Devoir des Etats, que verrez-vous, Chers Lecteurs?

Vous y verrez qu'en ce qui concerne les immeubles il y a lieu de supprimer l'impôt qui les frappe et que, d'autre part, les villes devront réglementer sérieusement les constructions.

Ces deux choses ne peuvent pas éviter d'avoir une répercussion sur la valeur, car, en supprimant l'impôt on augmente le revenu et, d'autre part, en règlementant les constructions, on en augmente également la valeur. Pourquoi y a-t-il beaucoup d'immeubles quasi-invendables? C'est tout simplement parce que ces immeubles ont été construits sans principe.

Si mon Projet de Traité eut paru en l'An 1, les Etats n'auraient pas à faire aujourd'hui, ce que je vais leur demander tout à l'heure : « Subventionner les villes à l'effet de permettre un certain nombre d'expropriation immobilières et, par là, réparer l'influence du hasard ».

La valeur totale du Sol est actuellement de 47.600 milliards de francs. Dès l'adoption de mon Projet de Traité, elle sera de 56.000 milliards, soit 8.400 milliards de plus, ce qui fait une différence en plus, de quinze pour cent.

Il ne m'est pas difficile de faire ressortir la précision de mon appréciation.

Plus loin, dans le Chapitre Devoir des Etats, que verrez-vous, Chers Lecteurs ?

Vous verrez qu'en ce qui concerne le sol, il y a lieu de supprimer l'impôt qui l'atteint.

Cette suppression et, d'autre part, la création du Crédit agricole, ne peuvent pas éviter d'avoir une répercussion sur la valeur car, d'une part, en supprimant l'impôt on augmente le revenu et, d'autre part, en ouvrant le Crédit à l'Agriculture on augmente encore le revenu car, lorsqu'une entreprise manque de fonds, dans le cas qui nous occupe, l'Agriculture, l'on se trouve obligé plus que d'une fois, de vendre les marchandises malgré les bas cours.

Je connais des Viticulteurs du Midi qui n'ayant pas trouvé à emprunter hypothécairement sur leurs vignobles, vignobles rapportant plusieurs milliers d'hectolitres, se sont trouvés obligés en ces dernières années de vendre leurs récoltes au-dessous du prix réel de revient. J'en connais qui ont vendu des vins à raison de 10 francs l'hectolitre, vins qu'ils auraient vendu le double un an après.

Dans ces conditions, comment voulez-vous que l'Agriculture jouisse de la faveur des jeunes gens ?

Conclusion :

« La suppression de l'impôt sur la propriété non bâtie et la création du Crédit agricole sont deux choses indiquées. Ces deux choses contribueront sensiblement à la décentralisation, et feront du travail des champs une chose plus recherchée qu'elle ne l'est actuellement. Pour ma part, j'engage beaucoup les jeunes gens à aimer l'Agriculture. Qu'a-t-on dans une ville quand on y est marié et que l'on y gagne, par exemple, 1.500 ou 1.800 francs ? On y crève la faim dans toute l'acception du mot. Vous me direz peut-être que ces emplois sont élégants ? Détrompez-vous : la première élégance c'est la santé or, on la conserve bien mieux quand on peut avoir une nourriture saine et abondante et qu'on travaille au grand air. L'Oxigène de l'air, c'est la Vie et tous les jours nous pouvons en avoir la preuve. Que l'on examine un peu les employés de bureaux et de magasins, au sortir de leur travail ; ils sont tous pâles et anémiés ; que l'on regarde un peu ces personnes qui travaillent la nuit, par exemple dans les imprimeries de journaux quotidiens : elles sont encore plus pâles et anémiées et, cela tient, d'une part, à ce que l'air des ateliers n'est pas l'air exigé par l'hygiène et, d'autre part, à ce que ces personnes en triomphant du sommeil font une chose qui leur est funeste, car le sommeil tient moins à la fatigue corporelle qu'à un état astronomique : il est aujourd'hui irréfutablement prouvé que la nuit nous sommes obligés de dormir parceque le Soleil, se trouve à notre opposé et, conséquemment, nous prive de sa bienfaisante action.

La valeur totale des Commerces et Industries est actuellement de 300 milliards de francs. Si mon Projet de Traité eut paru en l'An I, elle serait de 876 milliards, soit 576 milliards de plus, ce qui fait une différence en plus de soixante-cinq, soixante-seize (65.76) pour cent.

Il ne m'est pas difficile de faire ressortir la précision de mon appréciation.

Pour rattraper ce temps perdu, que faut-il ?

Il faut ce que j'ai expliqué dans le Chapitre V, l'augmentation de la Civilisation et ce que j'ai demandé dans le Chapitre X, la Défense du Commerce.

Le premier de ces éléments s'adresse principalement aux Pays Africains et, il ne se développera que petit à petit ; quant au deuxième, il est universel et il y a urgence de l'adopter.

Comme Conclusion générale :

« Ce que j'ai dit dans ma préface et au début de mon Étude est parfaitement vrai : *La Prospérité est dans tout l'Univers susceptible d'augmentation*. Cette augmentation, si je prenais pour base les statistiques, pourrait s'élever jusqu'à soixante-dix pour cent dans certains États. Je laisse ces statistiques car elles ont été établies sans méthode et, conséquemment, elles ne présentent aucun intérêt. Je dis ceci : « La Fortune générale est dans tout l'Univers sensiblement supérieure aux chiffres indiqués par les statistiques; mais cette supériorité, par l'adoption de mon Projet, s'augmentera, en moyenne, de dix-neuf soixante-quinze (19.75) pour cent. »

Maintenant, me direz-vous, quel est le revenu de la Fortune universelle ?

Le revenu de la fortune universelle n'est pas une chose d'une stabilité absolue. Il faut en la matière se contenter de données sommaires. Actuellement, il est possible de connaître le revenu des Valeurs mobilières; dans un avenir qui n'est pas très éloigné, il sera possible de connaître très approximativement celui des immeubles, mais, quant à celui de l'Agriculture, ainsi qu'à celui des Commerces et Industries, il faudra toujours s'en tenir à des hypothèses.

Le revenu de la France, en 1871, était de 15 milliards de francs (statistique de M. Tesserenc de Bort); en 1874, il était de 16, (statistique de M. Rouvier); en 1877, il était de 25), statistique de M. Elisée Reclus); en 1878, il est également de 25, (statistique de M. Taillandier); en 1883, il est de 30, (statistique de M. Leroy-Beaulieu); la même année, M. Bonnet l'évalue à 35; en 1888, M. Peytral fait voir que plusieurs de ces évaluations étaient exagérées et le ramène à 16; deux ans plus tard, M. de Foville, de la Banque de France, estime qu'il est réellement de 20 à 25; en 1893, M. Alfred Neymarck, publiciste distingué, le reconnaît également de 20 à 25; en 1896, une Commission nommée à cet effet (A. Coste, rapporteur), le fixe à 22 milliards. Enfin, moi-même, j'estime qu'actuellement le chiffre de vingt-et-un doit être considéré comme tout à fait exact. Il se répartit comme suit :

Immeubles.................... 2.70
Sol......................... 10   »
Commerces et Industries... 4.20
Valeurs mobilières........ 4.10

Pour se prononcer favorablement sur une affaire, que faut-il ? Il faut qu'on reconnaisse que cette affaire est basée.

Dans les statistiques de la Fortune de la France, citées plus haut, de qu'elle base s'est on servi? On a pris pour base les annuités des valeurs successorales en les multipliant par 33, chiffre de la moyenne de la vie.

Cette base peut-elle être considérée comme sérieuse ? Non, absolument non.

Pourquoi ? Parce qu'un ensemble d'éléments empêche que les annuités successorales viennent prouver quelque chose. Elles prouvent tout et elles ne prouvent rien.

Mais alors la Fortune générale n'est pas calculable ou bien le problème devient bien compliqué ? Non, le problème n'est pas compliqué. Il consiste en ceci : *Il suffit une fois pour toutes de fixer les bases,* Ces bases les voici : Po   ion, Etendue et Statistique.

La Population   tre mise à rétribution pour calculer la valeur de la Propriété imm.   ère.

Les immeubles so   des constructions que l'on bâtit quand le besoin s'en fait sentir. Si dans une ville quelconque il se trouve une fraction de 10 à 15 pour cent d'immeubles non loués, immédiatement il ne se fait plus de constructions nouvelles.

Mais, me direz-vous, il faut encore trouver un quotient ?

Ce quotient est tout indiqué, c'est le nombre 1.000. Les propriétaires demandent souvent à quel taux ils doivent louer leurs immeubles ? Je suis très heureux de leur répondre : Les immeubles doivent se louer sur le pied de sept pour cent, comme on retient sur ce chiffre le 1/5 ou le 1/4 pour tous frais et ammortissement, il reste 5,25 à 5,60 pour cent. Ce taux de capitalisation est un peu plus élevé que celui des Valeurs Mobilières, cela doit être pour la raison que pour acheter et vendre les immeubles il y a toujours plus de frais et difficultés que pour les Valeurs mobilières.

L'Etendue doit être mise à rétribution pour obtenir la valeur totale du sol. Je ne reviendrai pas sur ce point car j'ai nettement expliqué dans le chapitre IX le taux de capitalisation agricole.

La Statistique doit être mise à rétribution pour obtenir la valeur de la Propriété commerciale et industrielle.

Les marchandises sont des choses qui évidemment ont des cours, mais ici, à quoi servent ces cours ? Il n'est pas nécessaire d'être grand clerc pour se rendre compte qu'il est absolument inutile de penser les mettre à rétribution. Il faut donc s'en tenir à un quotient donné. Je conseille le nombre 12.000, par patenté. S'il y a de gros commerces et d'importantes industries, il n'en manque pas dont la valeur est inférieure à mon quotient moyen.

La Statistique doit être mise à rétribution pour obtenir le montant des Valeurs mobilières. Rien n'est si simple d'ailleurs.

— Ci-après je rectifie les statistiques de la Fortune de la France et les base sur mon mode.

En 1835, 1856, 1866, 1871, 1880 et 1902, la Fortune devait être, en milliards de francs :

Immeubles	28	33	35	36	37	39
Sol......................	180	180	180	180	180	180
Commerces et Industries	11	12	16	17	18	20
Valeurs Mobilières......	10	20	30	40	50	88
Monnaies................	2	3	4	4	5	6
Totaux............	231	248	265	277	290	334
Au lieu de.	66	99	132	165	200	232
Erreur de.............	165	149	133	112	90	102

JE DÉMONTRE

J'ai démontré plus haut qu' « un principe abstrait et faux, celui des nationalités, guidait les hommes d'États ». Cette définition, quoique très nette, n'est cependant pas complète. J'ai, *volontairement*, laissé passer inaperçu deux points très importants, puisqu'ils sont suffisants pour donner l'abolition des guerres, l'établissement de la Paix et porter à son maxima l'augmentation de la Prospérité.

J'offre de faire ma Démonstration devant un Jury composé de Notabilités Administratives, Financières et Diplomatiques.

★
★★

Ma Démonstration ne sera pas du genre de celles qui « prouvent tout et ne prouvent rien ». Elle aura l'avantage d'être précise, nouvelle et irréfutable.

Précise, en ce sens qu'elle ne sera pas composée de phrases évasives, théoriques et trop variées.

Nouvelle, en ce sens qu'elle ne constituera pas la répétition de choses déjà connues.

Irréfutable, en ce sens que, par elle-même, elle fera autorité parcequ'il ne sera pas possible de formuler des objections.

★
★★

On aurait grand tort de ne pas vouloir se perfectionner. Il faut bien s'imaginer que jusqu'à la consommation des siècles, il se fera encore des Progrès : Progrès Administratifs, Progrès Médicaux, Progrès Scientifiques, etc.

Vous savez tous que c'est d'hier que l'emploi des sels formiques a été remarqué par le Docteur Garrigue. Il a fait faire à la Science médicale le plus grand progrès qu'elle ait jamais fait depuis la création : La tuberculose et le cancer qui l'année dernière étaient encore incurables se guérissent aujourd'hui comme par enchantement!

Tenez voici encore un exemple que jamais personne n'aurait supposé il y a cinquante ans :

Les Mines d'or de nos jours ne sont pas les Mines d'or qu'à jusqu'à ces derniers temps connu l'humanité, depuis la Reine de Saba et le roi Salomon, jusqu'aux célèbres pionniers et conquistadors Espagnols.

Jusqu'en 1870 on donnait le nom de Mines d'or aux terrains dans lesquels on trouvait des pépites ou des blocs du roi des métaux. De nos jours, il n'en est pas de même : « On donne le nom de Mines d'or aux terrains qui contiennent, en moyenne, 10 à 20 grammes de minerai par tonne de 1,016 kilogs ». Les terrains du Transwaal sont dans cette condition. A Madagascar il en est absolument de même : l'or extrait en ces dernières années, n'est pas autre chose que l'or extrait d'amas de sables dont les Malgaches s'étaient occupés il y a 5 ou 6 siècles et qu'ils croyaient avoir épuisés.

Il faut en conclure que :

Le conglomérat du Transwal a jeté dans la circulation un rendement bien plus élevé que lorsqu'il s'agit de blocs d'or se présentant au hasard des recherches, sous les pas d'aventuriers heureux. Voici d'ailleurs la valeur, en francs, de la production :

En 1871	9.250	1887	4.235.025
1872	20.625	1888	24.185.400
1873	24.500	1889	37.264.200
1874	985.800	1890	46.741.125
1875	1.786.300	1891	73.107.625
1876	1.292.675	1892	113.526.775
1877	1.689.875	1893	137.042.450
1878	983.500	1894	191.678.800
1879	755.355	1895	214.238.875
1880	561.200	1896	215.095.525
1881	448.800	1897	291.343.125
1882	551.000	1898	406 015.750
1883	761.425	1899	406.118.000
1884	975.125	1900	118.170.000
1885	1.738.575	1901	64.000.000
1886	3.427.000	1902	197.333.000

Ces chiffres sont très intéressants, n'est-ce pas ?

Eh bien, savez-vous pourquoi je viens de les publier ?

C'est pour montrer que l'on ne supposait pas, il y a trente-cinq ans, qu'au vingtième siècle l'on appelerait Mines d'or les terrains renfermant 10 à 20 grammes de minerai par tonne; laissez-moi vous en fournir la preuve :

En 1869, feu M. de Soubeyran avait envoyé au Transwaal un ingénieur de l'Ecole des Mines à l'effet d'étudier la valeur des gisements aurifères.

Celui-ci, à son retour, fit un rapport comme quoi le Transwal n'était aurifère que..... dans l'imagination de ceux qui le prétendaient.

CHAPITRE XII

LA SOLUTION
DES QUESTIONS MONÉTAIRES

Chers Lecteurs,

La Solution des Questions monétaires est absolument indispensable à la Prospérité.

Pourriez-vous prouver cette indispensabilité ?

Rien n'est si facile que de le faire. De deux choses l'une, ou une chose est avantageuse ou elle ne l'est pas. Si le change est avantageux, il faut que les Pays où il n'existe pas le crée ; si au contraire, il est nuisible, il faut voir de le supprimer.

Je déclare qu'il est nuisible à la Prospérité et je le prouve par ceci : « L'Espagne, le Portugal, l'Argentine, le Brésil, Haïti, etc., où le change existe, sont des Etats moins prospères que ceux ou il n'existe pas. »

D'ailleurs, je fortifie ma déclaration, par celle-ci : « Partout ou le change existe on en demande la suppression ».

Je vais donc : 1° démontrer que la Solution des Questions monétaires s'impose d'une part, à cause de l'existence de l'Internationalisme des Monnaies et, d'autre part, parce que la Prospérité d'un Etat ne nuit pas à celle des autres Etats ; 2°, j'examinerai le rôle des billets de banque, la constitution et le règlement des Banques de circulation, l'étalon d'or et l'étalon d'argent ; 3°, je répondrai à cette question : « D'où vient l'agio ? Comment faire sa suppression ? »

*
**

L'Internationalisme des Monnaies. — Démontrer l'existence de l'Internationalisme monétaire est une chose qui ne présente pas la moindre difficulté.

En France, par exemple, beaucoup de monnaies étrangères n'ont pas cours. Même, pour citer un exemple frappant, les pièces d'or de 20 francs de Tunisie.

Cependant, en principe, une chose a cours quand elle trouve preneur immédiat. Or, c'est le cas des monnaies : Dans les grandes villes, tous les établissements financiers effectuent le change des monnaies. Ainsi, ils achètent actuellement les pièces d'or de Tunisie à 19 fr. 85

La Prospérité d'un Etat ne nuit pas à celle des autres Etats. — Non seulement la Prospérité d'un Etat ne porte aucune atteinte a celle des autres Etats mais, j'ajouterai: elle leur est même avantageuse.

Les deux choses qui dans l'activité jouent le plus grand rôle sont certainement le Commerce et la Finance.

Le Commerce est universel. On trouve dans les grandes villes des Commerçants et Industriels qui traitent avec l'Etranger. Leur genre d'affaires est moins facile que le Commerce continental et présente quatre difficultés qui en ralentissent l'activité. Ce sont les langues, les douanes, l'éloignement et les monnaies.

a.) Dans l'Univers on parle un grand nombre de langues. Cette variété des langages constitue un obstacle qui ne peut guère être évité.

b.) Les douanes constituent un petit obstacle. Celui-ci, ainsi que je l'ai démontré d'autre part ne doit pas encore être supprimé.

c.) L'éloignement ne doit plus être considéré comme un obstacle sérieux. Par la Vapeur et l'Electricité..... il n'y a plus de distances !

d.) Les monnaies constituent l'obstacle le plus important à cause de leur variété et de la perte qu'elles font subir.

Leur Variété. — Voici la dénomination et la valeur des principales Monnaies :

EUROPE. — *France,* le Franc, 1. — *Allemagne,* le Marck, 1 fr. 25; le Pfenning, 0 fr. 01 ; le Thaler, 3 fr. 75. *Andorre,* les Monnaies françaises et espagnoles. — *Angleterre,* la Livre sterling, 25 fr. 22 ; la Couronne, 6 fr. 25 ; le Pence, 0 fr. 10. *Autriche-Hongrie,* la Couronne, 1 fr. 05 ; le Heller, 0 fr. 01 ; le Thaler, 5 fr. 20 ; le Florin, 21 fr. 90. — *Belgique,* Union monétaire. — *Bulgarie,* le Lev, 1 fr. ; le Stotinki, 0 fr. 01. — *Danemark,* la Couronne, 1 fr. 40 ; l'Ore, 0 fr. 035 ; le Christian, 21 fr. 90. — *Espagne,* la Peseta, 1 fr. ; le Doblon, 25 fr. 95 ; le Dourro, 5 fr. 19. — *Grèce,* Union monétaire. — *Italie,* Union monétaire. — *Monaco,* les Monnaies françaises. — *Montenégro,* les Monnaies autrichiennes. — *Pays-Bas,* le Florin, 2 fr. 95. — *Portugal,* le Reis, .. fr. ...; le Teston, 0 fr. 55. — *Roumanie,* le Leu, 1 fr. ; — *Russie,* le Rouble, 4 fr.; le Poltinick, 1 fr. 34; le Stchevertack, 0 fr. 67. — *Serbie,* le Dinar, 1 fr.; le Para, 0 fr. 01. — *Scandinaves,* la Couronne, 1 fr. 39 ; l'Ore, 0 fr. 013. — *Suisse,* Union monétaire. — *Turquie,* La Livre, 22 fr. 75 ; la Piastre, 0 fr. 21 ; le Jubilick, l'Ellibick ; le Medjidie ; le Bischilik ; le Iktilik.....

ASIE. — *Annam,* on se sert de lingots d'or valant 1.280 fr. et 80 fr. ; on se sert également de piastres mexicaines. — *Cambodge,* on se sert de lingots d'argent valant 350 fr. et divers. — *Chine,* le Taël, 3 fr. 50 ; le Maces, le Tsien, le Condomis, le Fen, le Caks, le Li, Le Sapèque... — *Corée,* la Piastre, 5 fr. 50. — *Japon,* le Yen d'or, le Yen ordinaire et le Sen..... — *Perse,* le Toman, variable, le Banabat, 0 fr. 25 ; le Kran, 0 fr. 50; le Chahis .... — *Siam,* le Tical, 1 fr. 65; le Piastre, 2 fr. 75; le Païs et le Salungie.....

AFRIQUE. — *Congo,* Monnaies françaises. — *Dahomey,* Monnaies françaises, anglaises et allemandes. — *Egypte,* la Piastre, 0 fr. 26 ; la

Livre, 26 fr. — *Ethiopie*, le Beur, de 2 fr. 25 à 2 fr. 50 ; le Talari, également 2 fr. 25 à 2 fr. 50. — *Libéria*, le Dollars, 5 fr. 18. — *Maroc*, la
Pesetas, 0 fr. 25 et, pour les Monnaies de cuivre, adoption récente du
système français. — *Transwaal*, Monnaies anglaises.

AMÉRIQUE. — *Argentine*, le Peso, 5 fr. ; le Centavo, 0 fr. 05. —
Bolivie, la Piastre, 1 fr. 85 ; le Bolivien, 5 fr. — *Brésil*, le 20 Reis,
0 fr. 05 ; le 500 Reis, 1 fr. 30 ; le 5000 Reis, 14 fr. 16. — *Chili*, La Piastre, 1 fr. 82 ; la Livre, 13 fr. ; le Condor, 20 fr. ; le Doublon, 10 fr. ;
l'Escudo, 5 fr. ; le Centavo, 1 fr. — *Colombie*, la Piastre, 5 fr. ; le Centavo, 0 fr. 05. — *Costa-Rica*, la Piastre, 5 fr. ; le Centavo, 0 fr. 05. —
Cuba, la Piastre, 5 fr. ; le Dollars, 5 fr. 18. — *Dominicain*, le Suc, 5 fr. —
Equateur, le Suc, 5 fr. — *Etats-Unis*, le Dollars, 5 fr. 345 ; l'Aigle,
51 fr. 82 ; la Dime, 0 fr. 50 ; le 3 Cents, 0 fr. 016. — *Guatemala*, la Piastre, 5 fr. — *Haïti*, la Piastre 5 fr. ; le Centavo, 0 fr. 05. — *Mexique*, la
Piastre, 5 fr. ; le Centavo, 0 fr. 05. — *Nicaragua*, le Peso, 5 fr. ; la
Réelle, 2 fr. 50. — *Pérou*, le Sol, 5 fr. — *Salvador*, la Piastre, 5 fr. —
Uruguay, la Piastre, 5 fr. 36 — *Vénézuéla*, le Bolivar, 1 fr.

OCÉANIE. — *Australie*, toutes les Monnaies ont cours.

LA PERTE QU'ELLES FONT SUBIR. — Voici les chiffres pour quelques
Etats :

Espagne. — En 1882, 1 fr. 80 ; en 1883, 1 fr. 60 ; en 1884, 1 fr. 20 ; en
1885, 2 fr. 50 ; en 1886, 2 fr. 20 ; en 1887, 1 fr. ; en 1888, 1 fr. 70 ; en 1889,
2 fr. 90 ; en 1890, 4 fr. ; en 1891, 6 fr. 50 ; en 1892, 15 fr. 10 ; en 1893,
23 fr. 90 ; en 1894, 23 fr. 40 ; en 1895, 24 fr. ; en 1896, 25 fr. ; en 1897,
30 fr., en 1898, 70 fr. ; en 1899, 40 fr. ; en 1900, 30 fr. ; en 1901, 35 fr. ; en
1902, 35 fr. 40 ; en 1903, 38 fr. 70. Ce qui veut dire que quand le change est
à 38 fr. 70, il faut débourser 138 fr. 70 pour avoir 100 francs en monnaie
d'or.

Portugal. — A un moment donné, la perte au change atteignit 80
pour cent.

Mexique. — La perte au change est d'environ moitié. Les pièces de
5 francs n'y sont actuellement échangées qu'à raison de 2 fr 10.

— La Finance est universelle. Je ne m'arrêterai pas sur ce point
car, plus loin, je fais remarquer que les Valeurs Mobilières représentent l'internationalisme dans toute l'acception du mot.
La généralité des intérêts des Valeurs mobilières se payent en or,
mais, il en est cependant qui se payent au change. A titre d'exemples
je citerai : les titres des Compagnies de Chemins de fer espagnols.
Quoi de plus désagréable qu'un pareil état de choses. Laissons parler les chiffres :

Nord de l'Espagne. — En 1892, la Compagnie suspendit tout dividende à ses actionnaires et décida de payer en pesetas l'intérêt de ses
obligations. Le change lui a fait subir une perte de :

En 1892	8.067.982	1898	20.311.102
1893	9.099.900	1899	12.617.266
1894	9.202.460	1900	11.888.060
1895	6.441.209	1901	15.033.991
1896	8.969.489	1902	13.336.673
1897	12.328.038	1903	en cours.

Je calcule que sans le change la répartition annuelle aux 516,000 actions aurait été d'au moins 25 francs.

Andalous, — En 1891, la Compagnie avait repris en or le service de ses obligations. En 1894, elle suspendit tout dividende à ses actionnaires et par un nouveau *modus vivendi*, elle rétablit le paiement en pesetas des intérêts de ses obligataires. L'année dernière, le change lui a fait perdre 2.401.972 francs.

Madrid-Saragosse. — Depuis 1898, la Compagnie a repris le payement de dividendes à ses actionnaires. Elle leur a réparti 6 pesetas pour l'exercice 1901, malgré une perte au change de 38,08, en moyenne. Étant donné que la Société a 497.000 actions, je calcule que sans le change, elle aurait réparti environ 45 francs par action.

La Conclusion à tirer des observations précédentes, c'est qu'il faut en arriver à une Union monétaire universelle, c'est-à-dire que les monnaies doivent être conformes d'alliage, de poids et de valeur nominale. Elles ne doivent différencer que par l'effigie et avoir cours dans tous les États adhérents.

*
**

Le rôle des Billets de Banque. — Faire l'historique des billets de banque est chose bien difficile, car dans les siècles passés les difficultés de communications rendaient à peu près nuls les rapports entre les États. Il s'en suit que la monnaie fiduciaire a dans chaque État un historique différend.

Cependant, les documents authentiques nous donnent l'entière assurance que les Chinois tinrent le record, puisqu'ils innovèrent les billets de banque en l'année 2697 avant J.-Ch.

Voici leur Historique en France :

Depuis la fondation de la Banque, 1800, jusqu'au 15 mai 1848, les billets eurent « cours libre », du 15 mai 1848 au 31 décembre 1877, ils eurent « cours forcé » et, depuis cette dernière date, ils ont « cours légal ».

Cours libre, c'est-à-dire que le public était en droit de les refuser et pouvait exiger son payement en or ou en argent français; et la Banque ne pouvait pas se refuser au remboursement de ses billets en or ou en argent français.

Cours forcé, c'est-à-dire que les débiteurs avaient le droit de payer leurs créanciers en billets de banque, malgré eux, et la Banque elle-même avait le droit de ne pas rembourser.

Cours légal, c'est-à-dire que chacun est obligé de recevoir les billets de banque qu'on lui donne en payement, mais il peut aller à la Banque ou dans ses succursales se les faire échanger. La Banque lui donne alors ce qu'elle veut, soit de l'or, soit de l'argent, mais elle n'a pas le droit de donner plus de cinquante francs en petite monnaie.

— Quoique les billets de banque jouent un rôle indispensable, tous les États ne sont pas encore dotés d'une banque de circulation, notamment l'Egypte, le Pérou, la République Dominicaine, celle de l'Equateur, etc.

— On entend par « Privilège » d'une banque de circulation, le droit qu'a cette institution d'émettre des billets au porteur.

Dans beaucoup d'Etats, où une seule banque possède ce droit, le Privilège se trouve exclusif. Cette exclusivité se touve toute indiquée par le titre que doivent porter ces établissements. Ainsi : Banque de France, Banque d'Allemagne, Banque d'Angleterre, etc.

La Situation des Banques de Circulation. — Ci-après renseignements sur un certain nombre d'établissements.

France. — La circulation et l'encaisse s'élevaient à francs :

En 1862	755.154.900	335.880.000
1869	1.381.271.400	1.266.800.000
1872	2.454.029.880	634.000.000
1875	2.641.081.935	1.330.100.000
1880	2.321.474.365	1.969.200.000
1882	2.852.316.700	1.801.700.000
1885	2.978.072.585	2.029.800.000
1889	2.829.394.100	2.234.000.000
1890	3.198.939.215	2.503.900.000
1895	3.749.721.050	3.298.800.000
1896	3.681.021.075	3.184.900.000
1897	3.756.254.975	3.139.500.000
1898	3.784.030.680	3.023.900.000
1899	3.855.268.025	3.018.000.000
1900	4.046.219.350	3.030.728.000
1901	4.445.866.325	3.446.749.100
1902	4.130.000.000	3.440.000.000
1903	4.133.976.335	3.681.576.929

Algérie. — La circulation qui était de 85 millions 853.000 francs, en octobre 1897, est actuellement de 101 millions 923.000 francs.

Indo-Chine. — La circulation qui était de 25 millions 159.000 francs, en janvier 1901, est actuellement de 40 millions 897.000 francs.

Martinique. — Récemment la circulation était de 6.74.000 et l'encaisse de 2.449.000 francs.

Guadeloupe. — Récemment la circulation était de 7.801.000 fr. et l'encaisse de 3.178.000 francs.

Réunion. — Récemment la circulation était de 10.556.000 fr. et l'encaisse de 3.375.000 francs.

Guyane. — Récemment la circulation était de 1.748.000 fr. et l'encaisse de 872.000 francs

Sénégal. — Récemment la circulation était de 717.000 fr. et l'encaisse de 443.000 francs.

Allemagne. — En 1894, la circulation était de 1 milliard 227 millions de fr. La oouverture métallique y oscille entre 70 et 80 pour cent.

Angleterre. — Depuis une dizaine d'années, la circulation y est d'environ 28 millions de livres sterling. L'encaisse est sensiblement supérieure à ce chiffre. Actuellement elle est de 39,

Autriche-Hongrie. — En 1900, la circulation était de un milliard 569 millions.

Belgique. — La circulation est d'environ 500 millions.

Espagne. — En 1880, la circulation était de 227 millions de pesetas. Elle s'éleva petit à petit. Atteignit un milliard en 1896 ; 1.500 millions, en 1899 et, actuellement, elle s'élève à 1.642 millions de pesetas. L'encaisse y était de 212 millions en 1880 ; elle atteignit 300, en 1892 et, actuellement, elle varie de 400 à 500.

Italie. — La circulation était de 768 millions de lires, en 1896 et de 816, en 1901.

Portugal. — La circulation actuelle et d'environ 60.000 contos.

Russie. — La circulation était de 1 milliard 840 millions de fr., en 1900.

Suisse. — La circulation qui était de 179 millions en 1895, est actuellement de 230.

Chine. — Je n'ai pas les renseignements sur la situation actuelle de ces établissements. Je sais seulement que dans le cours des siècles passés, les Gouvernements firent plusieurs fois abus de la monnaie fiduciaire et qu'au XIIᵉ siècle, ces abus causèrent même une véritable Révolution.

Etats-Unis. — Au 30 juin 1899, la circulation s'élevait pour l'ensemble des banques à 261.268.696 dollars.

Mexique. — Au 13 avril dernier la circulation était de 18.921.000 piastres.

Vénézuéla. — Au 3 janvier dernier l'encaisse métallique était de..... onze mille six cent francs!

Le Règlement des Banques de Circulation. — Ci-après renseignements sur un certain nombre de ces établissements :

France. — Le montant du Privilège fut fixé à 452 millions de francs, en 1848 ; 525, en 1849 ; puis après 1870, il fut progressivement porté à 1.800 ; puis à 2.400, 2.800, 3.200 et 4.000 et, finalement, la Loi du 17 novembre 1897, le fixa à cinq milliards.

Colonies. — Le montant cumulé des billets en circulation, des comptes courants et des autres dettes, ne peut excéder le triple du capital social à moins que la contre-valeur des comptes courants et des autres dettes ne soit représentée par du numéraire venant en augmentation de l'encaisse métallique.

Allemagne. — Elle est autorisée à émettre des billets au fur et à mesure des besoins à la condition que le un tiers soit représenté dans ses caisses en or, lingots ou monnaies d'or étrangères. Les deux autres tiers peuvent figurer en lettres de charge à trois mois d'échéance au plus et revêtues d'au moins deux signatures de maisons notoirement connues.

Autriche-Hongrie. — Jusqu'à concurrence de 400 millions de couronnes, les billets doivent être représentés par une valeur égale de numéraire. Au-delà de ce chiffre, par quarante pour cent seulement.

Danemarck. — Le maximum des billets en circulation sans couverture métallique, est de trente-huit millions de couronnes.

Espagne. — Le montant du privilège qui était de un milliard 500 millions par la Loi du 14 juillet 1891, fut élevé à deux milliards 500 millions par celle du 17 mai 1898.

Italie. — Depuis un an environ, l'État a mis ces établissements en demeure de porter leur numéraire à quatre-vingt pour cent.

Pays-Bas. — Elle doit posséder une réserve métallique correspondant au moins à quarante pour cent de la circulation des billets.

Transvaal. — La monnaie légale et les billets doivent y représenter au moins le un tiers de la circulation.

L'Étalon d'Or. — L'étalon d'or est aujourd'hui universellement adopté. Le chiffre élevé de la production aurifère va considérablement faciliter la réorganisation, sur une base sérieuse, de toutes les banques de circulation.

L'Étalon d'Argent. — Le métal agent à l'heure présente, a perdu environ soixante pour cent de la valeur que lui attribuent nos lois monétaires. Le kilog d'argent fin au lieu de 220 francs environ, n'atteint même pas cent francs. En juillet de l'année dernière il était tombé à 85 fr. 50.

La cause principale d'une pareille baisse est l'énorme accroissement de la production — accroissement coïncidant, à divers procédés techniques qui ont permis d'exploiter fructueusement les résidus que les anciens croyaient avoir épuisés.

Le maintien de l'étalon d'argent, de concert avec l'étalon d'or, s'impose fortement, si l'on tient compte de l'augmentation de la population, *élément qu'il ne faut jamais perdre de vue dans l'étude des questions économiques.*

Je ne nie pas, disait M. Levasseur, de la Société de Statistique, que l'or ait une importance capitale, mais l'argent ne doit pas non plus être laissé de côté.

M. Alfred Neymarck, s'exprimait dans le même sens : L'or se trouve absolument libre de faire son office international, par cela seul que l'argent le libère de la plupart de ses fonctions à l'intérieur.

★
★ ★

D'où vient l'agio ? — L'agio vient de l'excès de la circulation d'une chose qui n'a pas une valeur intrinsèque. Ainsi, en Espagne, l'abondance de la Monnaie d'Argent, fait que celle-ci est dépréciée; dans d'autres Pays, l'abondance du papier-monnaie fait que celui-ci subit une perte sur son cours nominal.

Je le répète, rien n'est si désagréable que cette perte sur les monnaies. La Prospérité en exige la suppression.

Il y a en réalité trois sortes d'agio; savoir : Celui sur les Monnaies d'Argent, celui sur le Papier-Monnaie émis par les Banques de circulation et celui sur le Papier-Monnaie émis par les États.

Je ne m'occuperai pas ici de celui sur les Billets de banque émis par les Etats, je le ferai ultérieurement.

Je vais m'occuper de celui sur la Monnaie d'Argent et de celui sur les Billets de banque émis par les Banques de circulation.

Comment supprimer l'agio? — La suppression de la perte au change que fait subir dans certains Pays la Monnaie d'Argent, peut-elle être supprimée? Autrement dire, peut-on admettre qu'une chose qui n'a pas une valeur intrinsèque et dont les cours varient, puisse servir de Monnaie au pair et, conséquemment, représenter l'unité?

Je réponds : OUI. La chose peut parfaitement s'admettre à la condition bien absolue de l'Union. Les Etats peuvent très bien décider que la Monnaie d'Argent aura « cours forcé » mais, pour qu'ils ne fassent pas une chose contraire à la Prospérité, ils doivent en limiter la frappe à un quotient donné.

D'autre part, il y a lieu de tenir compte que la baisse actuelle de l'argent métal a certainement dit son dernier mot et que la reprise qui commence va s'accentuer, pour quatre raisons, savoir :

a) L'augmentation des emplois industriels. D'après M. Leroy-Beaulieu, en France, de 72.054 kilogs, en 1876, la consommation industrielle a atteint 134.209 kilogs, en 1900. D'après le Directeur de l'Hôtel des Monnaies des Etats-Unis, la consommation universelle aurait atteint 928,000 kilogs, en 1897.

b) Les propriétaires de mines n'ont aucun intérêt à épuiser leurs mines et à jeter le métal dans la circulation.

c) Le coût des salaires contribue au maintien des frais d'extraction.

d) L'augmentation des besoins de monnaies divisionnaires. Augmentation qui coïncide avec l'augmentation de la population.

La suppression de la perte au change que fait subir dans certains Pays le Papier Monnaie émis par les banques, peut-elle s'effectuer?

Je réponds à nouveau : OUI. Pourquoi? Parce que de nos jours la production aurifère est beaucoup plus considérable que dans le passé.

Cette augmentation de la production aurifère va permettre une réorganisation des banques de circulation. Il faudra d'une part, qu'elles aient un capital social basé sur un quotient donné et, d'autre part, qu'elles adoptent le même règlement relativement à la couverture métallique. Si elles ne se trouvent pas avoir l'encaisse or exigée, elles n'ont qu'à faire une émission d'obligations à cet effet ».

Dans le passé, les Chambres en donnant à un établissement le droit d'émettre des billets de banque ont fait fausse route et quand la situation monétaire du Pays ne se rencontrait pas très bonne, elles donnaient naissance à l'agio; voici comment : « Elles fixaient le montant de la circulation ». Elles auraient dû s'en tenir à fixer le règlement concernant la couverture métallique; autrement dire, au lieu de dire :

« Le montant du Privilège est fixé à..... milliards de..... ».

Elles auraient dû dire :

« Le montant du Privilège est illimité. La circulation des billets devra être représentée par au moins cinquante pour cent en Monnaies, et Lingots d'Or et, le complément, pourra l'être par des Monnaies d'Argent, Valeurs Mobilières, effets de Commerce de premier ordre et autres garanties sérieuses ».

Laissez-moi ici citer quelques chiffres qui suffisent pour montrer que la réorganisation que je préconise ne présente pas de difficultés :

L'Hôtel des Monnaies de Paris a frappé avant 1882 :

210.974.190	francs en pièces d'Or de	5 francs
965.051.690	—	—	—	10	—
7.172.462.900	—	—	—	20	—
204.432.360	—	—	—	40	—
46.833.400	—	—	—	50	—
51.651.000	—	—	—	100	—

Ce qui fait un total de huit milliards 651.382.440 francs.

De 1882 à 1900, les Hôtels des Monnaies de Paris et de Londres, ont frappé trois millions de kilogrammes en pièces d'Or, ce qui représente une valeur supérieure à dix milliards de francs.

Depuis 1900, l'Hôtel des Monnaies de Londres frappe chaque année 60.000 à 70.000 kilogrammes en Monnaies d'Or.

L'Hôtel des Monnaies de Berlin frappe chaque année, en Monnaies d'Or, 100 à 110 millions de marcks (125 à 137 millions de francs).

En Amérique les Hôtels de Monnaies de Philadelphie, de la Nouvelle Orléans et de San-Francisco, frappent annuellement, en Monnaies d'Or, pour 300 millions de francs (309.902.860 francs, en 1902) et, les autres Hôtels, pour 250 millions de francs (256.776.965), en 1902.

Le total des billets de banque circulant actuellement dans tout l'Univers est de vingt-trois à vingt quatre milliards de francs. Pour satisfaire à mon Règlement, les banques se trouveront forcées d'avoir une encaisse or d'environ douze milliards de francs. Comme actuellement leur encaisse or totale atteint à peine huit milliards, cela fait une différence de quatre milliards de francs, qu'elles seront obligées de se procurer. On l'a vu par les chiffres ci-dessus, elle n'auront pas de peine à se procurer cette somme et, comme Conclusion, l'Agio, cette plaie des finances et des affaires, comme l'a si justement dit M. Sagasta, ne sera qu'à l'état de souvenir.

Encore deux chiffres qui font nettement ressortir que les Banques de Circulation n'auront pas de peine à se procurer l'encaisse or qui leur est utile pour se réorganiser :

Les Monnaies d'Or aux Etats-Unis (déduction faite du montant de l'encaisse or des diverses Banques de Circulation), représentent actuellement quatre milliards 97.100.500 francs ; en France (déduction faite de l'encaisse or de la Banque de France), elles représentent deux milliards 900.351.750 francs ; en Allemagne (déduction faite de l'encaisse or de la Banque), deux milliards 834.708.500 francs ; en Angleterre (déduction faite de l'encaisse or de la Banque), deux milliards 461.122.500 francs ; etc.

*
**

Pièces démonétisées. — Il n'y a pas de motif pour qu'il y ait des pièces démonétisées. Ces pièces ont été mises en circulation à un prix fixé, il semble tout naturel qu'elles doivent être retirées au même prix.

Conclusion : Je prends note pour mon Projet d'un Article ainsi conçu :

Pièces démonétisées. — Elles seront retirées de la circulation au fur et à mesure qu'elles rentreront dans la Banque qui les a émises ou dans ses succursales.

CHAPITRE XIII.

LA PAIX

Chers Lecteurs,

Durant le siècle dernier, le mouvement pacifique s'est considérablement développé. Il a pour lui non seulement l'adoucissement des mœurs mais aussi le développement de l'Instruction.

Il y a quelque deux cents ans, les personnes qui auraient parlé de supprimer la guerre, état de choses cinquante fois séculaire, auraient été traitées d'utopistes. De nos jours, il n'en est pas de même. L'on a fini par s'apercevoir que l'utopie d'hier était la vérité d'aujourd'hui.

Emmanuel Kant, avec son vaste génie, avait jeté sur cette question le coup d'œil de l'aigle : Il avait jugé que l'Univers tendait lentement mais sans relâche, vers l'ère définitive de la Paix.

Il ne fut pas le seul à assurer que la Paix est un bienfait. La liste serait longue s'il me fallait indiquer ici toutes les notabilités du monde savant qui ont manifestement montré leurs opinions pacifiques. Laissez-moi cependant citer : L'illustre Chevreuil, l'illustre Thiers, l'illustre Pasteur; le célèbre Lavoisier, le célèbre Monge, le célèbre Lebon, le célèbre Parmentier, le célèbre Rumford; les Papes Pie IX et Léon XIII; Grotius, auteur de l'Internationalisme des mers, Clay, homme d'Etat américain; Jean de Block, conseiller d'Etat de l'Empire de Russie; l'historien Cantu ; le chimiste Liebig; Adam Smith, Jean-Baptiste Say, Léon Say, Horace Say, Fléchey, Coste et Bastiat, publicistes, etc., etc.

Cependant, pour que la Paix, cet inestimable bienfait, puisse être établie d'une façon complète, définitive et officielle, il faut que la question soit étudiée sérieusement, avec tous les détails qu'elle comporte *et surtout, avec des points nouveaux* : Les données trop évasives et trop littéraires, n'auraient aucune portée ; ce qu'il faut, c'est la précision et la démonstration.

Je vais donc, ici, apporter la *précision* et examiner : d'une part, la guerre et les diverses sortes de guerres ; d'autre part, le mouvement pacifique, les éléments qui ont contribué à son établissement et « Où se trouve exactement l'abolition des guerres ? ».

J'apporterai la *démonstration* devant un Jury (voir mon Article « Je Démontre », dans le chapitre XI).

LA GUERRE

Les guerres constituent des conflagrations générales dont les conséquences sont incalculables.

Pour faire ressortir les bienfaits de la Paix et, conséquemment,
l'horreur de la guerre, je ne me donnerai pas la peine, Chers Lecteurs,
de remonter au cinquième siècle et de vous parler des Vandales, des
Wisigoths, des Huns et autres tribus indomptables.

Je ne me donnerai pas non plus la peine de faire la statistique des
guerres. Il me semble bien avoir lu que dans le siècle dernier l'on
avait livré 386 batailles et 8.102 simples combats, mais.....

Je trouve que ces chiffres ne présentent plus aucun intérêt et peuvent
sans le moindre inconvénient être classés parmi les vieilles lunes. Je
préfère trouver ma démonstration dans une réflexion tout à fait élémentaire et que voici : « l'Univers est digne d'admiration ».

*
* *

En effet, quoi de plus beau que sa variété : Ici, je remarque le blé,
les prairies et les vignobles; là-bas, je trouve les usines et les habita-
tions; plus loin encore j'admire la voie ferrée. J'en conclu que tout cet
état de choses constitue un ensemble harmonieux où règnent le Travail,
la Santé, l'Ordre et plusieurs autres éléments.

Y a-t-il chose plus utile que le travail? Y a-t-il chose plus indispensable que la santé? Y a-t-il chose plus nécesssire que le bon ordre?

Non, absolument non.

Dans les guerres, au contraire, les Travailleurs de toutes sortes se
trouvent sous les drapeaux et leur santé ne tient qu'à un fil. Quant au
bon ordre, à ces trains qui chaque jour passaient à heures régulières et
faisaient le service des Voyageurs, du Commerce et de l'Industrie.....
ils prêtent leur concours à la barbarie.

*
* *

Ma plume se refuse à écrire de pareilles ignominies. Cependant il
ne m'est pas possible de m'arrêter sans conclure que la guerre est non
seulement destructrice, mais qu'elle est aussi ruineuse :

La guerre de Sécession en Amérique, entre les Etats du Nord et les
Etats du Sud, a coûté vingt-trois milliards aux Etats du Nord, onze
milliards aux Etats du Sud et huit cent mille hommes aux deux parties
adverses.

La guerre de Crimée, dix milliards et sept cent cinquante mille
hommes.

La guerre d'Italie, deux milliards et quarante-cinq mille hommes.

La guerre Russo-Turque, sept milliards et deux cent cinquante mille hommes.

La récente guerre Chino-Japonaise, un milliard et soixante mille hommes.

Enfin, je ne saurais mieux terminer qu'en rappelant que l'Armée Européenne coûte annuellement six milliards 711.653.510 francs.

LES DIVERSES SORTES DE GUERRES

Il y a cinq sortes principales de guerres, savoir : les politiques, les coloniales, les commerciales, les financières et les civiles.

Politiques. — Les guerres politiques sont celles qui naissent d'un différend en manière de voir — différend ayant généralement trait à l'hégémonie morale des Etats.

Coloniales. — Les guerres de cette nature sont des guerres qui ont contribué au développement de la Civilisation. Ainsi l'Algérie et l'île de Madagascar ont fait de grands progrès depuis qu'elles sont Colonies Françaises. C'est dans cette clause la seule raison d'être qu'on puisse leur trouver.

Assez souvent elles ont eu pour cause l' « hinterland ». On entend par ce mot l'arrière-pays d'une Colonie. Quelques explications vont faire mieux comprendre :

Un peuple qui s'établit sur une côte étrangère revendique généralement la possession de l'hinterland, c'est-à-dire de l'arrière-pays qui s'étend dans l'intérieur à la hauteur de cette côte. Mais où finit cet arrière-pays s'il n'existe aucun mur de montagne pour le limiter ? Et de deux hinterlands en sens inverse, le quel est le bon et doit prévaloir ? La rupture qui, en 1890, faillit éclater entre l'Angleterre et son allié séculaire, le Portugal, n'était qu'une question d'hinterland. Question d'hinterland encore les discussions entre les Français et les Anglais sur le Niger. Question d'hinterland encore, la guerre de l'Erythrée, celle de Fachoda et plusieurs autres.

Commerciales. — Les guerres commerciales sont celles qui tiennent aux différends qui ont lieu entre les Etats relativement à l'établissement des Traités de Commerce.

Financières. — Les guerres de cette catégorie sont celles qui ont pour cause des différends financiers.

Civiles. — Les troubles de toutes sortes, les grèves et les famines constituent les guerres civiles.

LE MOUVEMENT PACIFIQUE

Si je voulais remonter très loin, il ne me serait pas difficile de trouver même dans l'Histoire ancienne le développement de l'idée pacifique.

Je ne crois pas utile de remémorier des événements sur lesquels les années se sont accumulées. Je trouve bien préférable d'examiner le mouvement pacifique dans les temps modernes.

*
* *

L'abolition de la féodalité doit être considérée comme le vrai point de départ de l'idée de Paix.

Plus tard, la Renaissance, justement dénommée Réveil de l'Esprit Humain, vient constituer un grand pas, en suscitant les Lettres, les Arts et les Progrès.

Quelques siècles encore plus tard, la Révolution Française vient donner le triomphe de l'idée pacifique en établissant l'égalité sociale et, par là, en remplaçant les idées guerrières par les idées commerciales.

Soyez assurés que je ne m'avance pas trop en disant : « De toutes les guerres, la Révolution Française, malgré l'ensemble des troubles et l'atrocité des massacres, fut très probablement la seule qui ait eu sa véritable raison d'être. La nuit du quatre août mérite de rester gravée dans tous les esprits. »

Le Vicomte Alexis de Noailles monta à la tribune : « Messieurs, dit-il, nos électeurs nous ont expressément recommandé la suppression des impôts vexatoires et celle des droits seigneuriaux. Je propose de décider, dès à présent :

« Que l'impôt sera payé par tous les individus.

« Que toutes les charges publiques seront à l'avenir également supportées par tous.

« Que les droits féodaux seront échangés ou rachetés.

« Que les corvées seigneuriales et autres servitudes seront supprimées sans rachat ni indemnités. »

Le duc d'Aiguillon lui succéda et adjura l'Assemblée d'établir le plus promptement possible cette « Egalité des Droits qui doit exister entre les citoyens. »

Un an après, le 25 août 1790, le célèbre Mirabeau, dans un Discours qui eut un grand retentissement, se prononça en ces termes en faveur de la Paix : « Il n'est pas loin de nous peut-être, ce moment où la Liberté régnant sans rivale sur les Deux-Mondes, réalisera le vœu de la Philosophie, absoudra l'espèce humaine du crime de la guerre et proclamera la Paix Universelle. »

En 1823, Sa Majesté le Tsar Alexandre Ier s'exprimait ainsi ! « Il ne peut plus y avoir de politique anglaise, française, russe, prussienne, autrichienne, etc.; il n'y a plus qu'une politique générale, qui doit, pour le salut de tous, être admise en commun par les peuples et les rois. »

Plusieurs années s'écoulèrent sans que de nouveaux faits viennent fortifier le mouvement pacifique, mais vers 1845, voici que des amis de la Paix tiennent à Londres, Birmingham et Manchester des meetings qui eurent un certain retentissememcnt.

En 1849, à Paris, la Société d'Economie Politique se faisait un devoir de féliciter les promoteurs des meetings anglais. Après ce, MM. Horace Say, Bastiat, Joseph Garnier, Wolowski, Raudot et plusieurs autres membres prirent la parole et établirent qu'il y avait lieu d'entrevoir un désarmement universel.

L'idée de Paix était alors enracinée et il ne lui restait qu'à faire son chemin.

*
* *

Vers 1850-1860, la Bourse de Paris prenait une certaine expansion. Le chiffre des négociations commençait à être très important, ce qui veut dire que les Valeurs Mobilières, principalement les Rentes, jouissaient de la faveur du public. Celui-ci commençait à s'apercevoir que l'on marchait vers l'établissement de la Paix, car l'Internationalisme Financier, tout aussi bien que l'Internationalisme du Commerce et celui des Personnes, se généralisait.

La date du 5 novembre 1863 est également une de celles qui mérite de rester gravée dans tous les esprits. Ce jour, à l'ouverture de la session législative, l'Empereur Napoléon III prononçait un Discours qui souleva dans le monde entier une grande émotion. L'Empereur conviait les Puissances de l'Europe à un Congrès « où les amours-propres et les résistances disparaîtraient devant un Arbitrage suprême. »

« Quoi de plus conforme, disait Napoléon III, aux idées de l'époque, aux vœux du plus grand nombre que de s'adresser à la conscience, à la raison des hommes d'Etat de tous les Pays et de leur dire :

« Les préjugés et les rancunes qui nous divisent n'ont-ils pas déjà trop duré ?

« La rivalité jalouse des grandes Puissances empêchera-t-elle sans sans cesse les Progrès de la Civilisation ?

« Entretiendrons-nous toujours de mutuelles défiances par des armements exagérés ?

« Les ressources les plus précieuses doivent-elles indéfiniment s'épuiser dans une vaine orientation de nos forces ?

« Deux voies sont ouvertes : l'une conduit au Progrès par la Conciliation et la Paix ; l'autre, tôt ou tard, mène fatalement à la guerre par l'obstination à maintenir un passé qui s'écroule.... »

Ce discours impérial eut un retentissement énorme : Il fut suivi, quelques jours après, d'une circulaire adressée à toutes les Chancelleries par le Ministère des Affaires étrangères.

La Presse du monde entier admira ce Document et fut unanime à reconnaître que l'Empereur Napoléon III était animé d'un grand esprit de Sagesse et de nobles sentiments de Solidarité.

Emile de Girardin, publiciste distingué, dans une série d'articles intitulés *La Paix du Monde*, demandait la réunion immédiate du Congrès et faisait nettement ressortir que l'unité de l'Europe était en train de s'établir.

*
* *

Par suite de divers événements, quelques années s'écoulèrent sans qu'il fût donné une suite plausible à l'appel impérial. Mais, malgré cela le mouvement pacifique continua à faire son chemin.

Plusieurs emprunts étrangers furent émis en France, Allemagne et Angleterre. Le succès qui leur fut alloué montra bien que l'Internationalisme des Etats était admis.

En 1899, Sa Majesté le Tsar Nicolas II, Empereur de l'immense Russie, reprenant en mains la noble idée lancée par Leurs Majestés Alexandre Ier et Napoléon III, adressait aux Chefs d'Etats un appel en faveur de l'abolition des guerres — appel qui eut un retentissement universel et qui fut accueilli avec sympathie. Cette fois les Etats adhéraient à la création d'une institution universelle qui serait dénommée Conférence de la Paix.

Cette institution n'a pas abouti à des résultats vraiment pratiques. Il ne pouvait pas en être autrement, car l'Arbitrage est généralement étranger à l'abolition des guerres. Mais elle a cependant, sans conteste, donné des résultats nettement visibles : le premier grand résultat obtenu a été, ainsi que le faisait remarquer M. Alfred Neymarck, ce qui fut impossible trente ans auparavant, de grouper autour d'un tapis vert, pour parler de Paix et de Désarmement, des personnages qui généralement ne se réunissaient qu'au lendemain des guerres, pour dicter au Pays vaincu des lois inexorables.

Elle a fait plus qu'ouvrir une voie généreuse. Elle a montré de la façon la plus irréfutable que l'idée de Paix était non seulement à l'ordre du jour mais qu'elle pouvait parfaitement triompher.

*
* *

Pendant que s'accomplissait cette Union des Etats sur le terrain politique et pacifique, la Presse indépendante continua son œuvre et nombre de membres des Parlements et de publicistes distingués, se faisaient les défenseurs de l'idée de Paix. La liste en serait longue s'il me fallait les énumérer. Je me contenterai de citer : MM. de Courcel, ancien ambassadeur de France à Londres ; Akermann, ministre de Suède à Paris ; Jean Jaurès, Ch. Beauqaier et d'Estournelles, de Constant, députés ; Frédéric Passy et Alfred Neymarck, de la Société d'Economie Politique ; Bréal et Paul Violet, de l'Institut ; Méringhac, Renaud et Revol, professeurs à la Faculté, Victor de Bonnafos, Gromier, Brelay, Anatole France, Catulle Mendès, Jean Dolfus, André Weiss, Levasseur, De Molinari, De Montluc, Leroy-Beaulieu, publicistes, etc., etc..

*
* *

Au lendemain de l'appel du Tsar, l'Exposition universelle de Paris vint montrer que les Peuples étaient, plus que jamais, appelés à se mieux connaître et à vivre ensembles.

Au Congrès des Valeurs Mobilières, qui se tint dans une des salles de l'Exposition, l'honorable M. Alfred Neymarck montra nettement le développement qu'avaient pris les titres de toutes sortes et la nécessité d'étudier les Intérêts financiers au point de vue universel.

En l'année 1902, plusieurs Déclarations présidentielles eurent un certain retentissement :

M. Roca, Président de la République Argentine, s'exprimait en ces termes : « La République est en Paix avec tous les Pays. Les questions de frontières sont arrangées ou en voie d'être résolues amicalement. »

Le Président de la République de l'Uruguay, dans un de ses Messages, disait : « La nation uruguayenne, enfin reformée, consacrera toute sa vitalité au développement économique moral et intellectuel du Pays. Par une conciliante administration, les haines qui animaient les divers partis s'apaisent. Ainsi s'effacent et disparaissent les malheureux souvenirs de la grande guerre de 1862-1863. »

M. Riesco, Président de la République du Chili, s'exprimait ainsi : « Nos questions internationales qui pendant tant d'années ont agité l'opinion, et entravé le développement économique du Pays, seront réglées prochainement dans des conditions qui consolideront la Paix et la Confraternité. La Paix est un grand bien. Elle s'assure en veillant avec soin aux intérêts du Pays avec un esprit d'Equité et de Justice qui doit présider aux rapports des différents Peuples ».

M. Roosevelt, Président de la République des Etats-Unis se résumait par cette expression, dans son Message d'avènement : « Enrichir le pauvre, sans appauvrir le riche. Cette idée si simple renferme mon programme ».

Enfin, à la fin de l'année, lors du bombardement au Vénézuéla, le mouvement d'opinion en faveur d'une heureuse solution du conflit s'accentua et se généralisa fortement. Le 17 décembre, trois cents personnes appartenant au monde de la Finance et du Commerce démarchèrent à cet effet auprès du Président.

*
**

Pendant que s'accomplissait dans le Nouveau-Monde le développement du mouvement pacifique, l'Europe ne restait pas en arrière.

En Espagne, courant septembre, M. Sagasta, chef du parti libéral et Président du Conseil des Ministres, s'exprimait en ces termes : « Nous nous occupons de questions secondaires, *la vraie question c'est l'étude des Intérêts financiers* ».

Enfin, en janvier 1903, les Etats les plus directement intéressés dans la question du Maroc, c'est-à-dire l'Allemagne, l'Angleterre, l'Espagne, la France et l'Italie s'entendirent promptement sur la base d'une politique de non-intervention.

*
**

Je m'arrête car je ne veux pas, Chers Lecteurs, abuser de votre bienveillante attention.

J'ai sommairement, mais fidèlement retracé le développement du mouvement pacifique et je crois ne pas trop m'avancer en disant :

Des Monts Oural à la Péninsule Ibérique, dans toute l'Afrique, dans l'immense Asie, dans le Nouveau-Monde et jusqu'en Océanie, l'Idée de Paix a pénétré et est sérieusement implantée. Il ne reste qu'à la rendre officielle et réaliser la grande et noble réflexion de Sa Majesté, Albert, Prince de Monaco : « **Il est certain que dans un avenir qui n'est pas très éloigné, les Etats les plus civilisés déclareront la Paix du Monde** ».

LES ÉLÉMENTS PACIFIQUES

Les éléments pacifiques sont au nombre de quatorze, savoir :

Les Chemins de fer,
Les Postes,
Les Télégraphes,
Les Téléphones,
Les Chambres de Commerce,
La Diplomatie,
Le Journalisme,
Les Expositions,
Le Commerce,
Les Bourses,
Les Valeurs Mobilières,
La Haute-Banque,
La Banque,
L'Epargne.

Je vais les étudier séparément :

Les Chemins de Fer. — Les voies ferrées ont acquis un développement immense. Grâce à elles, voyageurs et marchandises effectuent des distances considérables.

C'est en 1825 que s'est ouvert en Europe le premier tronçon. Deux ans après, l'Amérique ouvrait sa première ligne. En 1853, c'était le tour de l'Asie, en 1854, celui de l'Océanie et, en 1856, celui de l'Afrique.

En 1860 la longueur totale était déjà de 107.915 kilomètres. À la fin de 1900, elle était de 790 579, se répartissant ainsi :

Europe	283.524
Asie	60.725
Afrique	13.467
Amérique	402.703
Océanie	25.151

Ces chiffres se sont encore sensiblement augmentés en ces deux dernières années. L'Europe est passée de 283.524 à 290.816.

L'Allemagne prend possession du premier rang avec 52.710 kilomètres, la Russie vient deuxième ; la France s'inscrit troisième. Viennent ensuite l'Autriche-Hongrie avec 37.492 kilomètres; la Grande-Bretagne, 35.462; l'Italie, 15.810; l'Espagne, 13.516; la Suède, 11.588, etc.

En France la longueur des voies ferrées était de 5.226 kilomètres en 1865; 15.057, en 1867 : 17.000, en 1868; 21.435, en 1878; 33.201, en 1889; 39.934, en 1897; 40.956, en 1900 et 43.657 au 31 décembre 1902.

Les Compagnies Françaises possèdent 9.266 locomotives ; 25.297 voitures à voyageurs et 252.989 wagons à marchandises.

Dans tout l'Univers le réseau ferré est en train de se compléter. Les trains passent aujourd'hui dans des régions qui hier encore étaient inexplorées.

Les Chemins de fer ont l'avantage de développer la Civilisation. Ce sont eux qui dans un avenir qui n'est pas très éloigné, développeront le Maroc, l'Abyssinie, le Siam et plusieurs autres Etats.

Les Postes. — L'Union postale universelle fut fondée par le Congrès de Vienne, en 1874. Son objet et son fonctionnement furent ensuite précisés par les Conférences postales de Berne en 1876 et de Paris en 1880 et par divers Congrès tenus à Paris en 1880, à Lisbonne en 1885, à Vienne en 1891 et à Washington en 1897.

En 1898, les Pays formant l'Union postale universelle possédaient un territoire d'environ 101 millions de kilomètres carrés et une population d'environ un milliard 100 millions d'habitants.

Les Télégraphes. — Les fils télégraphiques se déploient sur une longueur de 1.766.000 kilomètres. Parmi les Etats Européens, c'est la Russie qui vient en tête avec 143.000 kilomètres ; l'Allemagne vient deuxième, avec 141.000; la France troisième avec 101.000 et l'Angleterre quatrième, avec 70.000.

D'autre part, il faut ajouter la Télégraphie sous-marine. Il existe actuellement 1.750 fils, leur longueur est d'environ 370.000 kilomètres.

A Paris, le mouvement quotidien des Télégrammes est en moyenne de 120.000.

A Londres, il est encore plus élevé. Il atteint 300.000. Le bureau du quartier Saint-Martin-le-Grand, situé au centre des affaires, en expédie à lui seul 125 à 150.000.

Ce bureau renferme 1226 appareils dont certains peuvent envoyer jusqu'à six messages à la fois. L'appareil Wheatstone peut notamment expédier 350 mots à la minute.

Les Téléphones. — Le Téléphone après être resté un certain nombre d'années dans le domaine du luxe a fini par se généraliser considérablement.

La ligne Paris-Rome compte 1.900 kilomètres ; Paris-Berlin, 1.080; Paris-Marseille, 810; Paris-Londres, 461 ; Paris-Bruxelles, 310, etc.

La Ville de Paris compte 30.000 abonnés et les départements, environ, 45.000.

La Ville de New-York en compte 90.000 et, l'ensemble des Etats-Unis, 1.300.000.

Les Chambres de Commerce. — La Chambre de Commerce de Paris a célébré, il y a quelques mois, le centenaire de sa fondation.

C'est le 25 février 1803 qu'elle a été instituée. Celles de Marseille, Rouen, Lyon et Lille ont été créées environ un an auparavant.

L'origine des Chambres de Commerce est très ancienne. De temps immémorial les principaux négociants de Marseille se réunissaient en vue de s'entendre sur leurs intérêts.

La Diplomatie. — La Diplomatie joue un rôle administratif et se compose principalement des Ambassades et Consulats.

Pour ne citer qu'un exemple de son utilité, qu'il me suffise de rappeler les récents troubles Algériens. Sans la Diplomatie, ce n'est pas une fois mais cent fois et peut-être même plus, qu'ils se seraient produits.

Les *Ambassades* sont des institutions fort anciennes. Elles existaient déjà avant J.-C., si j'en crois l'information ci-après que je découpe dans le *Petit Bleu de Paris* :

« Le Ministre de Perse est arrivé à Athènes pour présenter ses lettres de créance au Roi Georges, près de qui il est accrédité. Les relations diplomatiques étaient rompues depuis 491 avant J.-C., année où Darius, fils d'Hystape, envoya une Ambassade aux Athéniens. Les Athéniens refusèrent au Monarque Persan et il y a maintenant 2.393 ans que Persans et Grecs ne s'étaient plus envoyés d'Ambassadeurs. »

Je dois dire cependant, que ces institutions ne sont plus exactement ce qu'elles étaient autrefois. Elles doivent être maintenues parce qu'elles ont encore une incontestable utilité mais elles ne jouent plus le rôle de jadis car l'Electricité et les Chemins de fer sont venus rapprocher les distances.

Les *Consulats* sont des institutions utiles pour les négociations se rapportant aux Traités de Commerce, aux naturalisations, décès à l'Etranger, etc., etc.

Dans les Pays peu civilisés, les Consuls exercent, paraît-il, un véritable Protectorat.

Le Journalisme. — En 1800 on publiait un million et demi de journaux par année ; on en publie aujourd'hui considérablement plus. Il est même très probable que je ne m'avance pas trop en donnant le chiffre de cinquante millions par jour.

Je n'ai pas la prétention de reconnaître la valeur de cet amas de publications. Je sais très bien qu'il en est quantité qui ne méritent pas de paraître et quantité d'autres qui ne présentent aucun intérêt ; mais, je dois cependant reconnaître que le Journalisme, considéré dans son ensemble, a très sensiblement contribué à l'Internationalisme de l'Instruction, des Sciences, de la Finance, de l'Industrie et du Commerce.

Les Expositions. — Les Expositions font ressortir l'activité générale et sont de véritables manifestations de la Civilisation, de l'Instruction et du Progrès.

Elles « relèvent les peuples » a dit un publiciste connu.

Les Expositions ont pris naissance au lendemain de la Révolution. Auparavant, elles n'étaient que d'importantes fêtes foraines.

Voici le détail des exposants et des récompenses aux Expositions de
Paris.

Années	Exposants	Récompenses
1802	540	254
1806	1.422	610
1823	1.642	1.091
1827	1.695	1.254
1834	2.247	1.785
1839	3.281	2.305
1844	3.960	3.253
1849	4.532	3.741
1855	23.954	11.034
1867	52.000	19.776
1878	58.000	29.000
1889	61.000	33.139
1900	75.000	40.000

Pour les visiteurs, celle de 1900 a tenu le record. Le chiffre des entrées payantes qui n'avait été que de neuf millions en 1867; seize millions en 1878 et vingt-six millions en 1889, s'approcha bien près de
quarante millions (39.026.977).

Le Commerce. — Pendant le siècle passé, le Commerce s'est développé d'une façon tout à fait considérable. Les Chemins de fer et la
Navigation ont fait que les relations entre les peuples se sont multi-
pliées par delà les terres et les mers.

Les chiffres que je donne ci-après, vont nettement faire ressortir le
développement de l'activité commerciale.

Les Compagnies françaises de Chemins de fer ont vu leurs recettes
augmenter d'années en années :

Augmentations :

1889	1891	1893	1894	1895	1896
78	31	21	22	27	29

1897	1898	1899	1900	1902	
36	41	41	86	14 =	426

Diminutions :

1890	1892	1901	
5	2	56 =	63

Ce qui veut dire qu'en quatorze années, la différence a été de 363
millions de francs et équivaut à une augmentation annuelle, moyenne,
de 26 millions.

Les Compagnies étrangères ont également vu leur trafic augmenter
graduellement :

Compagnies Russes :

Le nombre des voyageurs a été :

1897	1898	1899
	78.411.372	82.505.184
1900	1901	1902
91.536.906	104.452.950	109.019.682

Les recettes brutes se sont élevées à (en millions de roubles) :

1898	1899	1900	1901	1902
471	503	557	573	592

Compagnies Anglaises :

Le nombre des voyageurs a été de :

1900	1901	1902
1.142.276.786	1.172.395.900	1.188.568.000

Compagnies Espagnoles :

Recettes, en millions de pesetas.

Nord :

1895	1896	1897	1898	1899	1900	1901	1902
82	88	88	93	100	106	107	113

Madrid à Saragosse :

1899	1900	1901	1902
89	92	94	101

Andalous :

1899	1900	1901	1902
18	19	19	22

Asturies :

1885	1886	1887	1888	1889	1890
7	8	9	9	10	10

1891	1892	1893	1894	1895	1896
10	12	12	13	13	14

1897	1898	1899	1900	1901	1902
15	16	18	18	19	20

Canal de Suez :

Recettes, en francs :

1889	1899	1902
86.459.996	92.515.232	100.000.000

En 1830, l'Italie exportait un million d'hectolitres de vin par année ; elle en exporte aujourd'hui 60 millions.

En 1831, l'Australie exportait 20 millions de kilogs de laines ; elle en exporte aujourd'hui deux milliards 500 millions.

L'Amérique qui produisait en 1800, cent millions de livres de tabac, en produit, de notre temps, près de dix fois plus.

Les Bourses. — Les Bourses sont des institutions où se négocient, par ministère d'agents de change, les Valeurs Mobilières.

Les plus importantes sont celles de Londres, Paris et Berlin en Europe, New-York et Chicago en Amérique.

Bourse de Londres. — Elle est très importante. Il s'y négocie un grand nombre de fonds d'États, actions et obligations diverses. Il s'y effectue également des négociations très suivies en actions de Mines d'or Sud-Africaines et Australiennes.

Bourse de Paris. — Elle vient la deuxième des Bourses européennes. Il s'y traite toutes sortes de Valeurs, notamment beaucoup de rentes Françaises, Russes et Espagnoles.

Depuis son établissement en France, l'impôt sur les opérations a produit, en milliers de francs :

1893	1896	1897	1898	1899	1900	1901	1902
4.387	5.064	5.526	5.104	6.883	6.809	.....	.....

La Bourse de Paris a acquis petit à petit l'importance qu'elle a aujourd'hui. M. Alfred Neymarck a publié à ce sujet les renseignements suivants :

« Au commencement de l'année 1800, les titres négociables se composaient des inscriptions de rentes des tiers consolidés, des titres de la Caisse des Rentiers, des actions de la Banque de France et des tiers consolidés anglais, soit 7 ou 8 valeurs, représentant une quarantaine de millions de rentes et moins de deux cents millions de capital en autres titres. La première cote de la Bourse date du 2 vendémiaire An IV (septembre 1795).

« Au 28 février 1900, la cote officielle ne comprenait pas moins de 442 sociétés dont les actions et les obligations, au nombre de 90.909.250 représentaient au cours du jour, 42 milliards de francs. En ajoutant à ce relevé les rentes admises aux négociations, le capital dépassait 100 milliards. Sur le marché en banque, à une date correspondante, 15 mars 1900, on cotait, à terme : 4 fonds d'États, 3 valeurs de Chemins de fer, 47 mines et valeurs diverses ; au comptant, 386 valeurs, dont 38 de fonds d'États, 57 mines d'or, 38 autres mines, 26 de chemins de fer et transports, 35 valeurs métallurgiques, le surplus en valeurs diverses, comprenant 77 obligations.

« On peut donc dire que le nombre total des Valeurs mobilières cotées à Paris s'élève à environ 2.000 pour un capital qui ne s'éloigne guère de 135 milliards de francs ».

Bourse de Lyon. — Il s'y traite quelques Rentes et quelques Valeurs locales.

Bourse de Marseille. — Il s'y traite également quelques Rentes et les Valeurs locales.

Bourse de Lille. — Il s'y négocie exclusivement les Actions des Charbonnages du Nord et du Pas-de-Calais.

Bourse de Berlin. — L'impôt sur les opérations y produit chaque mois environ 1.100.000 marcks.

Il s'y négocie beaucoup de Rentes Allemandes, Russes, Hongroises, Autrichiennes et Argentines, ainsi qu'un certain nombre de Valeurs industrielles.

Elle a progressé beaucoup en ces dernières années. Il y a vingt ans, elle avait à peine la moitié de l'importance qu'elle a aujourd'hui.

En 1890, elle cotait 1.184 valeurs ; en 1894, elle passe à 1.427 et en 1899, elle atteint 2.028. Actuellement, elle est aux environs de 2.500.

Fin janvier 1897, les valeurs cotées représentaient 37 millions de marcks. Actuellement, il faut doubler ce chiffre.

Bourse de Francfort-sur-Mein. — Elle vient septième au point de vue l'importance des Bourses européennes.

Bourse de Vienne. — Elle vient sixième, au point de vue de l'importance, des Bourses européennes.

Bourse de Budapesth. — Elle vient huitième, au point de vue de l'importance des Bourses européennes.

Bourse de Rome. — Elle vient neuvième au point de vue de l'importance des Bourses européennes.

Bourse de Constantinople. — Elle vient onzième, au pont de vue de l'importance des Bourses européennes.

Bourse de Madrid. — Pendant le mois de janvier 1903, les transactions y ont donné lieu aux chiffres suivants, en pesetas :

Intérieure	410.673.400
Amortissable	10.005.000
Promesses d'inscription	20.845.000
Cédules hypothécaires	1.948.000
Obligations municipales	475.450

Bourse de Barcelone. — On y négocie principalement les Rentes Espagnoles, les Obligations Nord-Espagne, Ségovie, Saragosse, Valladolid-Ariza et les Actions Banque de Barcelone, Banque hispano-coloniale et Compagnie transaltantique espagnole.

Bourse de Bilbao. — Il s'y traite quelques Rentes et quelques Valeurs locales.

Bourse de Saint-Pétersbourg. — Elle était bien modeste il y a une vingtaine d'années et il ne s'y négociait guère que des Valeurs locales.
En ces dernières années, son importance a grandi, la cote s'est allongée et elle renferme aujourd'hui, en dehors des fonds d'Etats, 27 banques commerciales, 9 banques foncières, 11 Compagnies de Chemins de fer, 16 obligations de Banques foncières, 25 obligations industrielles, 19 Sociétés d'Assurances, 9 de navigation, avec 6 catégories d'obligations, 7 Sociétés se rapportant à l'Industrie, 4 Sociétés : eau, gaz et électricité, 4 monts-de-piété, 6 brasseries, 6 charbonnages et entreprises minières, 9 Valeurs de naphte, 19 Valeurs se rapportant à l'Industrie métallurgique, 2 fabriques de ciment, 2 verreries, 2 fabriques de papiers, 3 tramways, 12 valeurs diverses, 2 mines d'or, un hôtel.
C'est graduellement que la cote s'est enrichie. Pendant longtemps, les Valeurs industrielles y figuraient à peine.

Bourse de Bruxelles. — Elle a pris en ces trente dernières années, un grand développement.
En 1870 elle n'était fréquentée que par 145 agents de change.
En 1880, elle l'était par 358 personnes, dont 57 banquiers, 219 agents de change et 82 délégués d'agents de change.
En 1890, elle l'était par 61 banquiers, 288 agents de change et 102 délégués d'agents de change.

En 1897, la progression devint encore plus grande. La Bourse était fréquentée par 83 banquiers, 445 agents de change et 162 délégués.

En 1898, ces chiffres sont respectivement portés à 109, 583 et 298.

Enfin, en 1900, ils étaient passés à 182, 791 et 378, soit en tout 1351 personnes (*Le Rentier*).

Bourses de New-York et Chicago. — Parlant de ces Bourses un publiciste connu a dit : « Elles constituent la plus grande puissance financière du monde entier ».

Le total des Valeurs admises aux négociations à ces Bourses atteint annuellement environ 5 milliards de francs (5.320.000.000, en 1898).

Les Valeurs Mobilières. — Par le mot générique de Valeurs Mobilières, on désigne les effets représentatif des emprunts d'Etats et Sociétés.

Je trouve leur naissance en Russie, au xiiie siècle. Il s'agissait de reçus représentant des participations agricoles, j'enregistre le fait à titre de simple document car en somme, ces titres n'avaient rien de bien commun avec ceux actuels.

Les Valeurs mobilières n'ont pris un grand développement que du jour où elles ont été très connues ; or, elles n'ont pu l'être que lorsque les Bourses étaient instituées, que les Chemins de fer venaient faciliter les communications et que le Journalisme avait pris son essor. C'est particulièrement depuis 1856, qu'elles jouissent de la faveur du public. A l'heure actuelle, elles représentent 840 milliards de francs.

Voici ma Statistique :

Emprunts d'Etats.................... 140 milliards
    —   de Villes et Départements.. 100   —
Chemins de fer 180   —
Banques et Obligations Foncières.... 130   —
Assurances 20   —
Entreprises Minières................ 90   —
    —   Industrielles et Divers.... 180   —

On envoie aujourd'hui dans une lettre chargée, de France en Allemagne, en Angleterre, en Autriche, en Hollande, en Italie, en Russie, aux Indes, au Japon, au Transwaal, en Australie, etc., et réciproquement, les Etats, les Villes, les Chemins de fer, les Usines, etc., en un mot, la chose est dans un lieu mais on peut la posséder partout.

Dans les temps passés, les Valeurs Mobilières ont joui en France, de la faveur du public, ainsi que le prouvent les chiffres ci-après :

Emprunts Français :

		En millions		Nombre de Souscripteurs
Dates		demandé	offert	
1854	9 mars......	250	467	98.000
—	27 décembre...	500	2.175	177.000
1855	5 juillet.. ...	780	3.600	310.000
1859	30 avril..	520	2.307	525.000
1863	30 décembre ..	300	.....	542.061
1868	1er août........	450	15.016	832.798

1870	....	805	......	69.890
1871 21 juin........	2.000	4.897	334.906
1872 15 juillet......	3.000	43.783	935.276
1881 17 mars.......	1.000	17.621	345.445
1884 12 février	350	1.472	115.741
1886 10 mai........	500	13.393	248.407
1891 10 janvier.....	869	15.662	260.060
1901 21 novembre...	265	7.950	....

Dans l'avenir, elles auront à l'Etranger le même succès qu'elles ont en France. Ce succès commence d'ailleurs à s'affirmer :

Emprunts Allemands. — Ils ont été couverts dans le continent :

En 1900...	16 fois
1901...	44 —
1902...	61 —
1903...	47 —

Emprunt espagnol de 1900. — Le total des souscriptions continentales atteignait 4.667.480.500 piécettes, somme versée par 62.000 souscripteurs. Les souscriptions de Madrid dépassaient quatre milliards ; celles de Barcelone, 413 millions ; celles de Bilbao, 172, et celles de Saragosse, 80 ; soit 25 fois la somme demandée.

Les Valeurs Mobilières ont-elles leur raison d'être? Si oui, pourquoi?

Effectivement les Valeurs Mobilières ont leur véritable raison d'être et ce, pour trois causes :

a.) Le Morcellement en ce sens qu'elles permettent la création des entreprises exigeant plusieurs millions et font que l'ont peut s'y intéresser pour une petite somme et sans la moindre majoration.

b.) La Négociation rapide en ce sens que, par les Bourses, les achats et ventes s'effectuent rapidement. Les principales valeurs se négocient dans les vingt-quatre heures et, celles moins connues, en l'affaire de quelques jours. D'autre part, il est cinquante fois plus facile le cas échéant de s'y faire consentir une avance de fonds que sur de petits immeubles au petites propriétés.

c) La Mobilisation, en ce sens qu'elles procurent une économie importante des frais et droits en cas de revente ou décès.

La Haute-Banque. — Par cette expression on désigne les grands banquiers dont les affaires roulent sur des chiffres très élevés.

La Haute Banque est personnifiée, en France, par la Maison De Rotschild Frères, à Paris. Elle comprend également une vingtaine d'autres maisons. Je citerai notamment :

MM. Allard, De Neuflize, Heine et Cie, Hirsch, Hoskier, Lazard Frères, Messein et Cie, Raphaël et Cie, Verne et Cie.

La Banque. — La Banque est un élément pacifique car elle contribue au développement de l'Epargne et facilite le Commerce et l'Industrie.

Sans elle, malgré les Postes, Chemins de fer et Journaux, les affaires seraient presque aussi difficiles que dans les siècles passés.

Pour démontrer ce que j'avance, qu'il me suffise de dire : En Russie les affaires se sont considérablement développées depuis une quarantaine d'années ; cet état de choses tient non pas en totalité, mais en grande partie, à la Banque ; en 1860, il n'en existait encore que 16 : de 1860 à 1866, il s'en fonda 110 ; enfin, aujourd'hui on en compte 259.

Je pourrais faire la même remarque pour l'Italie.

L'Épargne. — Le temps où l'on mettait ses économies dans le bas de laine traditionnel que l'on cachait ensuite au fond d'un tiroir, a été emporté loin, très loin, par le xviii⁰ siècle. Le temps où l'on portait ses économies chez les notaires qui servaient d'intermédiaires et de banquiers, fait également partie de l'histoire du passé.

De nos jours, depuis un siècle environ, l'Épargne existe sous une forme nouvelle : Elle s'intéresse aux Valeurs Mobilières.

Le rôle de l'Épargne est un rôle important et essentiel. Sans l'Épargne, la Civilisation qui est cependant une bien belle chose, serait bien limitée, car la Prospérité exige que la Civilisation donne la main au Progrès : Elle ne peut le faire que par l'Épargne. Par elle elle a permis, et permet chaque jour, la mise en valeur de toutes les entreprises industrielles et minières.

Je vais, ci-après, examiner l'Épargne dans les cinq parties du monde.

ETATS EUROPÉENS :

France. — Elle possède un capital de 90 milliards en Valeurs mobilières. Dans ce chiffre les valeurs étrangères s'inscrivent pour 29.

Il faut également ajouter : les Assurances-Vie et les dépôts de fonds dans les établissements financiers.

a) Les capitaux en cours au 31 décembre dernier, représentaient une somme de 5 milliards de francs.

b) Le montant total dépasse actuellement 1 milliard de francs.

En prenant le chiffre total de 96 milliards, et en le divisant par 39 millions d'habitants, on obtient une moyenne personnelle qui n'est pas éloignée de 2.500 francs.

Le total des émissions a été de fr. :

1900	1901	1902
2.608.256.164	2.691.612.125	1.716.999.883

Allemagne. — Elle possède 60 à 70 milliards de francs en Valeurs mobilières, ce qui fait une moyenne personnelle de 1.230 francs.

Une récente statistique accuse 6.601 personnes possédant plus d'un million.

Pour juger du chemin parcouru par l'Épargne, je dois rappeler qu'à l'heure actuelle le nombre des Sociétés dépasse 6.000 tandis que, en 1890, il n'en existait que 2.000 environ qui ne mettaient en œuvre qu'un capital de 5 milliards 500 millions de marks.

Le total des émissions a été de fr. :

1891	1892	1893
1.348.000.000	1.270.000.000	1.573.000.000
1894	1895	1896
1.781.250.000	1.718.750.000	2.370.000.000
1897	1898	1899
2.451.250.000	2.041.700.000	2.575.000.000
1900	1901	1902
1.904.000.000	2.210.875.000	2.539.000.000

Angleterre. — Elle possède 118 à 120 milliards de francs, en Valeurs Mobilières, ce qui fait une moyenne personnelle de 3.000 francs.

Le total des émissions a été de fr. :

1894	1895	1896
2.295.875.000	2.606.250.000	3.820.175.000
1897	1898	1899
3.942.225.000	3.730.675.000	3.702.430.000
1900	1901	1902
3.943.923.750	3.983.950.000	3.845.000.000

Le nombre des Sociétés y est actuellement de 33.259. Elles représentent 46 milliards.

Autriche-Hongrie. — Elle possède 23 à 24 milliards de francs, en Valeurs Mobilières, ce qui fait une moyenne personnelle de 500 francs.

Le total des émissions a été de fr. :

1900	1901	1902
395.030.300	541.650.000	348.760.500

Belgique. — Elle possède 7 à 8 milliards de francs en Valeurs Mobilières, ce qui fait une moyenne personnelle d'environ 1.300 francs.

Le total des émissions a été de fr. :

1897	1898	1899
193.210.550	171.258.700	466.170.010
1900	1901	1902
302.514.650	297.023.400	393.700.000

Bulgarie. — Elle possède environ 400 millions de francs en Valeurs Mobilières.

Espagne. — Elle possède 11 à 12 milliards de francs en Valeurs Mobilières, ce qui fait une moyenne personnelle d'environ 650 francs. Le chiffre donné ci-dessus n'est pas supérieur à la réalité, puisque, plus de 7 milliards en titres se trouvent déposés dans les banques, savoir :

Banque d'Espagne...............	6.218.348.000
— de Bilbao...............	481.139.000
— Hispano-Coloniale	176.768.000
Crédit Mercantille...............	157.326.000
Banque de Santander............	112.205.000
— de Castille...............	86.208.000
— du Commerce..........	71.335.000
— de Navarre.............	38.434.000
Catalana General...............	26.862.000
Banque de Crédit de Saragosse...	26.098.000
Crédits-Docks de Barcelone......	10.345.000

Le montant des dépôts de fonds dans les établissements financiers est en sensible augmentation :

	1894	1900
Banque d'Espagne............	342.821.000	790.259.000
— Hispano-Coloniale......	48.415.000	26.840.000
— de Barcelone..........	45.243.000	105.106.000
— de Bilbao.............	16.391.000	38.241.000
— de Navarre............	14.726.000	15.223.000
Crédit Mercantille.............	9.707.000	24.439.000
Banque hypothécaire..........	7.449.000	31.392.000
— de Santander..........	4.776.000	12.134.000
— du Commerce..........	3.986.000	8.315.000
— de Castille............	3.224.000	11.193.000
Catalana General.............	1.988.000	2.014.000
Totaux............	498.726.000	1.067.156.000

Le total des émissions a été de fr. :

1897	1898	1899
153.500.000	280.500.000	128.895.500

1900	1901	1902
1.041.601.800	351.040.500	410.400.000

Italie.—Elle possède 12 milliards de francs en Valeurs Mobilières, ce qui fait une moyenne personnelle de 375 francs.

De même que pour l'Espagne, le montant des fonds en dépôts dans les banques est en augmentation. Celui de la Banque Commerciale était de lires :

1900	1901	1902
38.084.000	47.515.000	57.194.000

Russie. — Elle possède 24 à 26 milliards de francs en Valeurs Mobilières, ce qui fait une moyenne personnelle de 200 francs.

Il existe actuellement en Russie 1.200 Sociétés anonymes russes et 160 Sociétés étrangères.

Les sommes déposées dans les Caisses d'Epargne s'élèvent à 537.200.000 roubles et le nombre des livrets est de 2.785.000.

Le total des émissions a été de fr. :

1897	1898	1899
247.000.000	628.930.500	737.839.120
1900	1901	1902
831.191.660	783.144.500	812.483.950

Suède et Norwège. — Elles possèdent 1 milliard et demi en Valeurs mobilières, ce qui fait une moyenne personnelle de 215 francs.

Suisse. — Elle possède 6 milliards de francs en Valeurs Mobilières, ce qui fait une moyenne personnelle qui n'est pas éloignée de 2.000 francs.

ÉTATS ASIATIQUES :

L'Epargne Asiatique est loin d'être développée mais, malgré cela, elle existe et est appelée à se développer petit à petit.

Japon. — D'après la statistique de M. Hanabusa, directeur de la Statistique générale de l'Empire, l'ensemble des Valeurs Mobilières existant s'élevait, au commencement de l'année 1900, à fr.: 2.778.000.000.

ÉTATS AFRICAINS :

L'Epargne Africaine est certainement la plus modeste. Cependant, elle peut bien posséder 4 à 8 milliards en Valeurs Mobilières.

La moyenne personnelle ne peut pas éviter d'y être très basse car le développement de l'Epargne correspond au degré de Civilisation.

ÉTATS AMÉRICAINS :

L'Epargne Américaine s'affirme de la façon la plus officielle. Dans les Etats du Sud, la moyenne personnelle n'est pas encore très élevée et est généralement inférieure à 500 francs. Dans les Etats du Nord, elle atteint certainement 2 000 francs.

Si j'en crois une statistique récente, les dépôts de fonds dans les banques s'élèvent à 29 milliards. Je donne ce chiffre sous réserves car je le trouve bien élevé.

Cependant je dois dire que l'Epargne Américaine différencie un peu de l'Epargne Européenne. Les Etats-Unis ont fait très peu d'emprunts tandis que les Etats Européens en ont fait une proportion beaucoup plus forte, de sorte que dans le Nouveau-Monde, il peut bien se faire que les disponibilités de l'Epargne soient très abondantes.

Relativement à cet état de choses le Secrétaire d'Etat s'exprimait en ces termes : « Les Etats-Unis plient sous la charge d'un véritable excédent de richesse ». M. Alfred Neymarck, formulait la même appréciation : « Le Nouveau Continent peut aujourd'hui prêter des fonds à la vieille Europe ».

ETATS OCÉANIENS :

L'Epargne Océanienne est beaucoup plus prononcée que l'Epargne Africaine. Elle est cependant encore loin, très loin, d'avoir dit son dernier mot, car l'Australie, cet immense et mystérieux continent, égal aux quatre cinquièmes de l'Europe, doit être considérée comme un Pays tout à fait neuf et appelé à un bel avenir.

Australie. — Elle possède actuellement 700 millions de francs en Valeurs Mobilières, ce qui fait une moyenne personnelle de 200 francs.

Les dépôts de fonds dans les banques, qui étaient de 1 milliard 525 millions, en 1881, atteignent aujourd'hui 3 milliards 25 millons.

L'ABOLITION DES GUERRES

J'ai expliqué plus haut, qu'il y a cinq sortes principales de guerres. Leur abolition se trouve dans un élément général et, ainsi qu'on va le voir, dans un certain nombre d'éléments particuliers.

Politiques. — Est-ce l'Armée qui nous donne l'abolition ?

Non, absolument non. Toutes les personnes un peu instruites sont unanimes à reconnaître que l'Armée contribue effectivement à leur maintien.

Sont-ce les sous-marins ? les cuirassés ? les torpilleurs ? les chiens habillés couleur terre pour donner le change à l'ennemi ? les pigeons-voyageurs ? etc.

Non encore.

Je n'ai pas la prétention de critiquer les inventeurs ; mais, je dis ceci : « La Science et l'Instinct des bêtes sont en bien mauvaise compagnie, quand ils se trouvent à côté du mot : guerres ».

★
★★

Avant d'aller plus loin, je ne dois pas manquer d'examiner ce que coûte annuellement l'Armée dans les divers Etats.

France	fr. 1.010	millions
Allemagne	830	—
Angleterre	1.530	—
Autriche	150	—
Belgique	60	—
Bulgarie	30	—
Danemarck	10	—
Espagne	200	—
Hollande	40	—
Italie	400	—
Norwège	20	—
Roumanie	12	—

Russie	510 millions
Serbie	20 —
Suède	90 —
Suisse	230 —
Turquie	460 —

Parmi les Etats Asiatiques, je relève :

| Chine | 70 — |
| Japon | 107 — |

Parmi les Etats Américains :

Méxique	61 —
Brésil	27 —
Etats-Unis	1,480 —

Ces dépenses très élevées ne doivent point surprendre. En 1869, l'Europe entretenait 2.200.000 hommes. Aujourd'hui, elle en entretient 3.400.000. La France s'inscrit pour 550.000 ; l'Allemagne, pour 562.000; l'Italie, pour 165.000 et, la Suisse, avec ses trois millions d'habitants, tient certainement le record avec 145.000.

Cependant, depuis quelques mois, la détente commence à se produire sérieusement :

France. — Loi de deux ans à l'étude.

Espagne. — Le Conseil des ministres dans une de ses séances d'avril dernier a décidé de réduire sensiblement les dépenses des Ministères de la guerre et de la marine et a reconnu qu'un effectif de 90.000 hommes était largement suffisant.

Etats-Unis. — Il y a quelques années, les Ministères de la guerre et de la marine absorbaient 1 milliard 500 millions. Pour 1903, ils n'étaient que de 130 et 85 millions de dollars, soit 682 et 446 millions de francs. Pour 1904, au projet de budget, les mêmes Ministères ne sont portés que pour 77 et 74 millions de dollars, soit 408 et 404 millions de francs.

Chili. — Extrait du projet de budget pour 1904 : « On propose de vendre les cuirassés ».

Les éléments particuliers en faveur de l'abolition des guerres politiques sont au nombre de quatre, savoir :

Il ne peut y avoir qu'une seule politique,
L'internationalisme des Etats,
— de la Propriété,
— des Individus.

a.) Je ne saurais mieux faire ici que de me résumer en répétant la belle phrase de Sa Majesté le Tsar, Alexandre Ier.

« Il ne peut plus y avoir de politique anglaise, française, russe, prussienne, autrichienne, etc. Il n'y a plus qu'une politique générale qui doit, pour le salut de tous, être admise en commun par les Peuples et les Rois. »

b). L'Internationalisme des Etats existe puisque tous les Etats ont une Dette publique.

Expliquez l'Internationalisme des Etats et donnez-en l'Historique?

Autant d'Etats autant d'historiques car il en est de l'Internationalisme des Etats comme de la création des billets de banque. L'Angleterre notamment, était internationale dès le xviii° siècle, d'autres Etats, la France, l'Allemagne, l'Italie, la Russie, etc., le sont devenus au lendemain de la Révolution ; enfin, d'autres, sont en train de le devenir.

Il ne m'est pas difficile de démontrer ce que je viens d'avancer. En l'année 1800, le total des Dettes d'Etats n'était guère supérieur à 20 milliards de francs ; en 1825, il était de 38 à 40, (Statistique de M. Dufresne Saint-Léon) ; en 1840, il était de 47, (Statistique de M. De Reder) ; en 1860, il était de 56,40, (Statistique de M. J. Horn) ; en 1867, il était de 66, (Statistique de M. A. Legoyt) ; en 1869, il était de 68, (Statistique de M. Larroque) ; en 1870, il était de 67, (Statistique de M. Alfred Neymarck) ; en 1885, il était de 108,40, (Statistique de M. P. Boiteau) ; en 1886, il était de 117, (deuxième Statistique de M. Alfred Neymarck) ; en 1888, il était de 121,10, (troisième Statistique de M. Alfred Neymarck) ; enfin, actuellement, d'après ma Statistique, il est d'environ 140.

Je vais, ci-après, donner l'Historique de l'Internationalisme de l'Etat Français :

En l'année 1674, les moyens employés pour remplir les caisses vides du Trésor amenèrent la conspiration du chevalier de Rohan, de Lautrémont et du hollandais Van en Enden, laquelle tendait à morceller le Royaume au profit de l'Etranger.

La tentative échoua, mais elle fut la première manifestation d'un mouvement internationaliste.

Ce mouvement était fort avancé sur les aspirations de l'époque car les Postes, les Télégraphes et les Chemins de fer n'existaient pas encore ; le Journalisme n'en était qu'à ses débuts ; quant aux Bourses et aux Valeurs mobilières, elles attendaient leur création.

Quelques années après, à la suite de guerres incessantes, on eut recours à tous les expédients imaginables pour se procurer des fonds, les moins mauvais consistaient à spéculer sur la vanité des gens et à leur vendre très cher des titres quelconques. Le moyen réussissait couramment car, ainsi que le disait Pontchartrain à Louis XIV : « Toutes les fois que Votre Majesté crée un office, Dieu crée un sot pour l'acheter. »

Dès le règne de Louis XVI, le mécontentement de la population, au sujet de la gestion financière des Brienne et des Calonne, se manifesta avec énergie et comme la masse, toujours simpliste, se plaît à personnifier en quelque sorte la cause à laquelle elle attribue ses malheurs ce fut contre la reine Marie-Antoinette que gronda l'orage. Celle que l'on avait d'abord dénommé l'Autrichienne, devint Madame Déficit.

On l'accusa d'avoir pris tout ce qui manquait au Trésor et d'avoir fait passer à son frère, l'Empereur Joseph II, une somme de deux cents millions.

Plus tard, au lendemain de la Révolution, par le compte rendu financier que présente Necker aux Etats-Généraux, les recettes étaient évaluées à 475.291.000 livres et les dépenses à 531.4 00 livres. Le déficit était donc de 56.150.000 livres. Ce n'était pa   une somme énorme étant donné l'étendue et la population de la Fra e, mais c'était la première fois qu'un pareil aveu tombait des lèvres d'u   ministre.

Le 24 août 1793, une Loi institua le Grand Livre de la Dette publique.

Petit à petit, les emprunts s'y inscrivirent. Ceux de la Restauration, 1816 à 1830, pour 1 milliard 425.721.140 francs ; ceux de la Monarchie de juillet, pour 207.204.532 francs ; ceux de la seconde République, pour 223.442.563 francs ; ceux du second Empire, 1854 à 1870, pour 3 milliards 882 millions de francs, enfin, ceux de la troisième République, vinrent s'ajouter et porter le total à trente milliards 577.598.293 francs, se décomposant comme suit :

Dette publique..........	Fr.	29.225.099.629
— flottante		1.120.529.400
— viagère.............		231.969.264

c.) L'Internationalisme de la Propriété existe puisque dans tout l'Univers la question du nationalité n'entre pas en ligne de compte quand il s'agit d'acquérir du sol ou des immeubles. Actuellement, il n'y a guère qu'au Maroc et dans la République d'Haïti, que la nationalité est exigée pour devenir propriétaire du sol.

Qu'est-ce que le Maroc et Haïti à côté de l'Univers entier ?

d). L'Internationalisme des personnes existe. Les statistiques sont là pour le démontrer.

D'après les derniers recensements la France compte 1.037.778 étrangers ; la Suisse, 389.000 ; l'Egypte, 112.574 ; la République Argentine, 1.500 000 ; les Etats-Unis, 10.700.000 ; l'Australie, 1.400.000, etc.

Coloniales. — Depuis trois quarts de siècle les Chemins de fer en facilitant considérablement les communications, sont venus rapprocher les peuples ; de sorte que la Civilisation poursuit son œuvre lentement, mais graduellement et, conséquemment, n'a plus besoin d'être provoquée.

On a fortement reproché il y a quelques mois, à M. Delcassé, ministre des Colonies, d'avoir créé en la matière la politique du « néant ».

On a eu tort et, je dirai même grand tort. J'estime qu'en matière coloniale en créant la politique du néant, on crée la politique qu'il va falloir adopter.

Rien n'est si facile de démontrer que les Colonies ne présentent qu'un intérêt rétrospectif. Il me suffit de répondre à. ces questions : Que doivent-elles être ou que sont-elles au point de vue administratif ? personnel ? commercial ? financier ? et de la propriété ?

a) Les Colonies doivent être autonomes, c'est-à-dire constituer des Etats ayant leurs propres budgets et administrés par un Gouverneur nommé par l'Etat possédant la Colonie.

b.) C'est ici surtout que je dois dire : « Les Colonies ne présentent qu'un intérêt rétrospectif ». Quel intérêt spécial présenteraient-elles ?

La Tunisie, Colonie Française, compte 1.600.000 habitants ; dont : 24.201 Français ; 32.739 Italiens ; 29.837 Grecs, Suisses, Autrichiens et Russes.

Le Cambodge, Colonie Française, compte 1.500.000 habitants, sur ce chiffre on enregistre 350 Français.

L'Indo-Chine, Colonie Française, compte 2.034.453 habitants. Sur ce chiffe on enregistre 2.630 Européens, dont environ 1.000 Français.

Le Laos, Colonie Française, possède environ 3 millions d'habitants. On aurait de la peine à y découvrir 200 Français.

Il ne peut guère en être autrement et ce, à cause des climats qui occasionnent des fièvres et ne peuvent convenir qu'aux personnes du pays.

o.) Quelques chiffres et deux informations vont nettement montrer que le Commerce colonial ne présentent pas un intérêt spécial :

Au Congo, Colonie Française, voici quel a été de 1894 à 1899 le mouvement général des affaires :

	Importations	Exportations
En 1894..	Fr. 4.604.953	Fr. 5.592.697
1895..	5.648.881	4.948.783
1896..	4.896.613	4.745.844
1897..	3.572.462	5.278.017
1898..	4.844.234	5.695.304
1899..	6.690.263	6.525.041

La part de la France dans le Commerce de 1899 a été de 2.500.000 francs aux importations et 1.600.000 aux exportations.

A Madagascar, Colonie Française, voici quel a été de 1896 à 1901, le Commerce avec les divers Etats :

En 1896..	Fr. 13.987.931	Fr. 3.605'951
1897..	18.358.918	4 342.432
1898..	21.300.404	4.984.543
1899..	27.916.614	8.046.408
1900..	40.470.813	10.623.869
1901..	46.032.759	8.975.473

Au Tonkin, Colonie Française, le total des marchandises importées pendant l'année dernière est de 38.500.000 francs. La France et ses Colonies entrent dans ce chiffre pour près de 9 millions.

En Cochinchine, Colonie Française, l'année dernière le total des marchandises importées a été de 114.071.367 francs. La France entre dans ce chiffre pour 45.604.640. Le total des marchandises exportées a été de 145.541.520 francs, dont 36.420.318, en France.

Berlin 1902. — Depuis que l'Allemagne a fait des acquisitions en Chine, elle devrait selon *Die Flotte*, organe du Ministère de la Marine allemande, occuper le deuxième rang après l'Angleterre ; cependant elle occupe le dernier. Le déplacement des navires est, en Extrême-Orient, pour les japonais, de 164.000 tonnes ; pour les Russes, de 155.000 ; pour les Anglais, de 124.000 ; pour les Français, de 33.000 ; pour les Américains, de 23.000 et, pour les Allemands, de 22.000.

Londres 1902. — Depuis quelques années, les staticiens relèvent un fait, c'est que plus les annexes de l'Angleterre s'étendent, plus leurs acquisitions auprès de l'Industrie du Royaume-Uni se réduisent. Cet état de choses s'explique, d'abord parceque l'Inde et le Canada ont monté beaucoup de filatures et autres industries et, ensuite, par la concurrence des autres États.

d.) Laissez-moi passer la plume à M. Delcassé : « Dans les Pays encore sauvages ou l'outillage de la Civilisation est à peu près complétement à créer, les individus isolés seraient impuissants à soutenir les charges de la mise en exploitation. L'instrument de colonisation auquel il faut commencer par recourir, c'est la Société réunissant de gros capitaux et pouvant, sous le couvert de concessions privilégiées embrasser de grandes surfaces. »

Puisque vous êtes sur la question des Compagnies territoriales, pourriez-vous dire ce que sont ces entreprises ?

Ces entreprises sont généralement bonnes, je dirai même il en est de très bonnes. D'ailleurs, pour les Sociétés coloniales comme pour tout ce qui est Société, il ne faut pas sortir de ce principe : Puisque la Société réduit à sa plus simple expression l'organisation d'une entreprise et ses frais, il faut qu'une entreprise constituée honnêtement soit réellement mauvaise pour qu'elle ne donne pas de résultats.

e.) Au point de vue de la Propriété, les Colonies sont et doivent être internationales. On a souvent essayé de les nationaliser mais les bénéficiaires, en attendant la délivrance de leurs titres définitifs, commençaient par louer leurs terres aux indigènes ; puis lorsqu'ils étaient régulièrement investis de leurs titres de propriété, il n'avaient rien de plus pressé que de les vendre, sans s'arrêter à....., la nationalité.

— J'ai dit dans un autre article en quoi consistent les différends coloniaux. Il s'en trouve certainement encore un certain nombre et, conséquemment, il y lieu de les solutionner.

Leur Solution se trouve dans l'Arbitrage.

Commerciales. — Leur abolition ne se trouve pas ailleurs que dans ma Solution des Intérêts Commerciaux.

Elle s'impose pour les deux raisons ci-après :

L'Internationalisme de la Propriété commerciale et industrielle.

Le Commerce ne peut pas éviter d'être international ; d'une part à cause de la variété des productions ; d'autre part à cause de l'inégalité de la population.

a.) L'Internationalisme de la Propriété Commerciale et Industrielle existe incontestablement. Les exemples sont là pour l'établir :

Propriété Commerciale : Beaucoup de commerçants ont des succursales à Londres, Berlin, Hambourg, Genève, etc.

Propriété Industrielle : Dans chaque État elle peut être garantie par les Brevets d'invention.

b.) L'Angleterre fournit ses charbons à toute l'Europe et exporte ses tissus ; la France et l'Espagne produisent plus de vin qu'en exige leur consommation ; l'Allemagne exporte ses produits chimiques, la Russie constitue pour l'Europe un vrai grenier de céréales, l'Amérique exporte ses pétroles et ses aciers, le Brésil abreuve de café tous les habitants de la terre, etc.

Commerce Français :

		Importations	Exportations
En 1897....	Francs	3.956.027.000	3.597.952.000
1898....		4.736.195.000	3.503.167.000
1899....		4.518.208.000	4.152.635.000
1900....		4.408.530.000	4.078.032.000
1901....		4.714.548.000	4.166.165.000

Commerce Italien :

En 1901....	Lires	1.374.457.890	1.718.488.608
1902....		1.472.408.198	1.774.240.561

Commerce Roumain :

En 1901....	Francs	430.489.731	370.651.787

Commerce Russe :

En 1897....	Roubles	555.000.000	671.000.000
1898....		562.000.000	708.000.000
1899....		594.000.000	601.000.000
1900....		572.000.000	688.000.000

Commerce Chinois :

En 1900....	Francs	868.000.000	617.000.000

Commerce Japonais :

En 1902....	Yens	271.733.536	258.290.467

Commerce des Etats-Unis :

En 1902....	Dollars	849.941.184	1.394.483.082

c.) L'inégalité de la population n'est pas un vain mot et joue en matière d'Internationalisme commercial un rôle important, car il est des Etats qui, proportions gardées, sont considérablement plus peuplés que d'autres.

C'est le cas de l'Allemagne. L'année 1902, environ quatre-vingt pour cent des recettes des douanes provenaient d'un nombre très restreint d'articles : céréales, cafés, tabacs, vins, saindoux, viandes, eaux-de-vie, bières, cacaos, fruits, épices, riz et thés. Les céréales, *à elles seules, ont donné une recette douanière de 200 millions de francs.* Pour en citer un deuxième exemple, la France, qui cependant est moins peuplée, s'est trouvée obligée, il y a quelques années, de mettre à rétribution les blés de Russie et les farines d'Amérique.

En 1901, il a été exporté les quantités suivantes de sucre :

En Angleterre.	kilogs 72.289.291	En Algérie..	kilogs 15.461.038
Au Maroc.....	20.935.535	En Turquie..	8.371.426
En Suisse.....	17.417.217	En Tunisie...	5.775.370

L'Espagne, la Russie et l'Australie sont les seuls Pays qui actuellement produisent plus de laine qu'il ne leur en faut

Les Etats-Unis sont les seuls à produire plus de coton qu'en exige leur consommation. (La valeur totale de la production annuelle y représente chaque année 700 à 800 millions de francs).

Financières. — L'abolition des guerres financières ne se trouve pas ailleurs que dans ma Solution des Intérêts financiers.

L'Internationalisme des Valeurs mobilières provient, ainsi que je l'ai déjà dit, de ce que « la chose est dans un lieu mais peut être possédée partout » ; autrement dire, on peut de n'importe où connaître les cours, transmettre ses ordres et prendre livraison des titres. De plus, cette diffusion se trouve facilitée par la réciprocité d'admission aux différentes Bourses.

Ainsi, il y a quelques mois, de nombreux achats de titres de charbonnages belges étaient effectués à la Bourse de Bruxelles pour compte de capitalistes français. La cause? Tout simplement les différences importantes qui existaient entre la capitalisation des actions de Charbonnages français et celle des Charbonnages belges.

Peu auparavant, le même fait s'était produit sur les Chemins de fer américains.

Les actions *Crédit Foncier de France* sont ainsi réparties : 119.065, à Paris ; 212.264, dans les départements et 6.676, à l'Etranger.

Les actions de la *Banque d'Italie* sont ainsi réparties : 289.329, en Italie et 10.061, à l'Etranger.

Dette Portugaise. — Elle est ainsi répartie :

	France	Allemagne	Angleterre
Type 3 0/0	84	»	16
— 4 0/0	93 50	»	6 50
— 4 1/2	40	56	4

Dette Italienne. — L'ensemble des coupons payés à l'Etranger pendant 1902, se répartit ainsi :

	Divers	France	Allemagne	Angleterre
Francs :	881.876	44.510.417	18.734.998	8.087,630

Dette Espagnole. — L'ensemble des coupons payés à l'Etranger pendant le 1er trimestre de 1903, se répartit ainsi :

	Divers	France	Allemagne	Angleterre
Francs :	774.994	8.624.441	200.193	707.505

Dette Ottomane. — Il s'est produit en une vingtaine d'années un déplacement important dans la répartition. Voici les chiffres :

	En 1881	Actuellement
France.............	39 33	44 88
Belgique.............	7 27	17 95
Allemagne.........	4 74	12 80
Angleterre.........	29 31	10 38
Turquie............	8 01	6 31
Hollande...........	7 66	4 48
Autriche-Hongrie..	99	1 91
Italie..............	2 65	1 28

Puisque vous êtes sur l'Internationalisme financier pourriez-vous répondre à cette question : « Quel sera l'avenir des Valeurs mobilières ? »

L'avenir le plus brillant appartiendra aux Valeurs mobilières. C'est dire que les États doivent s'améliorer sans cesse et que toutes les entreprises industrielles et minières doivent contribuer à l'activité.

Il a été dépensé pour les routes, ports, ponts, etc., etc., des milliards et des milliards et, malgré cela, il faut continuer chaque jour dans cette voie et ce, jusqu'à la consommation des siècles.

Nombre de voies ferrées sont encore à effectuer. La France en possède 44.000 kilomètres de longueur, pour ses 500.000 kilomètres carrés. En prenant ces chiffres pour base on peut en conclure que la longueur totale des voies ferrées dans tout l'Univers sera, à un moment donné, de 12.320.000 kilomètres. En déduisant de ce chiffre les 797.871 kilomètres existant actuellement, on voit que 11.522.129 kilomètres sont encore à établir.

Les lignes existantes ayant nécessité un débours d'environ 180 milliards de francs, les lignes à créer exigeront environ 2.600 milliards.

En Europe. — L'Angleterre et l'Autriche se signalent par leurs charbonnages, l'Espagne et la Norwège sont riches en gisements miniers; etc.

En Asie. — La Chine passe pour posséder des charbonnages quasi inépuisables; l'industrie houillère prend au Japon un développement considérable; l'Annam, le Tonkin et l'Indo-Chine possèdent de nombreuses mines, etc.

En Afrique. — Les gisements aurifères du Transwaal sont en train de rémunérer largement les capitaux qui y sont engagés, les 301 Compagnies existant actuellement marchent avec un capital de 2 milliards 300 millions et distribuent chaque année 150 millions de bénéfices ; le Congo passe pour très riche en gisements cuivreux ; le Somal renferme, peut-être, des mines d'or ; etc.

En Amérique. — Les 210 Compagnies qui s'occupent d'industrie minérale payent annuellement, au total, un dividende de 600 millions à 1 milliard de francs (fr. 689.705.000, en 1902) ; la célèbre forêt du Labrador qui couvre environ six millions de kilomètres carrés, sera peut-être un jour en exploitation, etc.

En Océanie. — L'Australie, cet immense et mystérieux continent égal aux quatre cinquièmes de l'Europe, touché à peine par la culture sur sa périphérie et dont l'intérieur, très peu exploité, est encore plongé dans le domaine de l'inconnu, doit dans l'avenir ouvrir à l'activité et à l'esprit d'entreprise un champ illimité. Les richesses naturelles qu'elle renferme dans les régions du littoral, où la Civilisation s'est en ces dernières années implantée vigoureusement, passent pour être incalculables : l'or, l'argent et le cuivre s'y rencontrent en masse et leur extraction sera, pendant plusieurs siècles, une source d'énormes bénéfices. A l'heure ou j'écris ces lignes, on vient d'annoncer la valeur de la production de la Nouvelle-Galle-du-Sud (partie de l'Australie), pour l'année 1902 ; elle représente 138.325.000 francs.

Civiles. — L'abolition des guerres civiles ne se trouve pas ailleurs que dans ma Solution des Intérêts généraux car, ainsi que je l'ai déjà dit, « elle règle le monde en lui donnant son maxima permanant de Prospérité ».

Les grèves, on ne saurait le nier, portent atteinte à la Prospérité générale. Qu'on en juge par ces quelques chiffres :

	Grèves	Ouvriers	Journées
Autriche :			
En 1898	255	66,234	899,939
1899	311	54,763	1,029,937
Angleterre :			
En 1901	642	179,546	4,142,000
1902	442	256,667	3,470,000
France :			
En 1901	523	111,414	1,687,895
1902	512	212,704	4,472,477

La grève des mineurs des bassins houillers du Nord et du Pas-de-Calais a fait perdre aux ouvriers 13.844.608 francs et aux Compagnies 8.921.248. La grève des mineurs en Amérique, pendant les vingt-et-une semaines qu'a duré la cessation du Travail a fait perdre : journées d'ouvriers, 112.500.000 dollars; Compagnies, 50.000.000 de dollars; frais d'entretien, enrôlement de troupes, etc.: 12.000.000 de dollars; soit au total 178.500.000 dollars. Si j'ajoute à ce chiffre la perte subie par les commerçants, celle subie par les fabricants et leurs ouvriers, j'arrive au chiffre global de 200 millions de dollars, ce qui fait plus d'un milliard de francs.

C'est donc aux Gouvernements à maintenir l'ordre dans la rue. C'est également aux Gouvernements à intervenir dans les questions ouvrières car, si la plupart des grèves sont injustifiées, il en est cependant quelquefois le contraire. Leur intervention, pour être vraiment efficace, doit se faire comme je l'ai expliqué dans mon Article ayant trait à la création d'une Institution dénommée Défense Commerciale et Industrielle.

Comment voudriez-vous trouver l'abolition des guerres civiles autre part que dans l'augmentation de la Prospérité ? Un Italien ne gagne en moyenne que trois cent vingt francs par an, un Roumain n'en gagne guère plus, le Russe ne dépasse pas six cents francs et, en France, Allemagne et Angleterre, la moyenne est moins élevée que beaucoup de mes Lecteurs pourraient le supposer.

A qui n'est-il pas arrivé de voir débarquer, dans les gares françaises, un certain nombre d'ouvriers étrangers, allant travailler dans les mines, tuileries, etc.

Est-ce une vie que de quitter son Pays, sa Famille et faire 4 ou 500 kilomètres de Chemin de fer, pour travailler quelques mois en Pays étranger ?

Non, absolument non.

Avais-je raison quand je disais, au début de mon Etude : « Le Nationalisme et le Patriotisme réels sont ceux qui ont leur base dans la Prospérité, car plus grande est la Prospérité d'un Pays, plus minime en est l'émigration »,

CHAPITRE XIII

LA DÉCENTRALISATION

Chers Lecteurs,

La Décentralisation est, sans conteste, un des éléments utiles à la Prospérité.

Il est très difficile d'empêcher la centralisation car, on ne peut pas empêcher le public de se porter plus dans une ville que dans une autre.

S'il n'y a pas possibilité d'empêcher la centralisation, on peut cependant contribuer à la diminuer considérablement.

A cet effet, j'ai demandé dans le cours de mon ouvrage, une meilleure répartition de l'Armée ; j'ai également demandé le rétablissement des remplaçants ; j'ai étudié sérieusement les Intérêts agricoles et ceux financiers ; enfin je n'oublierai pas de terminer sans informer les Pouvoirs publics que « les plus modestes chefs-lieux de canton désirent être à l'instar des grandes villes » et, conséquemment, je me permettrai de demander aux Etats de subventionner, pendant le vingtième siècle, les chefs lieux de canton dont la population n'est pas supérieure à cinq mille habitants, à l'effet qu'il leur devienne possible de s'associer aux Progrès immobiliers et d'amener cette Renaissance qui aidera à emporter loin, très loin, l'influence du manque de direction.

Cet ensemble d'éléments contribuera à la décentralisation autant qu'il y a possibilité de le faire.

**

On oubli trop souvent de remarquer que les Intérêts financiers et agricoles sont ceux qui peuvent contribuer le plus à la décentralisation et, par là, à la Prospérité générale.

Le Capital et le Travail sont deux éléments intimement liés et qui sont comparables aux sœurs hindoues et aux frères siamois.

Ils ne peuvent être séparés car l'abondance du Capital détermine l'abondance du Travail et, en même temps, contribue très largement au maintien des salaires.

Supposez un instant que le Capital et le Capitaliste n'existent pas : immédiatement tout Travail s'arrêterait et de Peuples Civilisés que nous sommes, nous redeviendrions peuples barbares car le calme du Travail occasionnerait une misère générale, qui ferait naître un état révolutionnaire, lequel donnerait l'anarchie et le brigandage dans toute l'acception du mot.

**

Parmi les habitants de Paris, les Parisiens nés à Paris sont rares. La statistique de 1896, donnait le chiffre de 1.619.308 Provinciaux.

Ce chiffre se répartit comme suit :

Seine-et-Oise	91.300	Haute-Vienne	16.935
Seine-et-Marne	54.042	Haute-Savoie	15.822
Nord	50.265	Morbihan	15.750
Yonne	47.386	Indre-et-Loire	15.612
Nièvre	45.156	Maine-et-Loire	15.006
Seine-Inférieure	41.244	Aube	14.855
Loiret	40.668	Finistère	14.231
Aisne	40.039	Gironde	13.659
Oise	35.868	Vienne	12.209
Meurthe-et-Moselle	33.414	Dordogne	11.107
Pas-de-Calais	31.994	Lot	10.073
Somme	30.934	Loire	10.198
Saône-et-Loire	30.712	Isère	10.071
Aveyron	30.469	Charente	9.578
Creuse	30.084	Basses-Pyrénées	9.283
Côtes-du-Nord	30.044	Charente-Inférieure	9.238
Cantal	29.850	Haute-Garonne	8.962
Haute-Saône	29.817	Ardèche	8.278
Côte-d'Or	29.691	Haute-Loire	8.163
Cher	29.655	Ain	8.153
Sarthe	27.465	Bouches-du-Rhône	7.813
Marne	26.219	Gard	7.038
Orne	25.571	Drôme	6.826
Manche	25.417	Hérault	6.457
Meuse	25.110	Deux-Sèvres	6.399
Puy-de-Dôme	24.858	Lozère	9.349
Indre	22.749	Hautes-Pyrénées	5.619
Calvados	22.100	Vendée	5.837
Rhône	22.095	Tarn	4.765
Corrèze	21.471	Vaucluse	4.274
Ille-et-Vilaine	20.496	Landes	4.258
Loir-et-Cher	20.262	Lot-et-Garonne	4.217
Mayenne	20.598	Gers	3.782
Vosges	19.833	Territre de Belfort	3.661
Savoie	19.808	Ariège	3.484
Doubs	19.774	Aude	3.361
Eure	19.231	Tarn-et-Garonne	3.231
Haute-Marne	19.189	Var	2.850
Ardennes	19.048	Pyrénées-Orientales	2.289
Loire-Inférieure	17.783	Alpes-Maritimes	2.277
Jura	17.650	Hautes-Alpes	2.125
Allier	17.288	Basses-Alpes	1.531

Il est très difficile de déterminer exactement pourquoi certains départements fournissent, proportions gardées, un chiffre beaucoup plus élevé que d'autres ; cependant, je crois que si les départements du Centre : Aveyron, Creuse, Cantal, Cher, Puy-de-Dôme et Corrèze, sont dans ce cas, cela tient à ce que ces départements sont moins développés que beaucoup d'autres au point de vue agricole, industriel et commercial.

Remarquez que les départements de l'Isère, de la Loire, de l'Ardèche, de la Haute-Loire, des Bouches-du-Rhône et des Basses-Alpes, qui sont des départements où le sol est bien morcelé et qui, en même temps, comptent certaines industries, s'inscrivent pour un quotient beaucoup moins élevé.

Quant aux départements de Seine-et-Oise, Seine-et-Marne et Nord, qui fournissent le quotient le plus élevé, ils entrent moins que les autres en ligne de compte, car ce quotient au lieu de se composer principalement de travailleurs, comprend presque exclusivement des personnes qui sont venues à Paris pour y vivre de leurs revenus.

Quoi qu'il en soit, on peut dire sans trop s'avancer, que sur le chiffre global donné ci-dessus, une fraction des trois quarts représente les Travailleurs venus à Paris.

Cet état de choses provient principalement, ainsi que je l'ai dit au début de mon étude, de ce que la province compte un excédent de bras.

Je sais bien qu'il faut déduire du nombre 1.619.308 les personnes nées à Paris, qui habitent la Province ; mais, malgré cela il est permis de dire :

« Du jour où la Prospérité générale sera augmentée et portée à son maxima, ce ne sera plus la Province qui fournira des bras à Paris, mais Paris qui en fournira à la Province ».

*
* *

Je ne saurais mieux continuer ce Chapitre qu'en reproduisant la lettre qu'Alexandre Dumas fils adressait à un de ses neveux, en juillet 1861.

« Paris est composé des plus grands travailleurs et des plus grands oisifs du monde.

« Vous êtes, ou plutôt vous devez être dans les travailleurs, puisque vous êtes jeune, intelligent et sans fortune.

« Il s'agit donc de travailler, première difficulté. Qu'est-ce que vous savez faire ? Ce qu'on sait faire à votre âge, tout et rien.

« Apportez-vous à Paris une invention, une découverte, une œuvre, une idée.

« Non, vous apportez votre jeunesse et votre bonne volonté, vos illusions et vos espérances, votre cœur et votre énergie ; c'est-à-dire que vous apportez de quoi gagner douze cent francs, tout de suite, si vous avez de la chance, dans une population de quinze cent mille habitants qui ne vous connnaissent pas.

« Du jour où vous gagnerez douze cents francs, vous n'aurez pas de quoi manger, mais vous aurez déjà des ennemis.

« Pour gagner douze cent francs dans les bureaux ou dans les magasins, autant rester ici, n'est-ce pas ?

« Mais vous voulez absolument aller à Paris et vous vous dites : Après tout, il n'y a pas que les magasins et les bureaux, il y a les Arts et la Littérature.

« Nous y voilà. Vous savez lire et écrire, vous mettez l'Orthographe, vous croyez savoir le français. Vous êtes bien heureux. Vous vous sentez des idées que personne n'a jamais eues et, que faut-il pour les exprimer, de l'encre et du papier. Très bien.

« Paris alimente de sa Littérature le monde entier, — cette grande soupe quotidienne et hebdomadaire, est faite par des milliers d'individus venus tous à Paris avec les mêmes illusions que vous.

« Combien y en a-t-il qui font autorité ?

« Combien y en a-t-il qui ont réussi depuis trente ans — depuis le Réveil de la Littérature ?

« Combien la misère, l'hôpital, le découragement, la débauche, la folie, le suicide, en ont-ils pris ? Comptez si vous pouvez.

« Eh bien ! Il vous faut dix ans d'efforts peut-être pour végéter et pour rester inconnu. Il ne vous faut qu'une chose pour qu'il en soit le contraire, mais cette chose, elle n'est pas commune, je vous en préviens, c'est le génie.

« Que vous reste-t-il donc à faire à mon avis ?

« Il vous reste — à rester ici — à vous faire homme dans l'acception du mot et à développer au grand air vos organes trop jeunes pour l'atmosphère de la grande ville — enfin, il faut pendant deux ou trois ans encore, faire votre surnumérariat d'homme, vous étudier vous-même et trouver à quoi vous êtes bon.

« A votre âge, l'on n'est aimé que de ses parents. »

Cette lettre reflète exactement ce que j'ai dit à plusieurs reprises. Il ne me reste que quelques explications complémentaires à ajouter :

Quand on réfléchit bien, on se demande pourquoi certaines villes ont une population bien supérieure à d'autres et l'on fait, ou du moins l'on devrait faire, cette juste remarque : *Cet état de choses constitue une anomalie qui est contraire à la Prospérité générale.*

En effet, les grandes villes, principalement celles supérieures à 400.000 habitants, ne sont pas avantageuses.

Commençons par le *Capitaliste*. Y est-il plus heureux que dans les villes dont la population est inférieure à cent mille habitants ? Je réponds : Non.

Pourquoi ? Parce que, pour son loyer, il lui faudra débourser 20 ou 40 pour cent de plus, pour son alimentation, 15 % ; enfin, il ne lui sera pas donné de se trouver en quelques minutes à la campagne pour y respirer l'air pur, il sera obligé de mettre constamment à rétribution les omnibus, les tramways et, s'il habite Paris, le déjà trop célèbre Métropolitain.

Continuons par le *Commerçant*. Y est-il plus heureux que dans les villes dont la population est inférieure à cent mille habitants ? Je réponds à nouveau : Non.

Pourquoi ? Les causes sont multiples. D'abord, il lui faudra comme au rentier, un loyer 20 à 40 pour cent plus cher qu'en Province ; ensuite, sur l'ensemble de ses dépenses générales, une augmentation de 15 pour cent ; enfin, il sera obligé de compter avec la concurrence.

Dans le Chapitre Défense du Commerce, j'ai nettement fait ressortir la nécessité d'une réglementation. Cette réglementation, je l'ai dit, doit porter principalement sur les marchandises marquées par le fabricant, sur l'uniformité des jours et heures d'ouverture et de fermeture, enfin, sur la suppression des Sociétés commerciales.

Il est évident, qu'établie conformément à mes données, elle constituera la Défense pratique des Intérêts commerciaux ; mais, elle ne sera pas pour cela la défense *complète*.

La défense complète est une chose qui ne peut pas s'obtenir pour la raison que « la grande entreprise a toujours une supériorité sur la petite ». Ce qui équivaut à dire, dans le cas qui nous occupe, la vente tombe toujours plus facilement à celui qui a une entreprise de cent mille francs, qu'à celui qui en a une de 10, 15 ou 20 mille.

Comme Conclusion :

« Il y a beaucoup de négociants à qui il serait possible avec un capital de 10, 15 ou 20 mille francs, de vivre largement en Province. Étant installés dans de très grandes villes, leurs frais généraux sont considérables, vu leurs chiffres d'affaires, de sorte que leur bénéfice se traduit par zéro, quand il n'y a pas perte. »

Passons à l'*Industriel*. Y est-il plus heureux que dans les villes dont la population est inférieure à cent mille habitants ? Je réponds encore : Non.

Pourquoi ? De même que pour le rentier et le commerçant, il lui faudra 20 à 40 pour cent de plus de loyer et 15 pour cent de plus sur ses propres dépenses. En outre, il sera plus que d'une fois obligé, s'il veut avoir des ouvriers capables et sérieux, de les payer au moins dix pour cent de plus qu'en Province.

Passons au *Travailleur*. Y est-il plus heureux que dans les villes dont la population est inférieure à cent mille habitants ? Je réponds toujours : Non.

Pourquoi ? Au lieu d'un loyer de 180 à 200 francs, il sera obligé d'en prendre un de 350 à 400 ; en plus de cela, il sera comme tout le monde, en augmentation sur ses dépenses générales : quand il enverra sa femme aux provisions, celle-ci payera 18 sous ce qui se vend 15 en Province. Résultat : A la fin de l'année, 400 à 500 francs de dépenses supplémentaires.

En admettant qu'il gagne un franc de plus par journée, il se trouvera encore en fin d'année, avoir perdu, à l'absolu minimum, un billet de cent.

Terminons par l'*ensemble général*. Y est-il plus avantageux que dans les villes dont la population est inférieure à cent mille habitants ? Je n'ai pas la peine de faire dérogation et me trouve encore obligé de répondre : Non.

Pourquoi ? Parce que les grandes villes sont de grandes agglomérations et, conséquemment, elles réunissent les personnes honorables et celles qui ne le sont pas.

CHAPITRE XV.

ÉTATS, DÉPARTEMENTS, VILLES,
INDIVIDUS & XXᵉ SIÈCLE.

Chers Lecteurs,

Le Devoir des États. — Les États ont-ils un devoir? Telle est la question.

Oui, les États ont un Devoir. Il comprend six éléments. Je vais les étudier.

Ils doivent assurer à tout citoyen la protection de sa personne, celle de ses biens et le libre exercice de tous ses droits. — Par ces trois premiers éléments j'entends que les États doivent reconnaître que « la vie doit avoir pour but l'action — l'action dirigée vers l'amélioration générale, par la poursuite et la destruction de toutes les tyrannies matérielles et morales qui pèsent sur la race humaine et entravent l'amélioration de la condition privée de tous les citoyens »

Ils doivent s'associer aux Progrès. — Par ce quatrième élément, j'entends que les États doivent reconnaître que « le Progrès est un Devoir de tous les instants — Devoir qui ne doit pas demeurer dans le domaine de la philosophie, car il n'est pas une abstraction : Il n'a de vie que par ses applications à la Vie Sociale ».

Dans les temps passés il s'est trouvé des personnes et même des hommes d'États qui n'étaient pas dans l'intention de s'associer aux Progrès. Je vais en citer quelques preuves :

La Compagnie des Chemins de fer du Nord a été constituée le 18 septembre 1845, pour construire et exploiter la voie ferrée de Paris à la frontière belge, par Lille et Valenciennes, avec embranchement sur Calais et Dunkerque.

A la Chambre, il y avait à cette époque des hommes politiques, voir même d'anciens ministres, notamment M. Thiers, qui n'avaient pas la moindre confiance dans l'avenir des Chemins de fer. Il ne fallut rien moins que la parole éloquente et convaincue de François Arago, brillant orateur en même temps que savant populaire, pour enlever le vote et décider la majorité.

— Autrefois, les monnaies se fabriquaient au marteau. Nicolas Briot inventa le balancier et fit part de son invention aux Pouvoirs Publics. Le chancelier Seguier eut beaucoup de difficultés à faire reconnaître les avantages de cette invention et fut obligé d'employer toute son autorité pour la faire adopter.

— Il y a quelque vingt-cinq ans, un banquier parisien répondit à ceux qui sollicitaient son concours en vue de la création du premier réseau téléphonique : « Qui diable voudra s'embarrasser de pareils crachoirs ? »

Résultats du Téléphone, en France :

En 1877 Expériences.

1878 Nomination d'une Commission pour étudier les services que pourrait rendre l'invention.

1885 Recettes Fr.   24.905
1889   —   ...   1.134.325
1890   —   ...   5.372.939
1898   —   ...   12.535.486
1899   —   ...   23.267.570

1903 Abonnés à Paris 43.065
  —   —   dans les Départements : environ 80.000.

— En 1802, lorsque Lebon venait de découvrir le gaz, il adressa à M. le Ministre, un rapport dans lequel il établissait la valeur de son invention et décrivait ses applications à l'éclairage.

Il se trouva au Ministère un gratte-papier du nom de C. Desormes, qui fit un contre-rapport dans lequel il expliquait par des chiffres que cette invention n'avait aucune portée et que ce mode d'éclairage ne serait..... jamais adopté !

Lebon n'ayant obtenu aucun succès s'adressa à l'Angleterre ; la valeur de sa découverte fut immédiatement reconnue et, conséquemment, le mode d'éclairage adopté. Ce n'est que dix-sept ans plus tard, en 1819, que s'établit à Paris, à l'hôpital St-Louis, le premier appareil d'éclairage au gaz.

Ils doivent se placer au point de vue de l'Intérêt général. — Par ce cinquième élément, je veux dire que les Etats n'ont pas à considérer l'intérêt de quelques personnes.

Il est certain que les personnes qui actuellement sont à la tête de Sociétés commerciales et coopératives s'élèveront contre mon Projet ; mais, ce n'est pas pour cela que leurs objections doivent être prises en considération. L'intérêt de près de deux millions de commerçants (France seulement), doit passer avant, parcequ'il représente l'Intérêt général.

Si l'on avait écouté les fabricants de bougies, l'on n'aurait jamais adopté l'éclairage électrique ; si l'on avait écouté les cochers de diligences, l'on n'aurait jamais voulu entendre parler des Chemins de fer. L'on n'a tenu aucun compte de leurs objections et l'on a bien fait.

C'est donc au point de vue large de l'Intérêt général que doivent se placer les Etats et, puisque actuellement il s'agit de doter l'Univers d'une meilleure organisation générale, n'oublions pas que l'on n'arrivera au but qu'en adoptant une solution, une fois pour toutes, et en s'y tenant avec une dauphinoise ténacité.

Ils doivent être administrés avec Méthode. — Une chose, quelle qu'elle soit, ne donne jamais par le hasard les mêmes résultats que par la Direction.

Essayez de porter à l'ébulition un litre d'eau dans un pot de terre ; faites la même expérience dans une casserole de fer. Dans le deuxième cas vous obtenez le même résultat tout en économisant du temps et du combustible.

Pourquoi? parce que vous avez opéré d'après l'Instruction qui vous a appris que les métaux sont les meilleurs conducteurs de la chaleur.

Puisqu'une chose ne donne pas par le hasard les mêmes résultats que par la Direction, il s'agit, dans le cas qui nous occupe, de rechercher pour les Etats une bonne Direction administrative.

Il est de toute évidence que la question budgétaire constitue une grosse question. Dans les temps passés, en France, les budgets préparés par les Ministres des Finances, qu'ils s'appellent Carnot, Peytral, Burdeau, Ribot, Poincarré, Cochery, Cailleaux ou Rouvier ont toujours été littéralement détruits par les Chambres.

Quoi qu'on dise et quoi qu'on fasse, les Chambres françaises sont loin d'avoir administré le Pays comme elles auraient dû le faire. Ainsi, à certaines époques elles ont criblé d'impôts les contribuables ; actuellement, elles se sont sensiblement améliorées. Un certain nombre d'impôts : taxe postale, taxe télégraphique, taxe sur le papier, propriété non-bâtie, etc., ont été supprimés ou diminués ; voyageurs et marchandises sont transportés 30 à 40 pour cent meilleur marché qu'il y a trente ans, etc.

Je ne peux que les en louer ; mais mon impartialité absolue m'oblige à ne pas passer sous silence l'ignorance de certains membres des Parlements : « Il y a quelque 10 ou 15 ans, les Chambres étaient principalement composées d'hommes qui ne possédaient pas la moindre parcelle de ce qui s'appelle connaissance des questions économiques. Ils n'avaient pas l'idée de voir que l'impôt sur la propriété non-bâtie est un impôt absolument injustifié car, d'une part, l'Agriculture contribue considérablement à la Prospérité générale et, d'autre part, le revenu du Sol, tout en étant sujet aux intempéries et en exigeant du travail n'atteint pas toujours six pour cent, ainsi que je l'ai dit dans le Chapitre Défense de l'Agriculture et que je le démontre plus loin, dans l'Article Devoir des Siècles ».

Quant aux Chambres étrangères, elles ne méritent pas non plus des compliments : Il me serait possible d'en citer plusieurs qui pendant 8 ou 10 années avaient oublié...... de s'occuper des budgets et des réformes utiles.

Quoiqu'il en soit, cet état de choses commence à avoir vécu et les citoyens qui possèdent une étincelle d'intelligence doivent dire : Ce n'est pas trop tôt.

Je ne me donnerai pas la peine d'étudier ici séparément les budgets de tous les Etats. Il me serait possible de fournir les chiffres les plus complets mais, cet amas de chiffres présenterait un intérêt rétrospectif, car dans tous les Etats ce sont les mêmes éléments qui doivent venir aux recettes et aux dépenses.

Je vais donc m'arrêter au budget de la France. Dans la colonne numéro 1, j'indique les chiffres actuels et dans le numéro 2, les chiffres après l'adoption de mon Projet.

Recettes :	(1)	(2)
Propriété bâtie.................	88.400.000	Suppression
— non bâtie	104.800.000	Suppression
Personnelle-mobilière	97.000.000	Suppression
Portes et fenêtres...	64.000.000	Suppression
Patentes......................	138.000.000	140.000.000
Frais d'avertissement	1.000.000	1.000.000
Billards, Autos, etc...........	47.000.000	Suppression
Impôt sur les Coupons............	84.500.000	12.000.000
— sur les opérations de Bourse .	6.400.000	6.300.000
Tabacs et Allumettes..............	473.000.000	510.000.000
Poudre à feu....................	12.700.000	14.000.000
Postes.......................	211.000.000	245.000.000
Télégraphes....................	42.600.000	56.000.000
Téléphones	23.300.000	25.000.000
Chemins de fer et Tramways	... ...	1.500.000.000
Enregistrement et Timbre	730.000.000	600.000.000
Boissons, Douanes, etc........ ...	1.200.000.000	1.200.000.000
Domaines et Divers..............	250.000.000	... ...
Emprunts......................	Irréguliers	2.000 fr. p. hab.
Dépenses :		
Intérieur	536.000.000	400.000.000
Colonies	112.500.000	15.000.000
Affaires étrangères..............	17.000.000	20.000.000
Guerre et Marine..............	1.017.000.000	500.000.000
Instruction publique et Beaux-Arts..	230.500.000	230.000.000
Commerce et Industrie...........	14.500.000	50.000.000
Postes, Télégraphes et Téléphones..	38.000.000	50.000.000
Travaux publics	245.200.000	1.100.000.000
Cultes	43.000.000	50.000.000
Justice.......................	37.000.000	35.000.000
Finances......................	1.191.000.000	2.400.000.000
Agriculture...................	31.000.000	50.000.000

En résumé :

En ce qui concerne les Recettes, je supprime la propriété bâtie, celle non-bâtie, la personnelle-mobilière, les portes et fenêtres, les billards, autos, etc., et diminue considérablement l'impôt sur les coupons ainsi que les droits d'Enregistrement. Je maintiens les Patentes ainsi que la taxe sur les opérations de Bourse. J'augmente les Tabacs, Allumettes, Poudre à feu, Postes, Télégraphes et Téléphones ; il ne s'agit pas d'une augmentation des tarifs mais tout simplement d'une augmentation des recettes — augmentation qui sera donnée par l'augmentation de la Prospérité générale. J'inscris, par anticipation, le produit *net* des Chemins de fer et Tramways. Je ne fais pas entrer en ligne de compte les recettes dites du Domaine, car j'estime que les forêts et autres éléments qui le composent sont appelés à être vendus petit à petit. Enfin, j'inscris pour tous les cinq ans, ou chaque année, à raison du un cinquième, un petit emprunt, dit perpétuel, calculé à raison de deux mille francs par habitant en augmentation sur le précédent recensement.

9

En ce qui concerne les Dépenses, je réduis celles du Ministère de l'Intérieur, car je supprime **catégoriquement** toutes les subventions qui ne présentent pas un caractère d'Utilité générale. Je maintiens le Ministère des Colonies, mais réduit des 9/10ᵉ ses dépenses, en les laissant à la charge directe des Colonies. Je maintiens le Ministère des Affaires Etrangères. Je réduis de **plus de moitié** les Ministères de la Guerre et de la Marine ; quant on pense qu'ils coûtent annuellement plus d'un milliard de francs, on ne peut éviter de reconnaître que l'illustre Turgot ne s'avançait pas trop en disant : « Les armements tarissent les ressources les plus précieuses, perpétuent un état maladif et précaire et empêchent l'amélioration du sort de tous ceux qui souffrent ». J'augmente les dépenses du Ministère du Commerce et de l'Industrie, à l'effet de la création **immédiate** de l'institution que j'ai préconisée. J'augmente les dépenses du Ministère des Postes et Télégraphes, à l'effet de permettre l'augmentation du personnel et la création de tous les services reconnus utiles. J'augmente **considérablement** les dépenses du Ministère des Travaux Publics car, j'en informe les Etats, « les plus modestes chefs-lieux de canton désirent être à l'instar des grandes villes » ; il appartient donc aux Pouvoirs Publics d'intervenir et ils ne peuvent le faire efficacement que par des capitaux (voir ci-après mon Article : Devoir des Villes). Je maintiens le Ministère des Cultes, parce que je crois répondre au désir de la population et à celui de l'Assemblée de 1789. Je maintiens le Ministère de la Justice. J'augmente **considérablement** le Ministère des Finances car, si l'on fixe une valeur aux Etats, c'est à l'effet que cette valeur soit exactement représentée par le nominal de la Dette. Enfin, j'élève **sensiblement** le Ministère de l'Agriculture, à l'effet qu'il lui soit possible, si cela était utile, de subventionner le Crédit Agricole ; je le répète : « Subventionner l'Agriculture, c'est doublement subventionner tout le monde car, tout le monde a besoin de l'Agriculture et, d'autre part, elle est une base indispensable à la Prospérité. »

Il ne faut pas croire que je sois le seul à reconnaître que « l'ignorance de beaucoup de députés a valu aux citoyens des impôts trop élevés ». M. Henri Germain, Membre de l'Institut et Président du Conseil d'Administration du Crédit Lyonnais, s'exprimait en termes semblables dans la Communication qu'il fit tout récemment à l'Académie des Sciences Morales et Politiques.

Laissez-moi lui passer la plume :

« Il n'y a pas lieu d'alarmer le Pays sur l'état présent de ses finances : Il est meilleur qu'il y a vingt ans.

« J'ai relevé année par année, depuis 1875, le montant des dégrèvements et le produit des impôts nouveaux. En comparant ces chiffres je vois que l'Etat a perdu, par les dégrèvements, à peu près le double de ce que les impôts nouveaux lui ont rapporté.

« Si le Parlement n'avait voté ni dégrèvements, ni impôts nouveaux, de 5 milliards 100 millions, le déficit eût été réduit à 1 milliard 723 millions seulement, de 1875 à 1890 et, dans la période qui s'est écoulée depuis 1890, l'excédent réel des recettes n'eut pas été inférieur à 2 milliards.

« Si, depuis 1897, les dégrèvements ne s'étaient pas élevés à 145 millions, — savoir : 104, sur les boissons hygiéniques ; 12, sur le café ;

13, sur la bière, et 16, sur l'impôt foncier — notre budget n'aurait pas été en déficit d'environ 140 millions en 1901 et en 1902.

« Excédent des dépenses pour chaque législature, en millions de francs :

De 1875 à 1877	416.222
1878 à 1881	1.037.505
1882 à 1885	2.347.017
1886 à 1889	1.254.345
1890 à 1893	456.156
1894 à 1897	24.767
1898 à 1901	108.842
1902 à	142.573

— Il y a encore une question que j'ai omis de solutionner, c'est celle de l'impôt sur le revenu.

Je suis absolument contraire à cet impôt, parce que le revenu est un composé d'intelligence et de louage de capitaux dans des proportions et des combinaisons bien diverses.

Le capitaliste qui place son capital en rentes, par exemple en Rente Française 3 %, aura à la fin de l'année un revenu de 3.000 francs, pour un capital d'environ cent mille francs.

Celui qui emploierait le même capital à l'acquisition d'un immeuble, pourrait bien, à la fin de l'année, obtenir un revenu plus élevé que celui ci-dessus, par exemple, 5.000 francs ; mais, il aurait eu plus de difficultés, car il lui aurait fallu s'occuper de la location de son immeuble.

Celui qui placerait le même capital, 100.000 francs, dans une entreprise industrielle ou minière, peut bien, en fin d'année, obtenir un revenu encore plus élevé, par exemple 10 ou 15 pour cent mais, il peut aussi arriver qu'il obtienne zéro et qu'il perde tout ou partie de son capital.

Conclusion :

« Pas d'impôt sur le revenu, parce que celui qui place son capital et veut qu'il lui soit bien garanti, se contente d'un revenu très modeste ; tandis que si, au contraire, il place son capital à titre spéculatif, il contribue à l'activité générale car, plus un placement est aléatoire plus on subventionne à ses risques et périls l'initiative privée.

— Mais, me direz-vous, nous ne comprenons pas encore bien votre état des recettes et des dépenses budgétaires? Comment devra-t-on faire quand il y aura déficit ?

Rassurez-vous et rappelez-vous ceci :

« Le gros point c'était de répondre à cette question : Un Etat doit-il avoir une Dette ? Si oui, pourquoi? et de combien ? Rappelez-vous également que la situation de tous les Etats, sans aucune exception, même ceux qu'on a qualifiés d'Etats à finances avariées: Equateur, Honduras, etc., n'est ni désespérée, ni mauvaise. Enfin, rappelez-vous qu'à la Conférence que je me propose de faire, je compléterai mes Renseignements Pratiques. »

⁂

Le Devoir des Départements. — Les Départements ont-ils un Devoir ? Telle est la question.

Oui, les Départements ont un Devoir. Dans le passé, ce Devoir était Administratif et Financier, puisqu'ils disposaient de certains revenus, notamment la part leur revenant de l'impôt foncier.

Puisque je supprime cet impôt, le devoir des Départements se trouvera considérablement modifié, cependant ce n'est pas pour cela qu'il sera supprimé.

Leur devoir sera général et local.

Général, en ce sens que le rôle des Conseils généraux consistera à l'étude de tout ce qui concerne leur Département, au point de vue de l'Utilité générale. Ils devront donc être l'interprète des populations auprès des Etats pour tous les éléments qui présentent un caractère d'Utilité générale : Routes, Ponts, Chemins de fer, Tramways, etc., puisque ces éléments seront dans l'avenir à la charge complète des Etats.

Local, en ce sens qu'ils devront prêter leur appui aux Préfectures, Mairies, Chambres de Commerce et autres Institutions, à l'effet de poursuivre la création de toutes les améliorations reconnues conformes aux intérêts des localités.

★
★ ★

Le Devoir des Villes. — Les Villes ont-elles un devoir ? Telle est la question.

Oui, les Villes ont un Devoir. Ce Devoir est Immobilier, Administratif et Financier.

Immobilier, en ce sens que si les immeubles sont la propriété de ceux qui les possèdent, ils sont, au point de vue moral, une chose publique.

Vu cet état de choses que doivent faire les Villes ?

1° Etablir un Plan définitif de la Ville,

2° Etablir un Règlement, également définitif, des conditions qui seront exigées des constructions nouvelles.

En outre de ces deux choses, il en est une troisième qui s'adresse aux chef-lieux de canton dont la population est inférieure à cinq mille habitants.

Savez-vous ..... ?

J'ai demandé, d'autre part, que les Etats leur allouent une subvention à l'effet de leur permettre une Renaissance Immobilière.

S'ils leur allouaient à cet effet une subvention annuelle de 100 ou 150.000 francs, cela serait très joli, mais cela ne serait pas pratique pour leur permettre d'opérer d'une façon complète.

Il semble donc préférable de verser chaque année, à un chef-lieu de canton par département, la somme que je vais fixer plus loin. De cette façon, en l'affaire de 25 ou 30 ans, une grande partie de l'influence du hasard aura été réparée.

Voici à peu près la marche à suivre :

La Ville de La Mure (Isère), ma Ville natale, compte 3.337 habitants ; conséquemment, elle aurait droit à la subvention.

Elle compte 865 immeubles qui, par leur variété, constituent un pâté de maison ; quant aux rues, elles sont les unes larges et les autres étroites et, leur alignement fait partie du domaine de l'espérance.

Si la Municipalité était autorisée à toucher au fur et à mesure de ses besoins, une subvention de dix millions de francs, elle pourrait faire bâtir une Ville entièrement neuve, soit sur l'emplacement actuel soit dans les environs, sur un emplacement qui serait reconnu préférable.

Elle consacrerait francs :

Aux constructions et, s'il y a lieu, à l'achat du terrain ..   5 millions
A la construction des édifices publics et à l'organisation des divers services ....   2 —
Imprévus...   3 —

Soit la somme sollicitée...........................   10 —

Au fur et à mesure qu'elle effectuerait la vente des nouveaux immeubles elle en emploierait le montant à l'expropriation des anciens et aux démolitions.

De cette façon, elle deviendrait une petite Ville où l'on trouverait les conditions exigées par l'Hygiène et, il n'est pas douteux qu'elle prospérerait plus qu'en l'état actuel.

Je fais la même remarque pour tous les petits chef-lieux de canton car, quoi qu'on dise et quoi qu'on fasse, la subvention que je viens de solliciter sera certainement la mieux employée, la plus utile et, elle constituera un des clous du XXe siècle.

Administratif, en ce sens qu'elles doivent être administrées au mieux. De même que pour les Etats et les Départements, je supprime l'impôt foncier. J'estime qu'elles doivent se suffire avec leurs emprunts, le produit des diverses concessions et les droits d'octrois. Pendant l'année 1902, le total de ces derniers s'est élevé, en France, à 274.604.800 francs, sur une recette totale de 806.244.021 francs; on le voit, ils représentent plus de trente du cent. J'estime que quand ils portent sur l'alimentation, ils constituent un impôt tout à fait équitable — impôt dont je prévois le maintien pour longtemps encore.

Financier, en ce sens qu'elles doivent avoir une Dette.

La Dette totale des 36.191 Communes de France s'élevait, fin 1902, à 3.883.591.110 francs.

Il en est de cette réunion de Dettes, comme de celles des Etats; les unes sont en augmentation, d'autres sont stationnaires, d'autres sont en diminution et d'autres sont litigieuses; autrement dire, aucune règle n'a présidé à leur établissement.

C'est là une chose contraire à la Prospérité. A mon avis, les Communes dont la population est inférieure à 1.200 habitants, ne doivent pas avoir de Dette et celles dont la population est supérieure à ce nombre, doivent avoir une Dette basée sur un quotient donné. Conséquemment, les institutions dénommées Crédits Fonciers devront leur effectuer des Prêts d'office, dans les conditions que je détermine ci-après :

PRÊTS PERPÉTUELS. — Les Villes ont droit à un prêt perpétuel, pour deux raisons :

Elles ont un *Actif* qui comprend l'ensemble des Edifices et Services publics.

Elles ont un *Revenu* qui comprend les droits d'Octroi et le produit de certaines concessions : Droits de place sur les marchés, droits d'abattoirs, cimetière, etc.

La valeur de cet actif et de ce revenu est ici, comme pour les Etats, proportionné à la population. Il n'y a qu'une différence, c'est que la population d'un Etat augmente d'année en année, tandis qu'il peut arriver que celle d'une ville ait légèrement diminuée d'un recensement à un autre. C'est pour cette raison que ces prêts, quoique dénommés perpétuels, seront également appelés PRÊTS A CINQ ANS RENOUVELABLES. Ils partiront du 1er janvier des années se terminant par le chiffre 1 ou 6 et prendront fin le 31 décembre des années se terminant par le chiffre 5 ou 0. Autrement dire, au 31 décembre qui suivra chaque recensement si la population a diminuée, la Ville remboursera au Crédit Foncier autant de fois... francs qu'il y aura d'habitants en diminution; si au contraire, elle a augmentée, elle empruntera au Crédit Foncier autant de fois... francs qu'il y aura d'habitants en augmentation.

Il s'agit maintenant de fixer le quotient personnel. Je crois que le nombre 200 est suffisamment élevé.

PRÊTS AMORTISSABLES. — Les Villes qui, en outre de l'actif et du revenu ci-dessus indiqués, se trouvent avoir *un Actif et un Revenu supplémentaires* ont, de ce fait, droit à un prêt, mais il est préférable que celui-ci soit amortissable.

Qu'est ce qui peut, pour les Villes, constituer un actif et un revenu supplémentaires ? Telle est la question.

Il n'y a guère que trois éléments, savoir :

Monopole du Gaz,
— de l'Electricité,
— des Eaux.

Conclusion :

« Les institutions dénommées Crédits Fonciers doivent immédiatement mettre à rétribution mes renseignements. En ce faisant, elles seront réellement ce qu'elles auraient toujours dû être.

« D'autre part, puisque mon Projet va amener une Renaissance Immobilière, ces institutions devront, dans l'avenir, effectuer des prêts hypothécaires non seulement aux propriétaires d'immeubles dans les grandes villes, mais aussi aux propriétaires d'immeubles dans les chef-lieux de canton et avoir tous les notaires pour correspondants ».

*
**

Le Devoir des Personnes. — Les Personnes ont-elles un Devoir ? Telle est la question.

Oui, les personnes ont un Devoir qui comprend un certain nombre d'éléments. Ci-après, j'en indique cinq:

On ne doit pas être prodigue de son corps. — On peut être prodigue de son corps de plusieurs manières et, notamment, si, par avarice, l'on se nourrit mal ou insuffisamment.

On ne doit pas être prodigue de son esprit. — On peut être prodigue de son esprit de plusieurs manières et, notamment, si l'on préfère l'ignorance et la bêtise à l'Instruction et aux Progrès.

On ne doit pas être prodigue de ses biens. — On est prodigue de ses biens en se livrant à des dépenses exagérées ou inutiles.

La dépense inutile la plus fréquente est le jeu. Je ne me donnerai pas la peine de sortir de mon sujet en faisant ici une revue des jeux, je préfère me résumer par trois maximes connues :

Le goût du jeu ne prend que dans les esprits vides. (J.-J. ROUSSEAU).

Le jeu n'a été inventé que pour les imbéciles et les escrocs. (BOITARD).

Le jeu nous dérobe le temps et l'argent. (Proverbe anglais).

On doit Travailler. — Dans la Société, pour la bonne harmonie, toutes les initiatives doivent avoir leur emploi.

Le Capitaliste travaille en prêtant ses capitaux; le Commerçant et l'Industriel, en faisant des affaires; le Laboureur, en menant sa charrue; le Vigneron, en soignant ses vignobles; enfin, l'Ouvrier, en apportant son quotient à l'activité.

Le Travail se présente à nous sous deux phases. Dans la première, l'homme cherche uniquement à calmer les besoins qui le pressent. C'est l'homme dégradé, sauvage, vivant au jour le jour, se nourrissant des fruits des arbres de la forêt ou des produits de sa chasse aventureuse, ignorant ou à peu près l'art de faire donner à la terre plus qu'elle ne donne d'elle-même et mourant sans laisser derrière lui trace de son passage. Dans la deuxième, l'homme trouve dans le Travail une chose élégante et noble. Il s'aperçoit que dans les forêts de l'Afrique des générations se sont succédées sans laisser le moindre souvenir. Il remarque que ces générations ont travaillé mais juste dans la mesure réclamée par leurs besoins. Il remarque encore que ces races malheureuses n'ont vu dans le Travail que le côté pénible et ne l'ont considéré que comme une servitude. Il se rend compte que le Travail est la propriété des Peuples intelligents et qu'il est caractérisé par une noble prérogative, celle de faire plier à nos volontés la nature matérielle. Il se rend compte également que le Travail a fait de Pasteur, de Chevreul, de Berthelot, etc., d'illustres savants.

On doit avoir une opinion basée. — L'unification des opinions ne doit pas être un vain mot car elle peut et elle doit exister.

L'opinion qui doit dominer et triompher, c'est celle qui est réellement basée or, il n'y en a qu'une seule et, dans l'Univers entier, toutes les personnes qui possèdent une étincelle d'intelligence doivent l'admettre.

Devons-nous être révolutionnaires ?

Je vous réponds: Non. Pourquoi ? Parce que l'Egalité sociale a été établie par la Révolution.

Devons-nous être socialistes ?

Je réponds à nouveau : Non. Pourquoi ? Parce que celui qui a acquis une chose doit avoir le droit légitime de la posséder.

N'oublions pas cet enseignement :

« Le peuple Grec est un peuple intelligent. Il n'a pas voulu de l'anarchie et du socialisme. A peine annoncés, ils y sont morts sous le ridicule. »

Devons-nous être nationalistes ?

Je vous réponds encore : Non. Pourquoi ? Parce que pour nationaliser, il faudrait arrêter l'essor de l'esprit humain, revenir en arrière et ne pas s'associer à l'augmentation de la Prospérité. Il faudrait supprimer les Chemins de fer, l'Union postale, les Bourses, les Valeurs mobilières, etc., en un mot, les éléments progressistes et internationaux.

Aujourd'hui, je l'ai fait ressortir dans le cours de mon ouvrage, tout est international : les Personnes, le Commerce, la Propriété, les Valeurs mobilières, les Monnaies et, même les Sciences :

Ainsi, tout récemment, la statistique faisait voir que la France est un des Etats où les budgets sont les plus élevés. Immédiatement, l'idée fit le tour du monde. Peu après on apprit la nouvelle suivante :

Chine. — Shanghaï, 8 décembre 1902. — Dans le grand concours d'examen des mandarins à Tchinenfou, capitale de la province de Chantoung, on a donné aux candidats les thèmes de composition suivants :

1° Quelle doit être l'attitude de la Chine en présence de la concurrence commerciale que se font les Etats ?

2° Les impôts dans les Pays Etrangers, en France notamment, sont très élevés. Cherchez la cause ou les causes de cet état de choses et dites si en Chine on pourrait établir le même usage.

3° Envisagez ce principe du Droit International qui accorde aux Etrangers la même protection qu'aux nationaux.

4° Quelle est l'utilité des Voies ferrées ?

5° Quelle est l'importance de l'étude de la Chimie pour l'Agriculture ?

Il est certain que dans les siècles passés le nationalisme existait à peu près. Il ne pouvait guère en être autrement à cause des difficultés de communications. Les exemples sont là pour le prouver :

La Chine avait créé les billets de banque près de 2700 ans avant J.-C.

Dix et même vingt siècles plus tard, les billets de banque étaient encore inconnus de beaucoup d'Etats.

— La Chine découvrit l'Amérique. Des hiéroglyphes de découverte récente en font foi et établissent qu'un bonze du nom de Hoeï-Chin partit pour l'Amérique avec quatre autres missionnaires chinois, en l'année 458 et en revint seul, en l'année 499.

Environ neuf siècles plus tard, en 1492, le navigateur Christophe Colomb s'imagine la découvrir.

— La Chine connaissait l'Imprimerie. Plus de dix siècles avant la naissance de J.-C. les Chinois se servaient déjà de caractères mobiles.

Environ vingt-six siècles plus tard, en 1543 de l'ère nouvelle, Gutemberg la découvre en France.

— La Chine, en l'an 1000, possédait déjà le Journalisme. Une feuille appelée le *Kin-Pan* y existe depuis plus de mille ans. Jusqu'en 1301, elle paraissait tous les mois et enregistrait les événements les plus déplorables de la Cour de Pékin.

Dans les autres Etats le Journalisme était encore inconnu il y a quelques siècles. En France, il ne prit naissance qu'au xve siècle. A cette époque, on dénommait *Cri* la proclamation faite en public par un crieur patenté, des édit royaux, règlements de police, mariages princiers, naissances, guerres, traités de Paix et autres événements notables que le Roi voulait porter à la connaissance du public.

— La Chine, plus de 1000 ans avant J.-C. se servait déjà de feuilles de mûrier pour l'éducation des vers-à-soie.

Ce n'est que vers le milieu du vie siècle de l'ère nouvelle, que la culture et l'usage de cet arbuste se sont introduits en Europe Ils pénétrèrent en France à la suite de l'expédition de Charles VIII en Italie.

— La Chine possédait la boussole. Elle y fut inventée en 1.124 avant J.-C.

La boussole ne fut connue en Europe qu'à la fin du xiie siècle de l'ère nouvelle.

— La Chine, de tous temps, s'est occupée de la Science astronomique, Il y a plus de quarante siècles, il existait à la Cour des Empereurs, des astronomes chargés de régler le temps d'après l'observation du ciel, et de fixer en conséquence l'époque des diverses cérémonies religieuses. Un livre ancien montre avec quelle sévérité un des Souverains contrôlait le service de ces fonctionnaires. Deux astronomes appelés Hi et Ho ayant oublié leur devoir et s'étant laissés aller à la boisson furent immédiatement punis de la peine capitale car la Loi disait: Celui qui devance les temps ainsi que celui qui les retarde doivent être mis à mort sans rémission.

En Europe, ce n'est qu'au huitième siècle de l'ère nouvelle que se créa la Science astronomique et elle ne prit un certain développement qu'aux siècles derniers, après les travaux de Galilée, Lippersbey et Tycho-Brahé.

— Pourquoi pousserait-on l'égoïsme jusqu'à vouloir garder pour soi une Découverte, une Méthode, un Progrès quelconque ?

L'illustre Pasteur a lui-même dit : « L'avenir appartiendra à ceux qui auront le plus fait pour l'humanité sociale ».

L'expression « humanité sociale » ne veut-elle pas dire « tout l'Univers ? »

L'illustre Chevreul a lui-même dit : « Est-il pour celui qui s'occupe de Sciences une joie plus grande que de voir les Progrès qu'il fait faire à la recherche de la vérité, servir au bien-être de la famille humaine ».

L'expression « famille humaine » ne veut-elle pas aussi dire « tout l'Univers ? »

L'illustre Berthélot a lui-même dit : « En s'attachant aux grandes périodes, on voit clairement que le rôle de la méchanceté décroît à proportion que l'on s'avance dans l'histoire du monde ; car, la somme de bien augmente au fur et à mesure qu'augmente la vérité. »

L'expression « histoire du monde » ne veut-elle pas également dire « tout l'Univers ? »

Ne nous faisons donc plus d'illusions sur l'Internationalisme et aujourd'hui, en l'année 1903, reconnaissons officiellement qu'il s'associe très bien à la Prospérité.

Rendons-nous bien compte que pour nationaliser, il faudrait arrêter l'essor de l'esprit humain et revenir en arrière ; ne soyons pas comme un certain De Bonald, ami des imbécillités et ennemi des Progrès, qui s'élevait contre les routes à cause qu'elles rapprochaient les hommes ; enfin, n'oublions pas que la devise du monde est : « Toujours à mieux » ; ce qui veut dire : « Prospérité par l'Internationalisme et les Progrès. »

Alors, nous devons être internationalistes ?

Oui, nous devons être INTERNATIONALISTES ET PROGRESSISTES, c'est-à-dire partisans de l'Internationalisme général et des Progrès sous quelque forme qu'ils se présentent.

Il faut bien nous imaginer que l'Internationalisme, les Progrès et la Prospérité sont trois éléments qui ne se sont pas entrelacés les uns dans les autres en l'affaire de vingt-quatre heures.

Qu'était en effet la terre dans son état natif ? Habitués que nous sommes au spectacle qui frappe nos yeux nous pouvons difficilement nous la représenter hérissée d'obstacles de toutes sortes.

Les pierres qui nous ont fourni les matériaux de nos constructions se présentaient sous la forme de rochers abruptes ; les métaux n'étaient qu'à l'état de minerais cachés dans les entrailles de la terre ; les végétaux existaient dans leurs espèces distinctives, mais ils étaient éloignés de l'état où nous les voyons aujourd'hui. Quelle distance entre le pommier sauvage et les fruits de nos jardins ? Entre ces tiges surmontées à peine de quelques grains et les riches épis de blé ? Les grains de sable se sont convertis sous l'influence des agents chimiques en feuilles de verre rigides et transparentes ; nous avons su endiguer les rivières et les utiliser à nos transports et à notre éclairage ; enfin, que n'aurions-nous pas à dire de la Vapeur qui par ses divers degrés de concentration nous offre un ressort si puissant ?

Le Devoir du XXe Siècle. — Le Devoir du xxe Siècle n'est pas, comme beaucoup de personnes le supposent, une chose spéciale. A mon avis un siècle n'a pas de devoir particulier, pour la raison que « le Progrès constitue un Devoir de tous les instants. »

Le Devoir du vingtième siècle et des siècles suivants consiste donc, tout simplement, en l'adoption de tout ce qui constitue Progrès.

Je ne saurais assez appuyer sur ce mot Progrès. Je le vois placé à côté des Progrès, à côté des Sciences, à côté de la Médecine, à côté de la Pharmacie, à côté de l'Agriculture, à côté du Travail, à côté de l'Armée, à côté des Législateurs, à côté de L'Instruction, à côté du Journalisme, à côté des Chemins de fer, à côté de la Navigation, à côté des Postes, à côté des Administrations, enfin, à côté de l'ensemble général.

A côté des **Progrès**, en rémunérant les personnes qui découvrent un Progrès quelconque.

a) J'ai nettement expliqué d'autre part, que l'on doit adopter tout ce qui constitue Progrès. En outre, les Etats doivent rémunérer les personnes qui découvrent de nouveaux Progrès, quels qu'ils soient.

Je n'ai pas la prétention de demander que l'inventeur d'un perfectionnement élémentaire, soit en droit d'obtenir des Etats une rémunération ; mais, je dis ceci :

« Les Etats doivent rémunérer les personnes qui découvrent un Progrès important et, la rémunération doit être proportionnée à la portée économique dudit Progrès. »

Au point de vue scientifique, les siècles derniers nous ont donné le Thermo-multiplicateur, le Moteur électrique, le Microphone, la Photophonie, la Phototypie, l'Hygromètre, l'Electrophore, la Machine diélectique, l'Electroscope, le Microscope, l'Horloge électrique, la Machine à coudre, le Télautographe, etc. ; au point de vue médical, le Sérum contre la rage, celui contre la diphtérie, les Rayons Rœtgen et De Finsen, la guérison de la tuberculose et du cancer par les sels formiques, etc.; ce sont là, sans conteste, des découvertes qui ont une portée économique ; il y en a qui ont une plus grande valeur que d'autres mais, malgré cela, elles méritent toutes à leur auteur une rémunération de la part des Etats.

Il faut bien s'imaginer que si les individus ont des devoirs, ils n'ont pas cependant le « devoir de découvrir » ; ce qui veut dire, que s'ils découvrent, ils sont en droit d'en être rémunérés, s'ils en font bénéficier la Société.

J'ai offert dans le cours de mon ouvrage de faire une démonstration intéressante « en trouvant dans les Intérêts Financiers l'abolition des guerres, l'établissement de la Paix et le maxima permanent de Prospérité ». Croyez-vous, Chers Lecteurs, qu'après avoir fait ma Démonstration, je ne serai pas en droit d'être rémunéré par les Etats ? Voudriez-vous admettre que je sois ensuite forcé de travailler comme le plus modeste serviteur ?

Non, n'est-ce pas. Pourquoi ? Parce que ma Démonstration constituera un Progrès — Progrès économique, financier et social.

Conclusion : Je prends note pour mon Projet d'un Article ainsi conçu :

Progrès. — Des Prix, dont le montant pourra être très élevé et qui consisteront en une somme espèces, ou bien en une rente annuelle, ou bien encore, partie en espèces et partie en une rente, seront alloués par les Etats, à toute époque de l'année, aux personnes qui découvriront un Progrès : Médical, Pharmaceutique, Scientifique, etc., lesdites indications étant énonciatives et non limitatives.

« Le montant du Prix décerné sera proportionné à la portée économique du Progrès réalisé.

« Les intéressés devront adresser à M. le Président du Conseil un rapport sur le Progrès ou la Découverte et demander la nomination d'un Jury pour se prononcer. »

A côté des **Sciences**, en nous donnant de nouvelles Inventions, de nouvelles applications de l'Electricité et, peut-être, le Soleil-moteur.

a) Il est certain qu'il y a encore des milliers et milliers de choses à découvrir ou tout au moins à perfectionner.

Parmi les Brevets d'Invention récemment délivrés, j'en remarque un qui sera certainement longtemps d'actualité : Nouveau procédé de Laminage pour la remise en état des vieux rails de Chemins de fer.

Je remarque également que le sexe féminin ne reste pas en arrière. Une dame A.... découvre une armoire universelle; une dame B.... perfectionne les corsets; une demoiselle C.... améliore les agrafes, etc., etc.

b) L'Electricité, cette fée mystérieuse, ne semble-t-elle pas appelée à nous aider encore ?

Son champ d'action s'étend de jour en jour. Il y a douze années, on se contentait de transmettre sa force dans un rayon de six cents mètres; aujourd'hui, on atteint couramment douze à quinze kilomètres. L'usine de Shawinigan-Falls, au Canada, transporte jusqu'à Montréal, soit cent quarante kilomètres, un courant de cinquante mille volts.

Cette conception est avantageuse, car elle permettra dans l'avenir le développement de l'Electricité comme moyen de transport.

Tout récemment, le 10 août dernier, il a été procédé sur la ligne de Saint-Georges-de-Commiers à La Mure (Isère), à un essai qui a été couronné de succès. La locomotive électrique qui recevait par fils aériens son énergie de l'usine située à quelques kilomètres a remorqué, avec une parfaite souplesse, soit à la montée, soit à la descente, entre la station de la Motte-les-Bains et celle de la Motte-d'Aveillans, par une rampe de vingt-sept centimètres par dix mètres et des courbes d'un rayon de cent mètres, un convoi composé de seize wagons d'un poids total de cent mille kilos.

Dans un ouvrage récemment publié à Berlin, M. Reuleaux, expose les progrès réalisés par l'humanité pour l'utilisation des forces naturelles, depuis l'ancienne roue hydraulique des Assyriens, jusqu'aux installations modernes du Niagara.

On a calculé que le charbon disponible en Angleterre, en Allemagne, en Autriche et aux Etats-Unis, ne pouvait guère alimenter l'industrie pendant plus de deux cents années et que les autres régions houillères ne sauraient proroger beaucoup cette époque. Il est donc du plus grand intérêt de rechercher quelles forces naturelles pourraient suppléer le charbon. Il est difficile d'évaluer exactement la puissance que pourraient produire les cours d'eau; cependant on peut être certain que la réalisation d'une bien petite partie seulement de cette puissance suffira, au point de vue des transports, pour remplacer tout le charbon.

M. Reuleaux cite comme exemple de l'utilisation du pouvoir hydraulique, les travaux du Hartz, où pour ainsi dire, la moindre goutte d'eau est utilisée, et où, bien qu'il n'existe aucun cours d'eau un peu sérieux, on produit une puissance hydraulique totale de 3.300 chevaux.

c) Il y a quelques mois plusieurs journaux annonçaient qu'un ingénieur, nommé Fansa, utilisant les expériences de Hertz, sur les phénomènes optiques, aurait découvert un appareil qui transforme l'énergie solaire en un courant alterné de la tension de 109 volts.

Cette information n'est pas absolument invraisemblable; d'ailleurs, elle ne nous vient pas de l'autre côté du globe : elle nous arrive d'Allemagne.

D'autre part, mes recherches m'ont amené à découvrir que la question du Soleil-moteur a déjà été étudiée.

La Chaudière solaire, imaginée en 1870 par M. Mouchot, professeur au Lycée de Tours, n'est-elle pas un point de départ de l'utilisation de la force du Soleil ?

Il y a une vingtaine d'années, n'habitait-il pas, au numéro 28 de la rue d'Assas, à Paris, un inventeur d'appareils destinés à emmagasiner la force calorique des rayons solaires? Ce qu'il y a de plus déplorable, c'est qu'en juin 1885, par un après-midi particulièrement chaud, les appareils firent explosion, ce qui semble indiquer qu'ils étaient réellement un point de départ de l'utilisation de la force du Soleil.

A côté de la Médecine, en faisant faire un nouveau pas à la Médecine par les Plantes, un nouveau pas à la Médecine Chirurgicale, un nouveau pas à la Médecine par l'Electricité et un nouveau pas à la Microbiologie.

a) La Médecine par les Plantes a sa véritable valeur. Il est un fait incontestable c'est que les Plantes ont des propriétés médicinales : les unes sont lénitives, d'autres pectorales, d'autres diurétiques, etc.

Cependant, si les propriétés d'un certain nombre de plantes sont connues, il en est pour beaucoup d'autres le contraire; d'ailleurs, il n'y a pas bien des années que l'on connaît les propriétés du Jaborandi, du Strophansus, de l'Hamamelis et de quelques autres plantes exotiques.

Conclusion : « Le vingtième siècle agira savamment en faisant faire à la Médecine par les Plantes de nouvelles conquêtes ».

b) La Médecine chirurgicale a également, sans conteste, sa véritable raison d'être : Grâce à elle, on ampute un membre, on extrait des dents, etc., sans faire trop souffrir le malade.

En ces dernières années, en France, le Docteur Doyen s'est signalé : Les projections cinématographiques de ses procédés opératoires, qu'il fit à Londres il y a quelques mois, par-devant près de deux cent chirurgiens anglais et américains, ont obtenu un légitime succès et lui ont valu les félicitations du Monde médical. Est-ce à dire que la Science chirurgicale a dit son dernier mot? Je ne le crois pas ; J'estime qu'il se fera encore des Progrès — Progrès qui marcheront de pair avec le perfectionnement des anesthésiques.

c) La Médecine par l'Electricité, quoique ne comptant encore qu'une vingtaine d'années de pratique, a à son actif des guérisons merveilleuses. Elle ne guérit pas toutes les maladies, mais dans certaines : tumeurs, paralysies, ataxie, etc., elle apporte toujours l'amélioration et dans beaucoup de cas la guérison complète — améliorations ou guérisons qui s'obtiennent sans souffrance et toujours sans danger.

Conclusion : « Le vingtième siècle doit nous donner le développement de l'Électricité médicale. »

d) La Microbiologie est la Science qui a trait à l'étude des infini-
ment petits. Elle n'existe guère que depuis la découverte de Pasteur
(1860); en 1882, le savant Docteur Kock, en démontrant l'existence du
microbe de la tuberculose lui fit faire un pas en avant et, tout récemment, les travaux du savant Docteur Garrigue lui ont fait faire un nouveau Progrès.

Il est aujourd'hui irréfutablement prouvé que beaucoup de maladies
sont microbiennes : rage, tuberculose, cancer, fièvre typhoïde, rou-
geole, variole, scarlatine, croup, choléra, fièvre jaune, fièvres intermit-
tentes, catharrhes pulmonaires, tétanos, charbon, verrues, érysipèles,
etc. Est-ce la maladie qui engendre le microbe? Est-ce le microbe qui
engendre la maladie? C'est ce que nous allons étudier.

Tout le monde sait que la rage se guérit aujourd'hui 99 fois sur 100,
par le sérum de Pasteur.

Les tuberculoses et les cancers se guérissent, eux aussi, depuis septembre 1902. Le Docteur Garrigue nous a démontré que « les microbes
de ces deux maladies ne vivent que parce qu'ils trouvent un terrain
favorable et que, conséquemment, en rendant aux organismes en dé-
tresse les formiates qui leur manquent, les microbes se trouvent pha-
gocités et tout rentre dans l'ordre ».

Il faut conclure deux choses de ces renseignements; savoir :

Il est des maladies microbiennes qui se guérissent d'une façon
directe, en tuant le microbe, par exemple, par un sérum.

Il est des maladies microbiennes qui se guérissent d'une façon
indirecte, en relevant l'organisme.

Ces deux modes sont bien distincts l'un de l'autre. Ce qui le prouve,
c'est que la tuberculose et le cancer, quand bien même l'on découvri-
rait un sérum qui tuât effectivement le microbe, ne guériraient pas car
« si dans certaines maladies microbiennes le sang contient sa proportion
normale de fibrine et d'hémoglobine, il n'en est pas de même dans les
deux qui nous occupent, de sorte que la tension artérielle manque — or,
la tension artérielle en manquant les organismes ne peuvent pas arriver à résister à l'action désorganisante des ferments et microbes et,
conséquemment, ils possèdent la loi de la mort; tandis que, en relevant
la tension artérielle par les glucoses, qui sont en somme de l'énergie
solaire condensée, et les formiates, le sang s'enrichit rapidement en
fibrine et les malades acquièrent immédiatement la loi de défense — loi
de défense qui fait qu'ils vont résister à l'action désorganisante des ferments et microbes et en triompher ».

Conclusion : « C'est du côté de la Science microbiologique que nos
futurs savants en matière médicale doivent principalement porter leurs
vues. Ils doivent rechercher la composition exacte du sang dans les
maladies microbiennes; s'il est riche, un sérum peut atteindre le but;
s'il en est le contraire, le but ne sera atteint effectivement, qu'en relevant l'organisme par les glucoses, les sels formiques et l'aération continue ».

A côté de la **Pharmacie**, en faisant sortir des laboratoires de nouveaux et intéressants produits.

a) En effet, si l'on examine un peu, on constate que le XIX° siècle nous a donné plusieurs milliers de produits pharmaceutiques.

Combien y en a-t-il qui, aujourd'hui, sont remisés dans l'armoire aux oublis ?

La liste en serait longue aussi, je ne me donne pas la peine de la faire.

Faut-il, comme l'on dit, se servir des produits pharmaceutiques « pendant qu'ils guérissent encore » ?.

Je ne le crois pas et, c'est pour cette bonne raison, que je demande au vingtième siècle de nous donner de nouveaux et, surtout, intéressants produits.

A coté de l'**Agriculture**, en donnant le développement de l'élevage des bestiaux, la continuation des défrichements, l'amélioration de la condition hygiér que des animaux ; enfin, l'émancipation des propriétaires et travailleurs du Sol.

Avant d'étudier ces quatre éléments, permettez-moi, Chers Lecteurs, de vous donner quelques renseignements qui font suite au Chapitre Défense de l'Agriculture.

Productions agricoles de la France :

Blé. — Hectolitres :

En 1893...............	97.792.080
1894...............	122.469.207
1895...............	119.967.745
1896...............	119.742.416
1897...............	86.900.088
1898...............	131.050.220
1899...............	117.043.130
1900...............	109.025.960
1901...............	107.203.036
1902...............	124.071.080
1903...............	112.495.298

Seigle. — Hectolitres :

En 1900...............	22.393.320
1901...............	21.977.509
1902...............	22.289.000
1903...............	13.387.000

Méteil. — Hectolitres :

En 1900...............	15.368.960
1901...............	13.702.609
1902...............	14.983.021
1903 (app.)......	15.000.000

Avoine. — Hectolitres :

En 1900...............	89.113.690
1901...............	75.273.599
1902...............	....
1903...............	....

Vins. - Hectolitres :

En 1899	48.734.028
1900	67.352.061
1901	57.963.514
1902	69.883.000
1903	71.290.000

Cidre. — Hectolitres :

En 1900	29.408.848
1901	12.733.860
1902	....
1903	....

Vers à Soie. — On estime que le rendement est bon lorsque 1.350 grammes de cocons rendent 133 grammes de soie.

Abeilles. — L'élevage des abeilles a pris depuis une douzaine d'années une certaine extension. La valeur de la production annuelle du miel peut certainement, sans exagération, s'inscrire pour 40 millions de francs.

On a calculé que 20 à 25.000 abeilles produisent environ 500 grammes de miel par jour.

Tabac. — Le tabac se cultive en France depuis l'année 1560.

Olivier. — On attribue aux Phocéens, fondateurs de la Ville de Marseille, l'importation de cette culture dans les Départements du Midi.

— *a*) Voici la statistique du nombre des bestiaux dans plusieurs Etats :

Chevaux :

En Allemagne	4.509.400
Angleterre	1.973.254
Belgique	292.083
Danemarck	271.124
France	3.081.287
Hongrie	2.340.000
Italie	811.474
Roumanie	650.378
Russie	21.928.410
Suisse	119.087

Bœufs et Vaches :

En Allemagne	19.043.870
Bulgarie	1.911.807
Danemarck	1.743.080
France	13.196.584
Russie	33.800.000
Suisse	1.280.078
Tunisie	272.000

Moutons :

En Angleterre...	31.018.220
Bulgarie ...,...............	7.573.736
Danemarck ,............,.....	1.482.018
France,.............,.......	22.041.183
Roumanie.......,.....,.. ,...	6.858 523
Russie ...,.............,..	33.912.574
Serbie ....,...	3.341.651
Tunisie ....,.....	1.150.000

Porcs :

En Allemagne	15.494.800
Angleterre	3.328.417
Belgique ....,......	1.015.470
Danemarck...................	1.617.070
France.,.............,.....	6.740.000
Roumanie,...................	1.983.615
Serbie .....,.............,...	673.084

On le voit, la proportion pour cent habitants, varie sensiblement dans chaque Etat. Pour les chevaux, c'est la Roumanie qui tient le record ; pour les bêtes à cornes, c'est le Danemarck ; pour les moutons, c'est la Bulgarie et, pour les bêtes porcines, c'est encore le Danemarck.

Les prix que l'on retire de la vente de ces animaux, comme bêtes de boucheries, ne compensent pas toujours le prix des fourrages qu'ils ont consommé, quoique en ces dernières années le prix des viandes se soit sensiblement élevé ; mais l'engrais qu'ils fournissent est un profit plus net.

Remarquons d'ailleurs que les propriétaires ou fermiers qui s'occupent d'élevage sont généralement plus aisés que ceux qui s'occupent uniquement de culture.

Conclusion : « Le développement de l'élevage des bestiaux est tout indiqué. »

b) Il existe encore bien des terres vagues, landes, bruyères ou marécages qui convenablement cultivées seraient susceptibles de rémunérer. Ce n'est pas à dire qu'on doit faire faire à grands frais les défrichements ; loin de moi pareille idée ; mais, si l'on peut les faire soi-même ou que l'on se rencontre d'avoir un personnel qui y occupe ses loisirs d'automne et d'hiver, ils ne constituent plus une perte car bien des terrains longtemps réputés incultes sont devenus après le défoncement de véritables terres franches.

c) Il ne faut pas croire qu'il suffise à un éleveur de donner à ses animaux une nourriture abondante. La plupart des cultivateurs en sont là cependant et négligent les soins les plus essentiels d'entretien des bestiaux et de propreté de l'étable. Leurs bestiaux sont entassés dans de véritables cloaques infects, sans air et sans lumière, où ces malheureuses bêtes respirent une atmosphères suffocante.

Il est à remarquer que l'air vicié, chargé d'acide carbonique, est plus lourd que l'air ordinaire et forme précisément la couche au milieu de laquelle se trouvent les animaux. Il est donc essentiel de remédier à cet état de choses et on peut le faire effectivement en pratiquant dans les murs des ouvertures voisines du sol.

Conclusion : « Puisque les bêtes aussi bien que les gens s'étiolent dans l'obscurité et dans les lieux mal aérés, tâchons de remédier à cet état de choses. »

d) Les propriétaires et travailleurs du sol doivent s'émanciper. Cette émancipation est nécessaire pour détruire en eux et autour d'eux les faux préjugés.

L'homme des champs se croit souvent, pour ne pas dire généralement, inférieur aux personnes qui ont une profession libérale.

Il doit remarquer que son appréciation est fausse ; il doit ne pas perdre de vue cette ancienne maxime : « Il n'y a pas de sots métiers, il n'y a que de sottes gens » ; enfin, il doit reconnaître non seulement l'utilité de l'Agriculture, mais aussi son indispensabilité — indispensabilité qui augmente tous les jours, au fur et à mesure qu'augmente la population.

Qu'est-ce qui fait que le lait, le beurre, les œufs, les viandes et plusieurs autres denrées agricoles sont plus chères aujourd'hui qu'autrefois ? C'est tout simplement l'augmentation continue de la population universelle.

Si le raisonnement doit contribuer à émanciper l'homme agricole, il n'est pas le seul élément. Il y en a un autre, j'ai nommé : L'Instruction.

L'Instruction doit contribuer à émanciper l'homme des champs, non seulement en lui montrant qu' « un petit chez soi vaut mieux qu'un grand chez les autres » mais aussi en lui donnant « l'idée d'étudier sa profession » et ce, pour deux raisons :

1e Une chose, quelle qu'elle soit, ne donne jamais par le hasard les mêmes résultats que par la Direction ;

2e Pouvoir demander aide et protection aux Pouvoirs Publics.

Je ne me donnerai pas la peine de revenir sur la première puisque j'ai à maintes reprises montré l'influence néfaste du hasard et les avantages de la Direction. Je vais me borner à étudier la deuxième avec simplicité et précision :

D'après une récente statistique de l'Enregistrement, la France compte :

8.454.218 Propriétaires du Sol.
61.746.120 Ilots de Propriétés.
150.429.961 Parcelles Cadastrales.
52.935.477 Hectares d'étendue totale.

Voilà des chiffres qui sont intéressants : ils nous montrent que le sol est bien morcelé. Puisque son étendue est de 52.935.477 hectares, ils nous font voir que la moyenne individuelle est de 6 hectares 26/100e ; il y a lieu d'en déduire le un cinquième pour l'étendue occupée par les immeubles, routes, voies ferrées, etc., soit 1 hectare 25/100e ; de sorte que la moyenne personnelle reste à 5 hectares 1/100e, ce qui représente une valeur moyenne de 25.050 francs. (J'ai compté l'hectare à raison de 5.000 francs.)

Maintenant que je me suis occupé de la valeur moyenne, il me reste à en faire autant vis-à-vis du revenu :

On peut être fixé en la matière en multipliant le chiffre 25.050 par 6 et en le divisant par 100. Je l'ai dit dans le Chapitre Défense de l'Agriculture, il ne faut pas compter sur un revenu moyen supérieur à six pour cent. Ce revenu est très bas évidemment ; mais, il est cependant le revenu *réel*, ainsi que je vais le démontrer :

Le prix moyen de l'hectolitre de blé a été :

De 1875 à 1880..........	Fr. 22	50
1880 à 1885..........	19	50
1885 à 1890..........	18	»
1890 à 1895..........	17	»
1895 à 1900..........	16	70
Soit au total.......	93	70

Ce prix total divisé par 5 nous donne le prix moyen de 25 années soit 18 fr. 74.

Puisque nous avons la production en hectolitres, mettons-la en regard du nombre d'hectares ensemencés et faisons la division. De ce fait nous obtiendrons le rendement à l'hectare :

Hectolitres	Hectares	Rendement
97.792.050	7.073.059	13,68
122.469 207	6.991.419	17,51
119.967.745	7.011.669	17,11
119.742.416	6.870 352	17,43
86.900.088	6 583.776	13,20

Maintenant, multiplions chaque rendement par 18 fr. 74, nous obtiendrons ainsi la valeur du rendement de chaque hectare :

13,68 multiplié par fr. 18 74 égale Fr. 256 17
17,51 — — — — 328 13
17,11 — — — — 320 64
17,43 — — — — 327 03
13,20 — — — — 247 37

Enfin, divisons les cinq nombres obtenus par 5.000 francs (valeur moyenne de l'hectare) et, multiplions les par 100. En ce faisant nous sommes exactement fixé sur le revenu pour cent francs de capital :

Fr. 256 17 divisé par 5.000 et multiplié par 100, égale Fr. 5 12
328 13 — — — — — 6 56
320 64 — — — — — 6 41
327 03 — — — — — 6 54
247 87 — — — — — 4 94

Le revenu est brut, car il y a lieu d'en déduire plusieurs éléments ; savoir :

Le fumage (payé par la paille).
Le labourage... représente fr. » 25
Le semage.....   —   » 15
Le moissonage..   —   » 20
Le battage......   —   » 20

Ce qui donne un total de...... » 80

De sorte qu'il reste net, pour 100 fr. de capital :

En 1893..... Fr. 4 32
   1894.....   5 76
   1895.....   5 61
   1896.....   5 74
   1897.....   4 14

Faisons maintenant le même calcul vis-à-vis de la Viticulture
Basons-nous sur le prix moyen de 18 francs l'hectolitre.

La surface cultivée ayant été de, en hectares :

En 1899...... 1.697.734
   1900...... 1.730.451

Nous obtenons comme valeur du rendement à l'hectare :

En 1899......... Fr. 506 60
   1900.........   687 15

Calculons maintenant le revenu *brut*. Nous trouvons :

En 1899.... Fr. 12 13
   1900....   13 74

Déduisons-en :

Le fumage (payé par l'eau-de-vie).
Le travail.................................... Fr. 2 50
Le traitement des maladies cryptogamiques...   » 50

Soit au total................................   3 »

Nous obtenons en revenu *net*, pour 100 fr. de capital :

En 1899.... Fr. 9 13
   1900....   10 74

Je serais très heureux de continuer ma démonstration en faisant les
mêmes calculs vis-à-vis des autres cultures : pommes de terre, seigle,
foin, chanvre, etc., mais, les données tout à fait précises de la surface
cultivée, me font défaut.

Conclusions :

« Le travailleur du Sol doit s'inspirer de nouvelles idées sociales
qui lui donneront conscience de sa dignité et de son utilité ».

« Le revenu du sol est tout à fait trop modeste pour qu'il lui soit
possible de supporter le moindre impôt. Par conséquent, la suppression de l'impôt sur la propriété non bâtie est toute indiquée ».

A côté du **Travail**, en amenant, d'une part, cette Renaissance générale et permanente si utile à tous points de vue et, d'autre part, la
diminution de l'agitation et de la criminalité,

a) Je ne peux que répéter ici ce que j'ai déjà dit : « La diminution du
chômage ne dois s'obtenir que par une égale défense de tous les Intérêts ».

b) La diminution de l'agitation ne peut également s'obtenir que par
une égale défense de tous les Intérêts car « la cause principale de
l'agitation, c'est que le travail se trouve annihilé par de trop longues
mortes saisons ».

Qu'est-ce qui fait que certains Pays africains, quoique très fertiles,
sont très indigents ?

C'est que l'homme ne fait rien pour aider la nature. Pourquoi
l'homme ne fait-il rien pour aider la nature ? C'est parce qu'il est pares-
seux et qu'il lui manque le capital.

Oui, le Capital contribue considérablement à la Prospérité générale.
Il doit être uni au Travail car, il forme avec celui-ci l'unité.

Conclusion : « Le Capital et le Travail sont deux éléments qui ne
peuvent être séparés. Ils sont comparables aux sœurs hindoues et aux
frères siamois : qui blesse l'un, blesse l'autre.

c) Quoi qu'on dise et quoi qu'on fasse, la criminalité est susceptible
de diminution. Cette diminution ne peut être donnée que par l'augmentation de la Prospérité générale.

Dans la grande Société universelle, toutes les initiatives doivent
avoir leur emploi :

Voici le Laboureur creusant ses sillons et y jetant la semence, quoi de
plus simple à première vue ? et cependant, il agit comme associé de la
Providence et il est chaque année obligé de renouveler son Travail ; le
Médecin est grand, parce qu'il s'intéresse à l'Humanité ; le Prêtre est
grand, parce qu'il est le défenseur de la Religion ; le Soldat est grand,
parce qu'il maintient l'ordre ; le Magistrat est grand, parce qu'il est
l'organe des principes de la Justice ; le Commerçant et l'Industriel
sont grands, parce qu'ils donnent l'Activité ; enfin, le plus humble et le
plus modeste Serviteur est grand, parce qu'il est utile à la Société.

Conclusion : « C'est à la Société à extirper d'elle-même les possibilités de meurtre qu'elle recèle et, elle ne peut le faire effectivement,
qu'en solutionnant les Intérêts généraux ».

A côté de l'**Armée**, en donnant la suppression des 13 et 28 jours, le
rétablissement des remplaçants et, une meilleure répartition des garnisons.

a) Le seul fait de reconnaître que l'Armée n'a de véritable raison
d'être que pour le maintien du bon ordre, oblige, il va sans dire, à la
suppression des périodes d'instruction complémentaire — périodes qui
dérangent beaucoup les intéressés, s'ils se rencontrent mariés ou, s'ils
ont un Commerce ou un emploi.

b) Le rétablissement des remplaçants peut parfaitement être admis
car, d'une part, il est des personnes qui ont l'aptitude militaire et,
d'autre part « la vie de garnison contribue à dépeupler les campagnes et,

par là, apporte à l'usine un excédent de bras », chose nuisible à l'Intérêt général et à la Personnalité.

La **Personnalité** est l'ensemble des éléments qui caractérisent les personnes. Elle ne doit pas, comme beaucoup de choses, prétendre à être unifiée, car il est dans l'ordre naturel qu'elle doit être variée ; Il est des personnes qui sont caractérisées par l'Instruction, d'autres ont la prédisposition aux travaux agricoles, d'autres des aptitudes militaires, d'autres des qualités commerciales, etc., etc.

c) En France, l'**Armée** est actuellement répartie entre 256 garnisons. Puisque le but véritable de l'Armée doit être le maintien de l'ordre, il est tout naturel qu'elle doit être répartie sur tout le continent. J'estime donc, qu'il doit y avoir une garnison dans chaque chef-lieu de Département et également une garnison dans chaque Sous-Préfecture. Par conséquent, il y lieu de faire toutes les modifications immobilières que comporte cette rectification.

Conclusion : « N'oublions pas que la devise du monde est : Toujours à mieux. Ce qui veut dire, dans le cas qui nous occupe : On doit effectuer les modifications reconnues utiles ».

A côté des **Législateurs**, en amenant la revision complète des Codes des Tribunaux sans faiblesse et, une plus pratique organisation policière.

a) Un journal posait dernièrement à ses lecteurs la question suivante : « Quel sera le clou du xxᵉ siècle ? ».

Les réponses furent nombreuses et variées. Sans parler de celles qui entrevoyaient la découverte du mouvement perpétuel, celle de la pierre philosophale et, la... date exacte de la fin du monde ; il y en avait de très intéressantes, notamment l'unification de la politique, l'interdiction des coopératives, l'ouverture du Canal de Panama, etc., etc., malgré cela, il en est une qui a été totalement oubliée, c'est celle de doter l'Humanité de Codes précis, corrigés et bien compris.

La précision doit être mise à rétribution, parce qu'elle ne peut qu'être avantageuse. Si la vieille maxime « ce que l'on comprend bien s'énonce clairement et les mots pour le dire arrivent aisément », est vraie en matière littéraire, il est incontestable qu'elle doit l'être encore plus en matière judiciaire, car, en matière littéraire l'Harmonie du style oblige assez souvent à commettre certaines fautes, tandis qu'il n'en est pas de même en matière judiciaire.

La correction et le bien compris sont aussi deux qualités qui doivent caractériser les Codes futurs. Par conséquent, les Codes futurs ne devront pas être trop compliqués et mal établis.

Conclusion : « Il y a lieu de sortir des Codes actuels tout ce qui s'appelle excès de mots évasifs ».

b) En demandant des Tribunaux sans faiblesse, je n'ai pas la prétention de demander des Tribunaux exécrables ; mais, je dis ceci : Demandons des Tribunaux sérieux. Tribunaux qui laisseront de plus en plus de côté, les témoignages de Jean, de Jacques, de Pierre et de Paul et qui baseront leur jugement sur une enquête impartiale et sur la réponse à cette question : « Le délit est-il ou n'est-il pas ? » ; si le délit est, application stricte de la Loi ; si le délit n'est pas, pur et simple acquittement.

Quoi qu'on dise et quoi qu'on fasse, on ne s'avance pas trop en disant : « Si les Tribunaux s'obstinaient avec une confiance aveugle à conserver leur méthode actuelle, il arriverait un moment où le nombre des méprises et des jugements mal établis serait si grand que l'on serait obligé de reconnaître ouvertement que la Justice sort de son chemin et marche dans la boue ».

c) Une meilleure organisation policière est, sans conteste, chose possible, ainsi qu'on le verra plus loin, dans mon étude sur la création d'un nouvel annuaire.

A côté de l'**Instruction**, en donnant aux élèves des villes une Instruction bien comprise et, dans les écoles rurales, une Instruction principalement agricole.

a) Qu'y a-t-il de plus mal coté, chez l'homme surtout, que le manque d'Orthographe et de Rédaction ? Il n'y a pas très longtemps, je rencontrais un ancien camarade de classe qui était à la recherche d'une personne pour lui soumettre la lettre qu'il allait faire pour demander son extrait de naissance. Je la reproduit fidèlement :

« Mos'sieu le maire. — Veuillé m'envoyier mon extrait de naisance. Je suis naît le... — Recevez l'assurence de ma très haute considérasion ».

Je n'appuierai pas pour faire ressortir la bêtise de ces deux lignes car j'estime que tout commentaire serait superflu.

Conclusion : « L'Enseignement devra principalement porter sur l'Orthographe et la Rédaction. De nos jours, il y a encore trop, beaucoup trop, de personnes qui, comme l'on dit, se sont fait habiller chez le grand faiseur et sont allées meubler leur esprit au bazar ».

b) Dans les écoles rurales l'enseignement devra principalement porter sur l'Agriculture pour la raison que l'Agriculture est d'une indispensabilité absolue et bien établie.

A côté du **Journalisme**, en faisant de celui ci une profession plus distinguée qu'elle ne l'est actuellement, en donnant la suppression du travail de nuit dans les imprimeries, en donnant aussi le développement de la Publicité, enfin, en faisant sortir des Annonces et Petites Annonces celles inconvenantes.

a) La plupart des journaux quotidiens sont mal rédigés et... leurs directeurs osent s'étonner de ne pas compter un grand nombre d'abonnés !

Comment en serait-il autrement ? Comment leurs directeurs ne se rendent-ils pas compte que « pour qu'une publication en arrive à compter de fidèles abonnés, ce n'est pas des primes qu'il lui faut donner, mais, tout simplement, une Rédaction choisie et suivie ? ».

Le Journalisme, pour être digne du xxᵉ siècle et des siècles suivants devra : Faire sortir des manchettes l'expression « journal politique » et l'y remplacer par « journal d'Études, Renseignements et Annonces » ; il devra aussi faire sortir du texte les vieilles formules et le trop de détails sur des choses qui n'en valent pas la peine.

b) Le travail de nuit est, en apparence, une chose peu fatiguante et, en réalité, une chose funeste : Il est aujourd'hui irréfutablement démontré que la nuit est faite pour dormir, puisque le Soleil nous prive de sa bienfaisante action.

Vous m'objecterez peut-être que les journaux en s'imprimant la nuit peuvent paraître de bon matin ? Je conviens de votre objection et j'y réponds :

« Si l'on laisse la Liberté, évidemment que l'on n'arrivera jamais à une entente ; mais, si les Pouvoirs publics interviennent, l'Union deviendra admise par tous et, conséquemment, créera l'Egalité ».

Il en est dans le cas qui nous occupe comme des Sociétés commerciales vis-à-vis des commerçants individuels : En l'état actuel, ils sont en Liberté — Liberté qui, je l'ai démontré, est effectivement contraire à la Prospérité. Après adoption de mon Projet, cette Liberté sera supprimée et fera place à un élément qui lui est supérieur et qui s'appelle Egalité.

c) La publicité dans les journaux doit prendre un très grand développement, non seulement parce qu'elle est très élégante, mais aussi, parce qu'elle est généralement plus pratique que l'envoi de prospectus, brochures, etc., et que l'affichage fait tous les jours un pas vers la mort. Ce développement devra être principalement donné par MM. les Pharmaciens et MM. les Officiers ministériels.

En ces dernières années, beaucoup de pharmaciens n'ont pas obtenu de cette publicité, les résultats qu'ils en attendaient. Cela tient à plusieurs causes, car il en est de la Publicité comme de beaucoup de choses, c'est un Art.

Pour obtenir quelques résultats, il ne faut pas vouloir faire soi-même sa publicité. Le mieux est de s'adresser à l'*Agence Havas*, place de la Bourse, à Paris ou à l'*Agence Fournier*, 14, rue Confort, à Lyon (succursales à Saint-Etienne, Grenoble, Mâcon, Dijon, Châlon, Romans, Clermont-Ferrand, Valence, Bourg, Chambéry, Voiron et Bourg-du-Péage). Ces deux Agences sont en rapport avec tous les journaux et « il leur est possible d'effectuer les meilleures conditions. »

d) Si la publicité dans les journaux est appelée à prendre un très grand développement, ce n'est pas à dire que les journaux doivent admettre à l'insertion toutes sortes d'Annonces.

Nous avons eu, en ces dernières années, la preuve effective que « beaucoup de feuilles annoncent n'importe quoi pourvu qu'on les paye ». Il n'était pas rare de voir des annonces de ce genre-là :

Propositions fantastiques. Ec.	Distinctions honorifiques. Ec.
J'exauce vœux difficiles. Ecr...	Annulation de mariages religieux. Ecr...
Je me charge de procurer toutes preuves pour affaires judiciaires. Ecr...	Prélat français fait obtenir divorces religieux, près Cour de Rome. Ecr...
Qui veut obtenir décorations. Ecr...	J'ai les sept péchés capitaux, Je désire mariage. Ecr...

La vertu désire mariage avec le vice. Ecr...

Je garantis pouvoir vous enseigner le secret qui vous permettra d'atteindre toutes choses. Ecr...

Pour gagner affection et amitié durable de qui bon vous semble. Ecr...

Pour atteindre d'excellents résultats financiers et devenir une personnalité recherchée dans votre contrée. Ecr...

On peut gagner 12 fr. 50 par jour à la Bourse avec 10 fr. Ecr...

1500 fr. de bénéfices certains sur Rente 3 % française avec 137 fr. 50. Ecr...

Titre de 7 fr. 50, Bourse de Paris, vaudra 400 francs d'ici trois mois et donnera dès l'année prochaine 25 francs de dividende. Ecr.

Un million de bénéfices avec 1500 francs, par échelle de de primes. Secret des grandes fortunes juives. Ecr...

Le Journalisme descend bien bas, quand il donne l'hospitalité à une pareille publicité. Vous m'objecterez peut-être que c'est aux lecteurs à discerner la valeur de la publicité ?

Je conviens de votre objection mais elle n'est pas basée car « un journaliste est un homme instruit or, mieux que personne, il est à même de séparer la publicité licite de celle qui ne l'est pas, quand il fait le contraire, il contribue à l'exploitation de la..... bêtise de ses lecteurs. »

L'insertion de certaines annonces financières constitue, quoi qu'on dise et quoi qu'on fasse, une véritable complicité d'escroquerie.

Qu'on le sache bien :

En matière d'opérations à terme les banquiers (?) qui annoncent les bénéfices ci-dessus, n'exécutent jamais les ordres de leurs naïfs clients et ils les informent d'opérations imaginaires. Si ceux-ci s'avisaient de demander le bordereau d'agent de change, ils verraient que ce que j'avance est bien vrai.

S'agit-il d'opérations au comptant, ces banquiers (?) prétendent renseigner exactement et prévoir les mouvements de loin. La ruse est grossière : Il suffit d'indiquer au hasard 10, 12 ou 15 valeurs, sur ce nombre 1, 2 ou 3 suivront le mouvement pronostiqué. Et la réclame la plus éhontée fait ressortir ce prétendu succès tandis qu'on passe prudemment sous silence les résultats opposés.

Qu'on le sache bien :

Les établissements auxquels je viens de faire allusion — établissements qui se parent de titres calqués sur ceux des grands établissements financiers, ne sont composés que de gens tarés. Ceux-ci ne mettent jamais les pieds à la Bourse et ne vivent que des dupes qu'ils font, en promettant sans vergogne des bénéfices énormes.

A côté des **Chemins de fer**, en amenant la diminution des déraillements, la suppression des rencontres, la suppression des lignes établies sur routes et la surveillance permanente de la voie.

a) En France le nombre des victimes des accidents de la voie ferrée a été de :

	Voyageurs		Personnel	
	Tués	Blessés	Tués	Blessés
En 1892....	0	..	..	...
1893....	0	..	..	...
1894....	..	..	..	...
1895....	..	..	..	..
1896....	..	..	..	...
1897....	9	180	..	...
1898....	11	180	..	...
1899....	20	318	..	...
1900....	36	248	58	127
1901....	116	264	..	...
1902....	...	...	..	...
1903....	en cours		en cours	

Les déraillements sont assez élevés. Pendant l'année 1900, ils ont atteint 125, dont 59 en pleine voie.

Les Etats-Unis détiennent le record dans les catastrophes de la voie ferrée. Qu'on en juge :

En 1900, on compta 7.865 tués et plus de 50.000 blessés (50.320).

En ces dix dernières années, le total des tués a été de 87.277 et celui des blessés de 469.027, ce qui fait une moyenne annuelle de 8.727 tués et 46.902 blessés.

Espérons que ce triste état de choses ira en diminuant et, puisque les ingénieurs prétendent que les machines actuelles « épousent la voie », demandons-leur non pas une augmentation de la vitesse, mais, tout simplement, une augmentation de la sécurité ; enfin, demandons aux Compagnies la suppression du vieux matériel et l'entretien de la voie avec tous les soins qu'elle mérite.

b) Si les déraillements ne peuvent pas toujours être évités, il n'en est pas de même des rencontres.

Un aiguilleur d'une des grandes Compagnies françaises, a innové un mécanisme automatique. Ce mécanisme est actuellement présenté à plusieurs Compagnies et a été reconnu comme atteignant parfaitement le but.

Faisons des vœux pour que les essais qui auront lieu prochainement soient couronnés de succès. Qu'y a-t-il de plus déplorable que les rencontres de trains ? A Milan, 49 tués ; à Seneca (Détroits), 150 ; à Palota (Roumanie), 40 ; à Udine (Italie), 22 morts et 57 blessés ; à Eydtkuhnem (Allemagne), 6 tués et 60 blessés ; à Moyenneville, 8 tués et 25 blessés ; à Limoges, 2 tués et 3 blessés ; à Arleux, 1 tué et 15 blessés ; à Zagouan (Tunisie), 30 blessés, etc., etc.

Il en est des rencontres comme des déraillements : Les Compagnies ont le plus grand intérêt à les éviter.

Elles ont quatre causes principales, savoir :

Le brouillard,
Le faux-aiguillage,
Les retards,
Le non fonctionnement du frein.

Contre le brouillard, le personnel des voies ferrées est muni d'une provision de pétards qui jetés sur la voie, avertissent dans un rayon d'environ 200 mètres.

Cette précaution est généralement illusoire. On ne s'imagine pas l'influence d'un brouillard très intense et, d'autre part, la plupart de ces pétards ne partent pas à cause de l'humidité de la voie ferrée.

c) Si les Chemins de fer étaient établis à titre d'essais, on pourrait admettre les installations sur routes ; mais, puisqu'ils sont établis à titre définitif, il semble tout naturel que « meilleure sera l'installation, meilleure sera la sécurité des voyageurs. »

Conclusion : « La suppression des installations faites trop à la légère est toute indiquée. »

d) Il ne se passe pas une semaine sans que l'on ait à déplorer des tentatives de déraillements, en France et à l'Étranger.

Cet état de choses devient inquiétant et, je crois que les Compagnies de Chemins de fer agiront sagement en établissant la surveillance permanente de la voie.

Comment faire cette surveillance pour qu'elle soit effective ?

Je crois qu'il n'y a qu'un mode : Créer des gardes-voies qui, comme les gardes-barrières, auront leur logement près de la voie. Leur rôle consistera à surveiller la voie, conformément aux indications qui leur seront données par les Compagnies.

A côté de la **Navigation**, en nous donnant la diminution des sinistres.

a) La Navigation existait même avant J.-C. L'Histoire ancienne nous raconte, en effet, que Ptolémée Philopator fit construire un vaisseau mesurant 105 mètres de long.

Quelles garanties de sécurité offrait ce vaisseau ? Il est bien difficile de se prononcer ; mais, il est cependant très probable que l'on ne s'avance pas trop en disant : De 200 ans avant J.-C., à 1903 ans après, cela fait 2.103 années, or, comme le Progrès ne s'accomplit généralement que par étapes, il est certain que le vaisseau en question était loin, très loin, de valoir ceux de nos jours.

Même en l'affaire de trois ou quatre siècles il se fait généralement des progrès appréciables. Christophe Colomb, dans ses Mémoires, a laissé sur la caravelle qu'il montait, des détails qui nous permettent d'apprécier avec beaucoup de justesse ce qu'étaient les navires de son temps et qui nous font voir que ceux d'aujourd'hui sont beaucoup plus perfectionnés.

Malgré cela, il est certain qu'ils sont encore susceptibles de perfectionnement. La quantité des sinistres est là pour nous le prouver. Le nombre des navires sinistrés a été de :

En 1899............ 458
1900............ 359
1901............ 290
1902............ 317

Conclusion : « Il serait heureux que le génie humain apporta de véritables perfectionnements à la Navigation car, dans les siècles futurs,
plus encore que dans les siècles présents, elle jouera un rôle très important ».

A côté des **Postes**, en nous donnant de nouvelles adhésions à
l'Union Postale, la création de nouveaux câbles, celle de nouvelles
lignes télégraphiques et téléphoniques, celle de nouveaux Bureaux de
Poste, la diminution du tarif des télégrammes extra-européens et le
maintien à 15 centimes de l'affranchissement des lettres continentales.

a) A l'heure actuelle, l'Union Postale comprend :

Tous les Etats Européens,
Tous les Etats Américains,
Plusieurs Etats Africains : Congo, Egypte, Maroc et Madagascar.
Plusieurs Etats Asiatiques : Annam, Cambodge, Tonkin, Chine,
Corée, Bélouchistan, Japon, Birmanie, Arabie, Perse, Russie d'Asie
Turquie d'Asie et Siam.
L'ensemble de la population des Etats ci-dessus mentionnés repré-
sente environ 76 pour cent de la population du globe. Ce chiffre n'est
pas suffisamment élevé car « l'Union Postale est un Progrès or, tout ce
qui est Progrès doit être adopté ».

Qu'on le sache bien :

« Le Progrès n'a de vie que par ses applications à la vie sociale ».

b) Il y a déjà plusieurs années que divers Etats européens et américains sont en pourparlers pour l'établissement de nouveaux câbles.
Souhaitons et demandons que ces pourparlers aboutissent rapidement.

c) Le réseau télégraphique et téléphonique doit constituer pour les
Etats un devoir de tous les instants. Soit à cause que l'on ne peut pas
faire toutes les installations en l'affaire d'une année, soit à cause de
l'augmentation permanente de la population.

Conclusion : « Les Etats doivent faire toutes les installations reconnues utiles et, loin de les baser sur des questions de détail : population pauvre, peu de commerce, etc., ils doivent décider que dès que la
population d'une ville aura atteint un nombre fixé, l'installation télégraphique, ou celle téléphonique ou, les deux réunies, y seront effectuées ».

d) Il en est des bureaux de postes comme du téléphone et du télégraphe, et il n'y a qu'une seule différence, c'est que ceux-ci sont encore
plus populaires. Par conséquent, il semble que dès qu'un village a
atteint une population de 500 habitants, il doit être doté d'un Bureau de
Poste.
Vous me ferez peut-être remarquer que cette population est très

modique. Je conviens de votre objection mais, je dis ceci : « Les Etats doivent aider, d'une façon égale, tous les citoyens ».

e) Les tarifs pour les télégrammes extra-européens sont très élevés. Quelques chiffres. (Tarif du mot) :

Chili....................	10 90
Colombie..............	7 20
Equateur..............	10 30
Guadeloupe	14 30
Honduras.............	14 80
Jamaïque..............	8 35
Japon.................	9 35
Martinique	14 70
Tonkin	7 15
Uruguay...............	11 30

Ces prix sont très élevés et il est un fait certain, c'est que du jour où ils seront unifiés et abaissés, par exemple à 2 francs, ils seront bien plus souvent mis à rétribution.

Comment voudriez-vous admettre que l'on ne réfléchisse pas deux fois avant d'envoyer un télégramme d'un billet de 100 ?

f) Le prix de 15 centimes pour l'affranchissement des lettres ordinaires, dans le continent, n'est pas trop élevé ; aussi, il y a lieu de prévoir son maintien.

Il s'est trouvé récemment des membres des Parlements qui ont demandé de l'abaisser à 10 centimes. Ces mêmes personnes, quelques jours après, proposaient de nouveaux impôts; notamment l'impôt sur les arbres fruitiers. Les intempéries ne sont-elles pas pour l'Agriculture un impôt de tous les instants? Pourquoi dégrèverait-on un service rendu qui constitue un impôt équitable et facile à le percevoir, pour le remplacer par un impôt arbitraire, injustifié et compliqué ?

A côté des **Administrations**, en nous donnant le développement administratif.

a) J'ai dit dans un Chapitre spécial que le développement administratif est une des bases de la Prospérité universelle. Je n'ai pas la prétention de demander aux Etats de maintenir avec une obstination aveugle les institutions anciennes ; mais, je dis ceci : « Les Etats doivent tendre à transformer lesdites institutions et à les améliorer corrélativement avec l'agrandissement continu des connaissances humaines ».

Il est certain que les Etats européens se sont sérieusement améliorés au point de vue administratif. Je le reconnais, la Bulgarie même qui, il y a une trentaine d'années, laissait bien à désirer, est aujourd'hui à l'instar de la France. Dans un rapport administratif, je lis ceci : « ...... cette ancienne principauté détachée de l'Empire Turc avait tous ses rouages à créer ».

Il faut donc demander que les Etats, principalement ceux Africains et ceux Asiatiques se perfectionnent d'années en années et en arrivent à reconnaître ce que j'ai déjà dit : « Il faut placer au premier rang parmi les causes déterminantes des Progrès de l'Univers, l'ordre chaque jour plus grand qui se manifeste dans la vie administrative ».

Enfin, à côté de l'**ensemble général**, en donnant la suppression de cette fausse étiquette appelée « féminisme ».

a) Autant on doit apprécier et admirer l'art des femmes, autant on doit abhorrer le féminisme. Si toutes les femmes usurpaient les arts qui sont propres à l'homme, que lui resterait-il ?

La femme est évidemment aussi douée en intelligence que l'homme ; mais, puisqu'elle est la compagne de l'homme, elle doit être entretenue et n'a pas à subvenir à ses propres besoins. Son rôle exact est de rester dans le ménage et d'exceller à le faire. En ce faisant, elle a d'ailleurs un rôle beaucoup plus noble.

Je n'ai pas la prétention d'exagérer les choses ; j'admets très bien les institutrices ainsi que les femmes travaillant à la couture, au repassage et à d'autres travaux similaires ; mais je ne veux pas admettre les femmes voulant être médecins, pharmaciens, avocats, employés des Postes, etc.

Madame Jeanne Brémontier donnait récemment dans le *Matin* la même appréciation : « La vie d'usine ou d'atelier, mauvaise pour l'homme, est fatale pour la femme, qui y laisse sa santé et y perd l'amour de son foyer. Les fleuristes, les plumassières, les gantières, etc., doivent demander à travailler chez elles ».

b) ....

c) ....

d) Croyez-moi, ô Françaises, ne souhaitez pas voter, il y a déjà cent fois trop d'électeurs.

Croyez bien que le vote ne signifie pas grand chose. Soyez assurées qu'il y a des personnes qui n'obtiendraient pas dix voix et cependant se trouveraient bien à leur place au Palais-Bourbon.

Croyez bien également, qu'avant un siècle d'ici, lorsque la Politique aura pris la poudre d'escampette, les Chefs d'Etats nommeront eux-mêmes les membres des Parlements. Ceux-ci banniront de leur rôle les discussions vaines et stériles et s'en tiendront uniquement à l'étude des Intérêts généraux.

— Le vingtième siècle, considéré au **point de vue général**, doit encore nous donner la diminution des accidents de voitures dans les villes, la solution de la question des eaux potables, la création d'un nouvel Annuaire, l'augmentation de l'hygiène publique, la création de nouvelles routes, la suppression des courses d'automobiles et bicyclettes, l'interdiction du duel, la suppression des vieilles formules administratives, celle des vieilles formules notariales, etc., etc.

a) Les accidents de voiture, dans les grandes villes, atteignent un chiffre très élevé. Un rapport administratif dit que chaque année ils occasionnent, à Paris, plus de 500 morts.

Ce chiffre n'a rien de surprenant, si l'on tient compte des personnes sourdes ou infirmes, des aveugles, et..... surtout de la tranquillité des cochers !

Conclusion : « Demandons une réglementation très sévère de la circulation des voitures dans les grandes villes et ce, dans l'intérêt de la sécurité publique ».

b) Beaucoup d'eaux distribuées dans les villes méritent-elles le titre de « potables » ?

Je ne le crois pas car la généralité de ces eaux contient non seulement des débris de matières organiques, mais aussi des milliers d'infiniments petits.

Si parmi ces microbes il en est d'inoffensifs, en revanche, on en trouve de très malfaisants. On y découvre même des bacilles d'Eberth (microbe de la fièvre typhoïde) et des bacilles de Kock (microbe de la tuberculose).

Cet état de choses tient principalement à ce que ces eaux viennent de sources très superficielles et qui reçoivent par infiltration à travers les terres, des apports d'eaux contaminées.

Ce qu'il faudrait pour supprimer ces eaux dangereuses pour la santé publique, ce serait la découverte d'un procédé pratique pour les stériliser d'une façon absolue.

En attendant qu'il soit trouvé, ayons la sage précaution de ne boire que de l'eau qui a été préalablement portée à l'ébullition et demandons aux Compagnies de Chemins de fer, un tarif très bas pour le transport des eaux minérales; celles-ci venant généralement des profondeurs de la terre.

c) Il existe de nos jours, beaucoup d'Annuaires et cependant il y a nécessité d'en créer un nouveau.

Cet annuaire auquel on pourrait donner le titre de « Répertoire de la Population » serait destiné uniquement aux Administrations ci-après : Ministères, Juges d'Instruction, Commissaires de police et Gendarmeries.

On en retirerait deux avantages. Au point de vue *direct*, il donnerait la suppression des recensements ; au point de vue *indirect*, il serait utile à l'action judiciaire car il permettrait de vérifier *immédiatement* l'état-civil des personnes.

d) L'augmentation de l'hygiène publique doit être, elle aussi, un des clous du xxe siècle. Les Conseils municipaux devront donc, dans les campagnes aussi bien que dans les villes chercher l'assainissement. Ils devront ne pas oublier que « l'hygiène publique influence considérablement sur l'état sanitaire et que la propreté contribue à la diminution des épidémies ».

e) La France compte aujourd'hui :

40.000 kilomètres de Routes dites nationales,
37.000 — — départementales,
600.000 — Chemins vicinaux.

L'Allemagne et l'Angleterre sont les deux seuls Etats qui puissent fournir de pareils chiffres.

Actuellement, l'Italie s'inscrit pour :

30.000 kilomètres de Routes,
100.000 — de Chemins vicinaux.

Evidemment, il y a là plus qu'un début mais, malgré cela, il faut continuer dans cette voie et tous les Etats qui ne sont pas encore complets sous ce rapport doivent tendre tous les jours à s'améliorer.

f) En ces dernières années on s'est adonné aux courses d'automobiles ou de bicyclettes avec une sorte de frénésie.

Cette frénésie se rapproche plus de l'imbécillité que du bon sens. Je ne conteste pas les services que peuvent rendre les automobiles et les bicyclettes, mais, je dis ceci :

« La vie humaine est une chose sacrée. Par conséquent ce n'est pas pour satisfaire le plaisir de quelques aventuriers que les Pouvoirs Publics doivent admettre les courses de vitesse et contribuer ainsi à de déplorables accidents. »

g) Le duel étant une des choses qui « prouvent tout et ne prouvent rien », il va sans dire que les Pouvoirs Publics doivent l'interdire et punir sévèrement les personnes qui s'y livreraient.

h) Le xxᵉ siècle doit également nous donner des Progrès en matière de formules administratives. C'est dire qu'il agira gentiment en nous débarrassant des formules compliquées ou démodées.

i) Si le xxᵉ siècle doit nous débarrasser des vieilles formules administratives, il doit, il va sans dire, en faire autant vis-à-vis des formules ministérielles.

Conclusion : « Messieurs et Mesdames, exigez de vos notaires une Rédaction xxᵉ siècle. »

En résumé :

« Le vingtième siècle et les siècles suivants ne feront œuvre solide qu'en centralisant au profit de l'Humanité tous les éléments qui peuvent apporter un quotient à la Prospérité et, par là, contribuer à l'amélioration de la condition privée de tous les citoyens. »

LA CONSOMMATION DES SIÈCLES

Le vingtième siècle nous donnera-t-il la fin du monde ?

C'est possible, mais, ce n'est pas certain.

L'Ecriture Sainte nous dit : *L'Antechrist viendra.*

Les théologiens ne sont guère plus explicatifs : Il y en a qui pensent que l'Antechrist ne sera pas une personne particulière mais, une secte qui se soulèvera contre l'Infini ; cependant, l'opinion commune est que l'Antechrist sera un homme de péché, comme l'appelle Saint Jean. En lui, dit Saint Thomas, sera la plénitude de la malice.

Holzauser, le géant des commentateurs de l'Apocalypse a annoncé que l'Antechrist naîtrait en 1855 et que la fin du monde serait pour l'année 1911. Quelques évêques ont foi en cette prédiction.

D'autres, la majorité, sont d'avis que cette fin n'est pas aussi proche de nous et, se basant sur les prophéties de Saint Malachie, ils accordent encore au Monde cent à cent cinquante ans d'existence et, à l'Eglise, le règne de huit Papes.

C'est à la fin du seizième siècle, qu'un moine bénédictin, Arnold Vion, publia une centaines de devises énigmatiques rappelant quelque peu, par leur sens mystérieux, les fameux oracles sibyllins de Cumes et de Delphes. Ces devises s'appliquent, dans l'esprit de Saint Malachie qui les a écrites, à l'élection des Souverains-Pontifes jusqu'à la fin des temps.

Les décisions successives des Conclaves ont assez bien justifiées ces énigmes :

Célestin II (1.143). — *Ex Castro Tiberis*, ce qui veut dire : Du Château du Tibre. (Il s'appelait Guy du Chatel et était né dans un château situé sur le Tibre).

Anastase IV (1.153). — *Abbas Suburannus*, ce qui veut dire : Abbé Suburre. (Il était abbé et se nommait Conrad Saburri).

Alexandre III (1.159). — *Ex ausere custode*, ce qui veut dire : De l'oie qui est en garde. (Il se nommait Roland Paparo ; paparo en italien signifie une oie).

Urbain III (1.185). — *Sus in cribo*, ce qui veut dire : Le pourceau dans le crible. (Il était de la Maison de Crivelli qui a pour armes un pourceau dans le crible).

Et ainsi de suite jusqu'aux Papes du XIXᵉ siècle :

Pie VII (1.800). *Aquila Rapax*, ce qui veut dire : Aigle ravissante. (Le nom de Pie VII n'est-il pas intimement lié à l'image de l'aigle ravissante ?)

Léon XII (1.823). — *Canis et coluber*, ce qui veut dire : Chien et couleuvre. (La bonté et la prudence ne furent-elles pas les deux qualités dominantes de ce grand pape ?)

Grégoire XVI (1.831). — *De Balneis Etruriæ*, ce qui veut dire : Des Bains d'Ombrie. (Grégoire XVI n'est-il pas né dans l'Ombrie près de Bellune ?)

Pie IX (1.846). — *Crux de Cruce*, ce qui veut dire : Croix de la Croix. (Les douloureuses épreuves du vénéré Pontife ne justifient-elles pas cette énigme ?)

Léon XIII (1.878). — *Lumen in Cœlo*, ce qui veut dire : Lumière dans le Ciel. (Dans ses armes la Maison des Pecci ne porte t-elle pas un ciel étoilé ?)

Pie X (1.903). — *Ignis ardens*, ce qui veut dire : Feu ardent. (L'élévation des sentiments de Pie X n'est-elle pas un gage de l'ardeur avec laquelle Sa Sainteté représentera la Religion ?)

La prophétie de Saint Malachie se termine par les centuries suivantes :

Religio depopulata: Religion dépeuplée.
Fides intrepida: Foi intrépide.
Pastor angelicus: Pasteur angélique.
Flos florum: Fleur des fleurs.
De medietate Lunæ: De la moitié de la Lune.
De labore Solis: Du labeur du Soleil.
Gloria olivæ: Gloire de l'olive.

*
**

S'il ne nous est pas donné d'être fixé sur la date de la fin des temps, il nous est donné de l'être sur la façon dont elle s'effectuera :

Il n'est plus à craindre aujourd'hui que le choc d'une comète réduise notre planète en poudre : Les astronomes ont fait justice de cette lugubre prédiction.

L'extinction absolue de son foyer intérieur ne peut pas plus entraîner sa mort : Le célèbre mathématicien Fourrier a calculé que l'influence de cette chaleur intérieure sur la surface, ne dépassait pas un tren- tième de degré et que toute la chaleur dont nous jouissons nous vient du Soleil.

C'est donc le Soleil qui est notre base. D'ailleurs, il est aujourd'hui nettement établi que :

« La vie résulte de mutations incessantes — mutations qui ne peu- vent se manifester que par des agglomérations atomiques essentielle- ment instables et sensibles aux phénomènes extérieurs dont elles sont des conséquences. »

« La trame de tous les organismes vivants est faite de formiates, l'énergie, la force et le mouvement leur sont donnés par le Soleil. »

Dont acte.

*
**

Alors l'Univers aura une fin ? Si oui, pourquoi ?

Oui, le Monde aura une fin. Pour baser mon affirmation il ne me serait pas difficile de faire ressortir la nécessité de cette fin : « Dans quelques siècles d'ici, par suite de l'augmentation continue de la popu- lation, l'Univers sera réellement trop petit pour nourrir tout le monde.» Je préfère m'en tenir strictement à la cause *capitale* car elle est la seule qui mérite la prise en considération : Par l'anthropophagie on pourra supprimer la cause secondaire tandis que rien, absolument rien, ne pourra donner la suppression de la cause capitale qu est :

« *Tout ce qui vit doit mourir.* »

Le plus petit microbe vit et il meurt, lorsqu'il a accompli son évolu- tion ou, par anticipation, si un élément, un sérum par exemple, vient modifier le terrain qui lui est favorable ; l'homme vit et, il meurt, lors- qu'une maladie occasionne sa fin ou que, par suite de vieillesse, les formiates ont épuisé leur énergie potentielle ; enfin, le monde vit, puis- qu'il n'a pas toujours existé.

On le prétend âgé de 5664 à 9887 ans. Est-il encore dans sa jeunesse ? Est-il dans sa vieillesse ? Je l'ignore, mais, je dis ceci :

« Tant que le Soleil existera,
« La Terre vivra. »

Du jour où le Soleil sera supprimé :

• La Terre sera plongée dans les ténèbres,
• Son sol deviendra stérile — et,
• Tous les organismes vivants passeront rapidement de la vie à la mort. »

L'HOMME IMMORTEL ?

De tous temps, chez tous les Peuples, on s'est occupé de cette question. L'Histoire raconte, en effet, que les médecins de l'antiquité employaient la méthode gérokomique qui consistait à entourer les vieillards de jeunes gens dont le fluide vital rajeunissait (?) les organismes usés.

Les résultats de cette méthode étaient absolument illusoires ; si bien, qu'aujourd'hui, en l'année 1903 de l'ère nouvelle, quand bien même trente à cinquante milliards de personnes ont déjà usé leur vie sur notre planète, la solution reste encore à trouver.

Le vingtième siècle nous la donnera-il ? Telle est la question.

Je suis obligé de répondre non et il ne m'est pas difficile de démontrer pourquoi.

★★

D'après le savant Docteur L. Garrigue, les organismes possèdent :

La *Loi de la Vie*. Celle-ci préside à l'évolution des atomes, fait les molécules et crée la cellule grâce aux phénomènes physiques : Lumière, Chaleur et Pression.

La *Loi de la Mort*. Dans celle-ci la matière organisée ayant parcouru son cycle ou épuisé l'énergie potentielle de ses éléments est désagrégée par les ferments ou microbes.

La *Loi de Défense*. Dans celle-ci, grâce aux glucoses et aux formiates, les groupements cellulaires peuvent résister à l'action désorganisante des ferments ou microbes.

Faut-il conclure de ce que je viens de dire, que la Loi de Défense peut vaincre la mort ?

Non, absolument non.

Pourquoi ?

Parce que l'homme s'use. La cellule organique naît, progresse, puis entre en déchéance.

Dans les deux premières périodes, dans certaines maladies microbiennes, la Loi de Défense peut vaincre la mort ; mais, dans la période de déchéance, autrement dire, dans la vieillesse prolongée, elle a encore une certaine utilité ; mais, une utilité bien amoindrie.

★★

On a prétendu, entre tant d'autres théories, que la déchéance humaine était due à l'action des *phagocites*. Faut-il croire que du jour où l'on serait exactement fixé sur ce point, l'on vaincrait la mort ? Non, absolument non.

Pourquoi ?

Parce que, je le répète, la cellule organique naît, progresse, puis entre en déchéance et, dans ces trois phases, elle suit un *cours naturel.* En ce faisant, elle s'associe à cet axiome fondamental de l'Univers : *Tout ce qui vit doit mourir.*

⁂

Puisqu'il n'y a pas possibilité de vaincre la mort, il faut voir s'il y a possibilité de prolonger la vie.

J'ai l'avantage de répondre affirmativement.

L'Antiquité recommandait la tempérance,

Le Moyen-Age avait confiance dans la magie,

Le xvi⁰ siècle utilisa l'astrologie, les talismans et la transfusion du sang.

Le xviie siècle usa du baquet de Mesmer,

Son successeur, le xviiie, s'adressa au thé de vie du comte Saint-Germain,

Enfin, le xixe, employa les infusions de plantes et les vins fortifiants.

Que fera le vingtième ? Telle est la question.

« Le vingtième siècle se basant sur une meilleure connaissance du Mécanisme Physico-Chimique de la Vie, mettra à rétribution les Glucoses, les Formiates, l'Hygiène et l'Electricité. En plus de cela, considérant que l'organisme humain est riche en sodium et en phosphore, il admettra l'alimentation salée et usera des Hypophosphites. »

CHAPITRE XVI

NOTES

Chers Lecteurs,

Pourquoi je fais Autorité. — Pour répondre à cette question il est absolument utile d'établir quelles sont les qualités que doit posséder une chose pour faire autorité.

Pour faire autorité, une chose, quelle qu'elle soit, doit absolument constituer progrès.

Ainsi, le Journal l'*Illustration*, les Machines rotatives Marinoni, les Machines à écrire Reminghton, la Tour Eiffel, la Grande Roue, le Viaduc sur le Viaur (Aveyron), le Chemin de fer de Saint-Georges-de-Commiers à La Mure (Isère), etc.

En matière d'Études, qu'elles soient économiques, financières, scientifiques ou médicales, il est absolument indispensable de constituer progrès; mais, en plus de cela, il est certain que si l'Étude est complète, démonstrative et présente un certain intérêt, elle fait alors autorité d'une façon indiscutable et bien établie.

C'est le cas de mon Étude et de mon Projet de Traité.

Démonstrative. — En effet, parmi le grand nombre de publications qui paraissent de nos jours, combien en est-il qui étudient et démontrent ?

Peu, bien peu. La plupart se font l'écho de toutes les informations sans même se rendre compte du peu de valeur.

Il n'y a pas très longtemps il avait été déposé à la Chambre une proposition de Loi tendant à remplacer tous les impôts par un timbre de un pour cent sur tous achats.

Les défenseurs du projet évaluaient à quatre milliards de francs le produit d'un pareil impôt, par conséquent à 400 milliards le chiffre des affaires.

O utopie ! 400 milliards dépensés par 40 millions d'habitants !

Les promoteurs n'auraient pas mal fait de se rendre compte que leur projet faisait partie du domaine de la théorie: comment percevoir pareil impôt sur le lait, le pain, la viande, etc., qui constituent des achats de tous les instants ?

Ils n'auraient également pas mal fait d'étudier comment s'obtiennent les impôts, dans le cas qui nous occupe, ceux de l'État Français. Ils auraient vu que les revenus de l'État sont beaucoup plus équitablement répartis qu'ils ne le seraient par tout autre mode et que si, comme je l'ai expliqué dans mon Article Devoir des États, le système actuel est susceptible d'être perfectionné, il n'est pas pour cela susceptible d'être supprimé.

Présenter un certain intérêt. — De nos jours, il paraît beaucoup d'ouvrages et journaux sur un sujet et sur un autre. Combien en est-il qui présentent un certain intérêt ?

Il y a quelques mois plusieurs journaux donnaient l'information suivante :

« Il est question de la création d'un tribunal maritime international. Il est superflu d'insister sur l'importance de cette institution à laquelle les affaires ne manqueront pas et qui, simple tribunal civil, mais organe officiel et universel, complètera l'œuvre de La Haye ».

Un Tribunal maritime international ! Pareille institution ne serait pas digne du XXᵉ siècle.

C'est en 1608 que le célèbre Grotius lança son appel en faveur de la Liberté des mers, de partout dans les Chancelleries on y répondit par *mare liberum*, c'est-à-dire : mers libres. On ne voulait plus de la souveraineté revendiquée par les Etats. A ce propos, je rappelle que la République de Gênes prétendait à la propriété exclusive de la Mer Ligurienne; Venise revendiquait l'Adriatique ; les Rois d'Espagne et de Portugal se fondant sur je ne sais quelles décisions réclamaient la souveraineté des mers des Indes orientales et occidentales. De pareilles prétentions permettaient aux Etats de nationaliser les mers en interdisant aux étrangers de naviguer et de pêcher sur « leurs mers ».

Aujourd'hui, les mers sont ouvertes à la navigation et à la pêche de tous et, mon impartialité m'oblige à ajouter : « Il ne doit pas en être autrement car la Prospérité l'exige ainsi. »

⁂

Mon Jury est tout indiqué. — Le présent ouvrage n'est pas destiné à passer au panier comme un vulgaire prospectus ou à être classé parmi les affaires en cours.

Il constitue une affaire qui doit sortir des rangs en ce sens qu'elle n'a pas à attendre de tour pour être examinée.

Elle peut l'être et elle doit l'être immédiatement.

Je rappelle que je suis à l'entière disposition des Pouvoirs publics pour faire ma Démonstration et que celle-ci aura l'avantage d'être précise, nouvelle et irréfutable.

Je demande à la faire devant un Jury composé de Notabilités Administratives, Financières et Diplomatiques.

Je me permets de choisir :

M. Paul LOUBET, fils de Monsieur EMILE LOUBET, *Président de la République.*

MM. les MINISTRES.

M. le BARON ALPHONSE DE ROTSCHILD, Banquier et Régent de la *Banque de France.*

M. HENRI GERMAIN, Président du *Crédit Lyonnais.*

M. le GOUVERNEUR du *Crédit Foncier.*

M. le DIRECTEUR de la *Société Générale.*

MM. les REPRÉSENTANTS DES ETATS : Ambassadeurs et Ministres.

CHAPITRE XVII.

DONT ACTE

Chers Lecteurs,

Mon Projet de Traité peut parfaitement convenir à tous les États. — Pourquoi en serait-il autrement ? Somme toute, il ne constitue pas autre chose qu'une Union. L'Union n'est-elle pas toujours profitable ?

En l'état actuel, les États sont administrés avec variété. Après l'adoption de mon Projet, ils le seront d'une façon à peu près uniforme. Cette uniformité ne saurait leur être contestée et, bien au contraire, elle est toute indiquée.

La variété administrative ne doit pas continuer, car elle n'est pas digne du xxe siècle et des siècles suivants — siècles d'Instruction, Science et Progrès. Quand dans une chose, en l'espèce l'administration de l'Univers, plusieurs modes se trouvent en présence, il en est forcément un de préférable et meilleur. Mon Projet de Traité n'est pas autre chose que l'adoption, après Étude et Démonstration, du mode qui s'associe le mieux avec la Prospérité.

Les États Européens, puisque l'Europe est la partie du monde qui a donné le plus long passé de Civilisation, doivent être les premiers à l'adopter.

La France doit faire le premier pas, car en ce faisant, elle réalisera la prophétie de feu l'illustre Michelet : **Au vingtième siècle, la France donnera la Paix du Monde.**

La Russie doit s'inscrire deuxième, pour la raison que Sa Majesté le Tsar Nicolas II et son prédécesseur, Sa Majesté le Tsar Alexandre Ier, ont été les deux plus grands promoteurs de la noble idée, qu'est l'idée de Paix.

L'Espagne doit venir troisième, parce qu'il y a trois mois à peine, Sa Majesté Alphonse XIII, dans son Discours à l'occasion de la rentrée des Chambres, s'exprimait ainsi : Nos rapports avec les Puissances sont empreints de la plus grande cordialité.

L'Angleterre doit s'inscrire quatrième, parce que Sa Majesté le Roi Édouard VII, lors de son récent voyage à Paris, au banquet que lui avait offert M. Émile Loubet, Président de la République, a fait remarquer que : La France et l'Angleterre doivent marcher ensemble à la tête de la Civilisation.

Les autres États Européens doivent s'inscrire au cinquième rang.

Les États Asiatiques, Africains, Américains et Océaniens doivent s'inscrire en sixième ligne. Je le répète, mon Projet de Traité peut parfaitement convenir à tous les Etats; c'est dire que plus grand sera le nombre des Etats adhérents, mieux cela vaudra, car il n'y a pas le moindre inconvénient à ce qu'il soit universellement adopté.

Qui aurait dit, il y a cinquante ans, que les Etats créeraient un jour l'Union Postale? En ce faisant ils se sont associés aux Progrès, car, somme toute, l'Union Postale est un Progrès et il n'est pas nécessaire d'être grand clerc pour s'en rendre compte.

Je sais bien qu'elle n'est pas encore universellement adoptée, mais, malgré cela, mon impartialité m'oblige à reconnaître qu' « elle a été adoptée par les Etats les plus civilisés et qu'au fur et à mesure que la Civilisation gagnera du terrain, elle comptera de nouveaux Etats adhérents ».

Un certain nombre de Républiques Américaines font partie des Etats dénommés « à finances avariées ». Mon Etude et mon Projet anéantissent cette expression, car au lieu de laisser les Etats abandonnés au hasard ils leur fournissent la marche administrative la plus précise et leur ouvrent le Crédit qu'ils méritent.

★
★ ★

Mon Projet de Traité s'adresse à tout l'Univers. — Mon Projet de Traité s'adresse à tout l'Univers pour la raison bien simple que dans tout l'Univers la Prospérité est susceptible d'augmentation.

La France, l'Allemagne et l'Angleterre se sont considérablement améliorées depuis la Révolution de 1789; mais elles doivent non seulement se maintenir mais s'améliorer encore.

La Russie s'est sensiblement améliorée depuis 1800; mais, malgré cela, vu son immensité, il est permis de dire : Elle n'en est qu'à ses débuts et des centaines de millions et même de milliards seront encore utiles à son Agriculture, à son Industrie et à ses Mines.

L'Italie s'est sensiblement améliorée en ces dernières années, mais, malgré cela, elle n'en est aussi qu'à ses débuts et doit continuer dans cette bonne voie.

L'Espagne s'est sensiblement améliorée depuis 1880, mais cependant je dois dire : Par son Agriculture et ses entreprises minières, elle est riche et doit mériter dans l'avenir une confiance plus grande encore que dans le passé.

Les autres Etats Européens se sont également améliorés pendant le XIXᵉ siècle; mais, malgré cela, ils sont encore susceptibles d'améliorations — améliorations permanentes.

L'Asie n'est plus de nos jours cette immense étendue barbare qu'elle était il y a plusieurs siècles. La Civilisation y a fait des Progrès, mais ces Progrès doivent se joindre à ceux de l'Instruction et permettre que cette partie du monde s'améliore tous les jours. L'Inde est tous les 3 ou 4 ans ravagée par la famine; cet état de choses ne tient qu'à l'ignorance et du jour où les transports et l'Epargne s'y seront plus développés, malgré une population plus élevée, le bien être y sera la propriété de tous.

L'Afrique est la partie du monde la moins civilisée. Cependant, je dois le reconnaître, la Civilisation y a fait un grand pas pendant le siècle dernier. Il ne faut pas supposer, comme on le fait généralement, que l'Afrique sera toujours sauvage et barbare. Soyez assurés, Chers Lecteurs, qu'avant cinq siècles d'ici, soit à cause de l'augmentation permanente de la population, soit à cause des voies ferrées et divers autres éléments, la barbarie africaine ne sera qu'à l'état de souvenir.

L'Amérique, principalement celle du Nord, est aujourd'hui à l'instar de l'Europe. Elle doit continuer à marcher dans cette voie. Je sais bien qu'en l'affaire de douze années, la population des Etats-Unis s'est accrue de vingt-cinq pour cent ; je sais bien encore qu'Haïti, à cause de sa fertilité a été dénommée la « perle des Antilles » ; mais, malgré cela, je l'ai nettement démontré et je le répète : la Prospérité est dans tout l'Univers susceptible d'augmentation.

Enfin *L'Australie*, elle aussi, n'est pas restée en arrière. Cet immense continent d'une étendue neuf fois plus importante que celle de la France, est en train de se développer. Il y a à peine cinquante ans, il ne comptait que 855.000 habitants ; aujourd'hui, on en enregistre 3.500.000. Ce chiffre est loin, très loin, d'avoir dit son dernier mot. Touchée par l'Agriculture, que sur sa périphérie, elle doit dans l'avenir ouvrir un champ considérable à l'activité humaine. Elle est également très riche en produits minéraux et il est certain que ceux qui sauront s'intéresser à ces entreprises, en seront très largement rémunérés. Un banquier parisien qui y fit, il y a quelques années, un voyage de plusieurs mois, m'a assuré que « si on trouve encore des sauvages en Australie, on peut cependant avoir la certitude que du jour où cet Etat sera doté d'une bonne et forte organisation policière, la tranquillité et la Prospérité des habitants y seront assurées ».

<center>⁂</center>

Je m'arrête, Chers Lecteurs, et vous remercie de votre bienveillante attention.

Je ne saurais mieux terminer qu'en tirant une Conclusion pratique :

Que la journée du jeudi cinq novembre de l'année dix-neuf cent trois, soit la date officielle d'abolition des guerres ; qu'elle soit le plus grand lien de Solidarité entre les Peuples ; enfin, qu'elle emporte loin, très loin, non seulement les restes de barbarie, mais aussi ceux d'ignorance et de bêtise et amène la Prospérité Universelle par..... le Travail, la Paix, l'Instruction, la Civilisation, le Développement Administratif, Agricole, Industriel et Commercial, les luttes Financières et la continuation des Progrès.

Peuples ! Communiez dans un même ensemble d'idées.

Léon VIALLET.

CHAPITRE XVIII.

UNION DES ÉTATS

PROJET

Je, soussigné, Léon Viallet, publiciste, ai établi ci-après, un PROJET D'AUGMENTATION DE LA PROSPÉRITÉ UNIVERSELLE.

Ledit Projet prend pour titre **UNION DES ÉTATS**, *Traité Universel du cinq novembre dix-neuf cent trois.*

Les Etats adhérents :

Considérant l'Etude intitulée RENAISSANCE publiée par le susnommé ;

Considérant que loin de prétendre maintenir avec obstination les modes anciens, l'on doit tendre, au contraire, sans relâche, à les transformer et à les améliorer corrélativement avec l'agrandissement continu des connaissances humaines ;

Considérant que la Finance, la Politique et les choses Administratives, sont assujetties désormais à suivre pas à pas les Progrès des Sciences et à faire subir à l'organisation des Etats les modifications qui sont les conséquences de ces Progrès ;

Considérant, enfin, la Conférence faite à.............................. le.......................... dix neuf cent trois, par le sus-nommé, par devant un Jury composé de Notabilités Administratives, Financières et Diplomatiques.

Les Etats adhérents adoptent le Règlement ci-après :

ORGANISATION MINISTÉRIELLE. — Les Ministères ci-après : Intérieur, Colonies, s'il y a lieu, Affaires étrangères, Finances, Agriculture, Instruction publique et Beaux-Arts, Justice, Cultes, Armée et Marine, Travaux publics et Chemins de fer, Commerce et Industrie, Postes, Télégraphes et Téléphones.

RECETTES BUDGÉTAIRES. — *Monopoles* : Chemins de fer, Tramways, Canaux, Ports, Postes, Télégraphes, Téléphones, Tabacs, Allumettes, Poudres à feu, Assurance des envois de fonds,..............
....
Impôts : Droits de Successions, Droits d'Enregistrement, Papiers timbrés, Taxe sur les opérations de Bourse, transmissions et coupons, Patentes, Brevets d'Invention, Droits sur les Boissons, Droits de Douanes, Timbres de Quittance,...........................
....

DEPENSES BUDGETAIRES. — Les frais nécessités par les Pouvoirs Publics et les divers Ministères.

EMPRUNTS. — Tous les cinq ans, ou chaque année le un cinquième, à raison de deux mille francs par habitant en augmentation sur le précédent recensement. Exception est faite pour les Etats dont la population est inférieure à cinq cent mille habitants.

TYPE DE RENTE. — Trois pour cent. Coupons payables trimestriellement les 1er janvier, 1er avril, 1er juillet et 1er octobre.

TAUX D'EMISSION. — ....

CONVERSIONS ET RACHATS EN BOURSE. — Suppression.

Article II. — *Colonies*

ADMINISTRATION. — Elles devront être autonomes et administrées par un Gouverneur.

DELIMITATIONS. — Les différends de cette nature devront être solutionnés d'ici le trente et un décembre mil neuf cent dix, soit par le Tribunal International de La Haye (Hollande), soit par des Arbitrages amiables.

Article III. — *Divers*

RECENSEMENTS. — Ils seront effectués tous les cinq ans, les années se terminant par le chiffre 0 ou 5.

STATISTIQUES. — Elles seront établies tous les cinq ans, après chaque recensement.

CALENDRIER. — Adoption de celui dit Grégorien.

POSTES, TELEGRAPHES ET TELEPHONES. — Adhésion à l'Union Postale.

GUERRES. — Abolition.

MINISTERES DE LA GUERRE. — Suppression.

TRAITES POLITIQUES. — Abolition.

ARMEE. — Suppression au point de vue de la défense et maintien au point de vue de l'ordre continental.

SERVICE MILITAIRE. — Durée uniformément fixée à une année

PROGRES. — Des prix dont le montant pourra être très élevé et qui consisteront en une somme espèces, ou bien en une rente annuelle, ou bien encore, partie en espèces et partie en une rente, seront alloués par les Etats, à toute époque de l'année, aux personnes qui découvriront un Progrès : Médical, Pharmaceutique, Scientifique, etc., lesdites indications étant énonciatives et non limitatives.

Le montant des Prix décernés sera proportionné à la portée économique du Progrès réalisé.

Les intéressés devront adresser à M. le Président du Conseil un Rapport sur le Progrès ou la Découverte et demander la nomination d'un Jury pour se prononcer.

Article IV. — *Monnaies*

SYSTEME. — Adoption du Système Français ; savoir : le Centime et le Franc.

CUIVRE. — Cinq et Dix Centimes. Poids.........Alliage.........
Le quotient personnel de la frappe est fixé à...........

NICKEL. — Vingt-cinq centimes. Poids...........Alliage.........
Le quotient personnel de la frappe est fixé à.............

ARGENT. — Cinquante Centimes, Un, Deux et Cinq Francs. Poids,........... Alliage............ . Le quotient personnel de la frappe et fixée à.............

OR. — Dix, Vingt, Cinquante et Cent Francs. Poids...,..........,.
Alliage............. La frappe est illimitée.

PIÈCES DÉMONÉTISÉES. — Elles seront retirées de la circulation au fur et à mesure qu'elles rentreront dans la banque qui les a émises ou dans ses succursales.

MONNAIE FIDUCIAIRE. — Cinquante, Cent, Cinq cent et Mille Francs.

AGIO. — Il est formellement interdit de spéculer sur les Monnaies. Celles métalliques ont « cours forcé » dans tous les Etats adhérents au présent Traité ; c'est dire qu'on est tenu de les accepter pour leur valeur nominale. Quant à la Monnaie fiduciaire, elle a « cours légal » dans l'Etat où elle a été émise et dans les autres Etats elle n'a pas cours mais, elle peut être échangée dans les grands établissements financiers, au change fixe de,.............

FRAPPE — Les bénéfices résultant de la frappe du numéraire et de la différence entre la circulation des billets et l'encaisse, sont acquis aux Hôtels des Monnaies.

Article V. — *Banques de Circulation*

CAPITAL SOCIAL. — Il devra représenter au moins trois francs par habitant.

PRIVILÈGE. — Il est exclusif et accordé à titre gratuit. Sa durée est de dix années. Elle est indéfiniment renouvelable. Elle commence le premier janvier des années terminant par le chiffre 1 et prend fin le trente-et-un décembre des années terminant par le chiffre 0.

REMBOURSEMENT DES BILLETS. — Le Privilège consiste au droit d'émettre des billets au porteur, remboursables à vue en Monnaies d'Or des Etats adhérents au présent Traité.

CIRCULATION DES BILLETS. — Le montant en est illimité à la condition qu'il soit représenté par « au moins cinquante pour cent en Monnaies d'Or ou lingots et, la différence, par des Monnaies d'Argent, Valeurs Mobilières, effets de Commerce à 90 jours et autres garanties sérieuses ».

SITUATION. — Elle devra être publiée chaque quinzaine au *Journal Officiel* de l'État.

AVANCES AUX ÉTATS. — Le taux minima est fixé à trois pour cent l'an.

Article VI. — *Commerce et Industrie*

SOCIÉTÉS COMMERCIALES. — Celles qui seront considérées comme portant atteinte aux Commerces de détail et qui, conséquemment, n'obtiendront pas l'Autorisation Ministérielle, devront se liquider d'ici le trente-et-un décembre]dix-neuf cent six.

PRIMES CONTINENTALES. — Suppression.

PRIMES A L'EXPORTATION. — Suppression.

DROITS DE SORTIE. — Suppression.

TRAITÉS COMMERCIAUX. — Ils seront modifiés tous les cinq ans, les années se terminant par le chiffre 0 ou 5, de façon à être mis en vigueur le premier janvier des années se terminant par le chiffre 1 ou 6.

POIDS ET MESURES. — Adoption du Système métrique décimal Français.

PORTS FRANCS. — Suppression.

ADJUDICATIONS. — Suppression, toutes les fois qu'elle sera possible et notamment pour les fournitures militaires et les fournitures d'imprimés pour administrations.

TIMBRE DE QUITTANCE. — De vingt à cent francs, cinq centimes, de cent à deux cents francs, dix centimes et ainsi de suite, à raison de cinq centimes par cent francs.

DÉFENSE COMMERCIALE ET INDUSTRIELLE. — Création d'une Institution ainsi dénommée, à l'effet de défendre pratiquement le Commerce et l'Industrie.

ESCOMPTE. — Le taux minima est fixé à trois pour cent l'an.

CRÉDIT GÉNÉRAL. — Création d'une Institution ainsi dénommée, à l'effet d'effectuer des prêts sur Nantissements, sur Valeurs non cotées et sur Délégations d'appointements aux fonctionnaires et employés d'Administrations.

BREVETS D'INVENTION. — La durée est d'une année indéfiniment renouvelable.

Article VII. — *Agriculture*

CRÉDIT AGRICOLE. — Création d'une Institution ainsi dénommée à l'effet d'effectuer à l'Agriculture des prêts sur hypothèques remboursables par petites fractions.

Article VIII. — *Sociétés*

TYPE. — Société anonyme. Il peut par Décret Ministériel, être fait dérogation, notamment pour les Caisses d'Epargne qui seront autorisées à fonctionner sans capital social et pour les futurs Crédits Agricoles. Ces dernières institutions n'auront pas de Capital-actions.

CAPITAL SOCIAL. — Il devra être divisé en Actions de vingt-cinq francs pour les entreprises minières et en Actions de 100, 200, 500 ou 1.000 francs, pour les autres entreprises.

SOUSCRIPTIONS. — Elles devront être centralisées chez un officier ministériel ou dans un grand établissement financier.

APPORTS. — Ils devront être représentés par des Actions ou Parts sans valeur nominale.

ADMINISTRATION. — Elle devra comprendre un Gouverneur, un Conseil de Direction composé d'au moins trois membres et un Conseil d'Administration également composé d'au moins trois membres.

RESERVE. — Jusqu'à concurrence de vingt pour cent du Capital-Actions souscrit en espèces.

ASSEMBLEE ORDINAIRE. — Elle délibérera valablement quel que soit le nombre des titres présents ou représentés. Elle aura lieu chaque année au moins quinze jours après la publication d'une Annonce dans trois Journaux.

ASSEMBLEE EXTRAORDINAIRE. — La délibération pour être valable devra représenter, au minima, la moitié du Capital social.

AUTORISATION MINISTERIELLE. — Elle sera *accordée* aux Expositions; à certains Etablissements financiers; à certaines branches d'Assurances; aux Sociétés Immobilières; aux Exploitations forestières et Exploitations agricoles en Pays coloniaux; aux Affaires d'Utilité générale; aux Entreprises minières; aux Entreprises industrielles; aux Brevets d'inventions; aux Musées, Théâtres et Attractions, ainsi qu'aux Journaux, Annuaires, Agences télégraphiques, téléphoniques, de Publicité et Imprimeries.
Elle sera *refusée* à certains Etablissements financiers; à certaines branches d'Assurances, aux Affaires commerciales portant préjudice au Commerce de détail : Boulangeries, Boucheries, Restaurants, Etoffes, Vêtements, Bazars, etc., etc., ainsi qu'aux fumisteries et imbécillités.

REPARTITION DES BENEFICES. — Les Actions de Capital ont droit à un intérêt fixe de trois soixante pour cent, payable 1,80 le trente juin et 1,80 le 31 décembre et, à un dividende variable, vingt pour cent des bénéfices net. La Réserve touchera un pour cent, jusqu'à concurrence de vingt pour cent ; le Gouverneur, cinq pour cent ; le Conseil de Direction se partagera six pour cent ; le Conseil d'Administration se partagera dix pour cent et les Actions d'Apports se partageront la différence, soit cinquante-huit pour cent et, cinquante-neuf pour cent du jour où la Réserve sera constituée.

LIQUIDATION. — Ce qui restera après remboursement au pair du Capital souscrit en espèces constituera l'entière propriété des titres d'apports.

Article IX. — *Villes*

DETTES. — Emprunt perpétuel, dit à 5 ans renouvelable, à raison de 200 francs par habitant. Exception est faite pour les communes dont la population est inférieure à 1.200 habitants.

MONOPOLES. — En cas de Monopole des Eaux, du Gaz ou de l'Electricité, le quotient personnel de 200 francs, dont il est parlé ci-dessus, peut être élevé à raison de 100 francs par personne et par monopole. Dans le cas où il serait maintenu à 200 francs, lesdits monopoles donneraient alors droit à un ou plusieurs emprunts, amortissables en 75 années. L'amortissement desdits emprunts devra augmenter au fur et à mesure que diminuera l'intérêt à payer et par là, constituer une annuité fixe.

Article X. — *Additions et Modifications*

Aucune addition ou modification ne pourra être accordée au présent Traité que d'un commun accord entre les Etats adhérents.

Article XI. — *Duplicata et Dépôt*

Un exemplaire du présent Traité sera déposé au Ministère de l'Intérieur de tous les Etats adhérents.

Article XII. — *Adhésions*

Les adhésions des Etats sont reçus dès aujourd'hui au Ministère de l'Intérieur à Paris (France).

Le Fondateur : LÉON VIALLET.

Les Etats adhérents :

CHAPITRE XIX

—

LETTRE AUX POUVOIRS PUBLICS

—

La Mure (Isère), le 5 Novembre 1903.

Je prie Monsieur le Président du Conseil de bien vouloir être mon interprète auprès de Monsieur Emile Loubet, Président de la République, pour l'informer de l'apparition d'un ouvrage intitulé « Renaissance ».

Cet ouvrage s'adresse aux Etats et présente un grand intérêt, puisqu'il a trait à l'étude, au point de vue pratique, des Intérêts généraux.

Je me permets d'en offrir un exemplaire à Monsieur le Président de la République et à Messieurs les Ministres. Lesdits exemplaires seront remis demain à la Poste et adresssés : Conseil des Ministres — Elysée — Paris.

Veuillez vous en procurer bonne réception.

J'appelle toute votre attention, Messieurs, sur l'ensemble de mon ouvrage et, principalement, sur le Chapitre I, ainsi que sur l'Article : « Je Démontre », pages 83 et 170. Dans lesdites pages, j'offre de faire devant un Jury une Démonstration tout à fait intéressante : **Je maintiens mon offre de la façon la plus formelle.**

Au plaisir de vous lire,

Recevez, Monsieur le Président de la République, Monsieur le Président du Conseil et Messieurs les Ministres, mes meilleures civilités.

J'ai l'honneur de me dire,

Votre bien dévoué serviteur,

Léon VIALLET

A LA MURE (Isère).

TABLE DES MATIÈRES

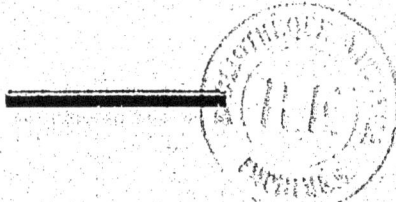

NOTA. — *Quelques petites fautes de Rédaction et d'Impression se sont glissées dans le cours du présent ouvrage. Cet état de choses sera supprimé dans la deuxième édition : Celle-ci sera non seulement corrigée, mais aussi augmentée.*

MAISON FONDÉE EN 1863

AGENCE FOURNIER

Publicité Française et Étrangère

SOUS TOUTES SES FORMES

Société Anonyme au Capital de **1.200.000** francs

CORRESPONDANT DE L'AGENCE HAVAS

Siège Social: 12 et 14, rue Confort, à LYON

Ateliers et Entrepôts:

12, rue Louis-Blanc ; 17, rue Robert et 11, rue Dussaussoy

SUCCURSALES:

Saint-Etienne : 32, rue de la Bourse ;
Macon : 20, rue Sigorgne ;
Valence : 13, boulevard Maurice-Clerc ;
Clermont-Ferrand : 2, boulevard Desaix ;
Chambéry : 1, place de l'Hôtel-de-Ville ;
Romans : 5, rue Mathieu-de-la-Drôme ;
Grenoble : rue Docteur-Mazet ;
Dijon : 68, rue de la Liberté ;
Chalon-sur-Saône : 8, quai des Messageries ;
Bourg : 4, rue Bourgmayer ;
Voiron : 3, rue Guy-Allard ;
Bourg-de-Péage :

Annonces et Réclames dans tous les journaux du monde. — Affichage dans toutes les villes de France, Algérie et Tunisie. — Annuaire général du Commerce de Lyon et du département du Rhône (*Indicateur Fournier*). — Publicité intérieure et extérieure des Tramways et Chemins de Fer. — Publicité sur les Bateaux-Mouches. — Distribution d'imprimés à domicile ou sur la voie publique. — Affiches peintes sur murs et sur toiles. — Pliage et mise sous bandes de tous imprimés. — Publicité intérieure et extérieure des Châlets de Nécessité de Grenoble, Dijon, Valence, Clermont-Ferrand et Voiron. — Impressions en tous genres. — Kiosques Lumineux à Lyon, Saint-Etienne, Grenoble, Clermont-Ferrand, Roanne, Saint-Chamond, Firminy, Valence, Dijon, Chalon, Bourg, Chambéry, Voiron, Romans, et Bourg-de-Péage. — LE WAGON, indicateur des chemins de fer, paraissant tous les mois.

ADRESSE TÉLÉPHONIQUE : Numéro **17-59**
— TÉLÉGRAPHIQUE : Agence Fournier, LYON.

www.ingramcontent.com/pod-product-compliance
Lightning Source LLC
Chambersburg PA
CBHW072236270326
41930CB00010B/2155